세상을 놀라게 한

의사들의 발자취

| 정신건강의학과 전문의 **이병욱** 지음 |

히포크라테스에서 안철수까지,
영욕으로 가득 찬 메디컬 스토리

학지사

이 책을 나의 사랑하는 아내 명자와
딸 경림, 아들 승기에게 바친다.

'인생은 짧고 예술은 길다.' 사람들은 이 말을 히포크라테스가 남긴 명언으로 알고들 있지만, 사실은 그가 의도했던 뜻과는 전혀 다른 의미로 와전된 것이다. 실제로 그는 예술이 아니라 의술을 지칭한 것이기 때문이다. 의사였던 그는 후학들에게 의술을 배우고 익히며 실천하는 길은 단기간에 이루어지는 게 아니라 일생에 걸쳐 헌신해야 하는 힘든 과정임을 강조하고 싶었던 것이며, 따라서 충분한 의술을 익히기에는 인생이 너무 짧다는 의미에서 한 말이었다.

우리는 흔히들 의술은 인술(仁術)이라고 말한다. 사람의 생명을 다루는 일이니 그만큼 환자를 소중하게 여기라는 뜻에서 나온 말이요 주문이겠다. 하지만 인(仁)을 실천한다는 일은 말처럼 그리 손쉬운 노릇이 아니다. 더욱이 '인(仁)이란 과연 무엇이냐?'라고 질문했을 때 정확히 답변할 사람은 아무도 없을 것이다. 그럼에도 불구하고 인술이기를 굳이 바라는 것은 병으로 죽어 가는 것처럼 비참하고 힘겨운 일도 드물기 때문이다.

여기서 굳이 '인생은 짧고 의술은 길다.'라는 히포크라테스의 말을 인용하는 것은 단순히 의술의 중요성을 강조하기 위함이 아니라 오히려 히포크라테스가 강조했던 의업의 본분에 충실하자는 의도에서 비롯된 것이다. 따라서 이 책에서는 인류의 생명을 구하기 위해 일생을 바친 탁월한 업적의 의사들뿐만 아니라 자신의 본분에서 벗어나 씻을 수 없는 오점을 남긴 의사들까지 모두 포함시켰다. 그렇게 함으로써 의사의 본분을 지키는 일이 얼마나 힘든 일인지 다시금 강조하기 위해서였다.

이 책에서 소개한 인물들의 대다수는 결코 평범한 삶을 살았던 의사들이 아니다. 평범하지 않다는 것은 비범하고도 위대한 업적을 남겼다는 뜻일 뿐만 아니라 온갖 악랄한 만행을 저지르고도 아무런 양심의 가책조차 느끼지 못하는 후안무치함도 포함된 의미에서 하는 말이다.

의사도 인간이다. 더군다나 의사라는 직업은 매우 위험하고도 고달픈 직종 가운데 하나다. 항상 죽음과 마주해야 하는 일이기 때문에 더욱 그렇다. 하지만 의사도 인간이기에 실수도 하고 때에 따라서는 자신의 본분에서 벗어나 엄청난 사회적 물의를 빚기도 한다.

물론 여기에 등장하는 인물들은 각자 나름대로 영욕으로 가득 찬 삶을 살았던 의사들이다. 그중에는 인류를 위해 숭고한 희생과 봉사정신으로 일생을 마친 사람도 있고, 개인적인 야망을 실현시키고자 타인의 희생을 강요한 인물도 있다.

그런 점에서 이들 모두는 세상을 놀라게 만든 장본인들이다. 좋은 의미로든 나쁜 의미로든 이들은 의사의 신분에 비춰 볼 때 많은 사람에게 엄청난 충격과 놀라움을 안긴 인물들이기 때문이다.

의사에 대한 세인들의 지나친 기대는 현실이 그렇지 못할 경우 더욱 큰 실망과 혐오감으로 나타나기 쉽다. 따라서 우리는 이 책을 통해 의사들도 일반인들과 마찬가지로 매우 다양한 인격체의 소유자들임을 실감할 수 있을 것이다.

이 책은 모두 7개 장으로 구성되었는데, 1장에서는 의학 발전에 기여한 개척자들을, 그리고 2장에서는 인류를 위해 일생을 바쳐 숭고한 뜻을 펼친 의사들을 소개했다. 3장에서는 의사 출신으로 필명을 날린 세계적인 작가 중심으로 소개했기 때문에 스포크 박사나 스콧 펙처럼 전문분야의 저술로 필명을 떨친 인물들은 아쉽지만 제외시켰다. 4장에서는 정치가로 변신한 의사들을, 그리고 5장에서는 돌이킬 수 없는 실수를 통해 오명을 남긴 의사들을 다루었다. 6장에서 다룬 인물들은 그야말로 잔혹한 악행을 저지른 의사 출신의 범죄자들이며, 마지막 7장에서는 의사로서 매우 특이한 경력을 쌓은 인물 중심으로 소개했다.

이 책을 쓴 필자 역시 의사로 활동하고 있지만, 우리나라 의료계의 현실은 매우 척박한 환경에 처해 있다고 볼 수 있다. 의사가 '돈 잘 벌고 사회에서 존경도 받는' 그런 시대는 이미 지나간 지 오래다.

그럼에도 불구하고 이런 책을 굳이 쓰는 이유는 후학들이나 장래 의사 지망생들에게 의업에 대한 올바른 인식을 심어 줄 뿐만 아니라 아무리 힘겨운 여건이라 할지라도 용기와 희망을 잃지 않도록 격려해 주기 위함이며, 일반 독자들에게는 의사들에 대한 잘못된 편견이나 선입견을 바로잡아 주고 싶기 때문이다.

열악한 조건을 무릅쓰고 마치 전쟁터나 다름없는 응급실과 병실에서 밤을 지새우며 고통받는 환자들을 돌보느라 지금 이 순간도 구슬땀을 흘리고 있을 젊은 후학들을 생각하면 더욱 그렇다.

이병욱

차례

들어가는말: 인생은 짧고 의술은 길다 | 3

Chapter **1** 의학 발전에 기여한 개척자들 … 13

의학의 아버지 히포크라테스 | 15

고대 로마 의학의 황제 갈렌 | 19

중국의 전설적인 명의 화타 | 23

중세 아랍 의학을 완성시킨 아비켄나 | 25

유대인 랍비 의사 마이모니데스 | 28

페스트를 물리친 숄리악 | 30

의술의 혁신을 외친 파라셀수스 | 32

외과의사가 된 이발사 파레 | 35

동의학을 집대성한 허준 | 37

혈액순환의 원리를 밝힌 윌리엄 하비 | 39

치과의 아버지 포샤르 | 42

환자의 몸에서 쇠사슬을 풀어 준 피넬 | 44

종두법을 창시한 제너 | 47

청진기를 발명한 라에네크 | 49

소독법의 선구자 조지프 리스터 | 51

세균학의 아버지 로베르트 코흐 | 53

나병의 원인균을 발견한 한센과 나이세르 | 56

우리나라에서 곰보를 퇴치한 지석영 | 58

무의식을 발견한 프로이트 | 60

국소 마취의 원조 칼 콜러 | 63

혈액형을 발견한 란트슈타이너 | 66

정신병 치료에 새로운 활로를 연 세를레티 | 68

항생제의 혁명을 이룬 플레밍 | 71

백신의 아버지 조너스 소크 | 73

심장이식수술에 성공한 바너드 | 75

Chapter 2 인술을 펼친 숭고한 봉사정신 … 79

의료선교에 몸 바친 허드슨 테일러 | 81

밀림의 성자 슈바이처 | 84

가마 타고 의료봉사에 몸 바친 박 에스더 | 87

한국의 슈바이처 장기려 박사 | 90

국경없는의사회를 창설한 쿠슈네르 | 92

아시아의 슈바이처 이종욱 | 94

영등포의 슈바이처 선우경식 | 96

괴질과 싸우다 희생된 카를로 우르바니 | 98

수단의 슈바이처 이태석 신부 | 100

Chapter *3* 필명을 날린 의사들 … 103

중세교회를 비판한 라블레 | **105**

괴테와 쌍벽을 이룬 실러 | **107**

요절한 천재시인 존 키츠 | **109**

추리소설의 대가 코넌 도일 | **112**

단편소설의 귀재 체호프 | **114**

프로이트와 교류한 슈니츨러 | **117**

대중적 인기를 얻은 서머싯 몸 | **119**

자전적 소설을 쓴 한스 카로사 | **122**

부당한 현실을 고발한 되블린 | **124**

현대 중국문학의 아버지 노신 | **126**

반전주의 작가 조르주 뒤아멜 | **129**

폭압적인 체제에 저항한 불가코프 | **131**

영국의 베스트셀러 작가 크로닌 | **133**

혹독한 시련을 극복한 악쇼노프 | **135**

국외자의 비애를 노래한 시인 마종기 | **137**

의학 스릴러의 귀재 로빈 쿡과 마이클 크라이턴 | **140**

Chapter *4* 정치가로 변신한 의사들 … 143

비운의 혁명가 마라 | **145**

푸에르토리코의 독립운동가 베탄세스 | **147**

전쟁을 승리로 이끈 클레망소 | **150**

필리핀의 국부 호세 리잘 | **152**

청조를 무너뜨린 손문 | **154**

독립문을 세운 서재필 | **158**

월북한 여성운동가 유영준과 허정숙 | **162**

아프리카의 독재자 반다 | **166**

검은 대륙의 정신적 지주 프란츠 파농 | **168**

총을 든 의사 체 게바라 | **171**

아들에게 권력을 물려준 독재자 뒤발리에 | **173**

비극적인 최후를 마친 아옌데 | **175**

대통령이 된 라틴아메리카 의사들 | **178**

Chapter 5 오명을 남긴 의사들 … 181

사기로 판명된 메스머의 치료법 | **183**

단두대를 고안한 기요탱 | **185**

링컨 암살에 연루된 새뮤얼 머드 | **188**

정신질환자의 단종을 주장한 바그너 – 야우렉 | **190**

우생학을 지지한 알렉시 카렐 | **192**

카를 융의 위험한 관계 | **195**

마약중독자로 전락한 오토 그로스 | **198**

거짓으로 밝혀진 노구치 히데요의 업적 | **200**

나치를 찬양한 고트프리트 벤 | **202**

전범 작가 셀린 | **204**

춘원 이광수의 변절에 연루된 것으로 알려진 허영숙 | **207**

사기 혐의로 감옥에서 죽은 빌헬름 라이히 | **209**

마릴린 먼로의 죽음으로 곤욕을 치른 랠프 그린슨 | **211**

생체실험으로 밝혀진 김봉한의 학설 | **214**

논문을 조작한 황우석 박사 | **216**

Chapter 6 악명을 떨친 의사들 … 219

독살의 제왕들 | 221
미국 최초의 연쇄살인범 헨리 홈즈 | 224
마루타 실험을 자행한 이시이 시로 | 226
죽음의 천사 멩겔레 | 229
두 얼굴의 야누스 코넬리어스 로즈 | 231
파리의 백정 마르셀 페티오 | 234
안락사의 황제들 | 236
발칸의 도살자 카라지치 | 239
아랍 테러 지도자 하바시와 알자와히리 | 241

Chapter 7 특이한 경력을 지닌 의사들 … 245

바티칸에 입성한 의사 교황 요한 21세 | 247
지동설을 주장한 코페르니쿠스 | 249
지구 종말을 예언한 노스트라다무스 | 252
칼뱅과 맞서다 화형대에서 죽은 세르베투스 | 254
국회 의사당을 설계한 윌리엄 손턴 | 256
노예해방을 외친 새뮤얼 하우 | 258
발명의 귀재 데이비드 올터 | 261
아프리카를 탐험한 리빙스턴 | 263
러시아의 작곡가 보로딘 | 265
지문을 이용한 범죄수사의 선구자 헨리 폴즈 | 267
전설적인 무술인 황비홍 | 270
콘플레이크를 개발한 금욕주의자 존 켈로그 | 272

에스페란토의 창시자 자멘호프 | 275

아동교육의 어머니 몬테소리 | 277

고아들의 아버지 오긍선 | 280

AA를 창설한 닥터 밥 | 283

철학하는 정신과의사 카를 야스퍼스 | 286

냉전시대 로비의 귀재 아먼드 해머 | 288

파시즘과 맞서 싸운 뮤리엘의 전쟁 | 290

죽음의 수용소를 다녀온 빅터 프랑클 | 293

한글 타자기를 발명한 안과의사 공병우 | 295

공포영화의 귀재 김기영 감독 | 297

가이아의 복수를 예고한 제임스 러브록 | 300

한국의 쉰들러로 불리는 현봉학 | 302

대학을 설립한 대한민국 의사들 | 304

일본 만화의 대부 데즈카 오사무 | 308

인간 한계에 도전한 의사들 | 310

킬링필드와 행 응고르 | 312

스포츠계의 스타가 된 의사들 | 315

할리우드에 진출한 의사들 | 318

6월 항쟁의 불을 지핀 오연상의 증언 | 320

컴퓨터 바이러스 백신을 개발한 안철수 | 322

Chapter 1

의학 발전에 기여한 개척자들

의학의 아버지

히포크라테스

히포크라테스(Hippocrates, BC 460~BC 370)는 기원전 4세기에 활동한 고대 그리스의 의사이며, 서양의학의 원조로 불린다. 그는 오랫동안 마술과 철학의 영역에 속했던 의술을 따로 분리시켜 의사라는 직업을 새롭게 탄생시킨 최초의 인물이자 과학적 개념에 의한 질병관을 제시함으로써 고대 의학에 혁명을 일으킨 장본인이기도 하다.

히포크라테스는 고대 그리스의 코스 섬 태생으로 의사인 아버지 헤라클리데스와 어머니 프락시텔라 사이에서 태어났다. 그는 아버지와 조부에게서 직접 의술을 배웠는데, 나중에는 트라케아의 의사 헤로디쿠스의 지도를 받기도 했다. 히포크라테스의 두 아들 테살루스와 드라코 역시 아버지 밑에서 의술을 배워 의사가 되었지만, 그의 진정한 후계자는 두 아들이 아니라 오히려 사위였던 폴리부스로 알려져 있다.

히포크라테스의 생애에 대해서는 정확히 알려진 사실이 거의 없지만, 그리스의 전통적 가치관을 거부했다는 이유로 감옥생활을 하기도 했던 그는 투옥기간 중에도 수많은 의서를 집필하는 의연함을 보였다. 그 후 히포크라테스는 여기저기를 전전하면서 의술을 펼치는 가운데 많은 제자들을 가르치고 양성하다가 90세의 나이로 라리사에서 죽은 것으로 추정되는데, 일부에서는 100세 이상 살았다는 주장도 있다.

히포크라테스가 활동하던 시기는 동아시아에서 고조선과 연나라가 서로 분쟁을 일으키던 때로 진시황제가 중국을 통일하고 만리장성을 쌓은 것도 그보다 훨씬 후대의 일이었으니 그의 업적이 얼마나 시대를 앞서 간 것인지 알 수 있다. 신묘한 의술로 알려진 중국의 화타도 히포크라테스가 죽은 지 500년 이후에나 태어난 인물이었으니 더욱 그렇다.

무엇보다 히포크라테스의 선구적인 업적은 질병의 원인을 환경적인 요인에서 찾았다는 점이다. 그는 모든 병이 신들의 징벌이나 저주가 아니라 자연적인 원인에 의해 일어난다고 주장한 최초의 인물이기도 하다. 신성하고도 신비한 현상으로 간주되었던 간질 역시 신들린 상태가 아니라 질병의 일종이라는 점을 지적하기도 했다. 다만 그가 내세운 4체액설은 해부생리학적 지식이 부족했던 시절에 제기되었던 것이니만큼 오늘날에 와서는 과학적 근거가 없는 주장으로 받아들여지고 있다.

하지만 그가 의학의 아버지로 추앙받는 가장 큰 이유는 탁월한 철학이나 이론 때문이 아니라 매우 실제적인 임상 태도에서 비롯된 것이다. 질병을 다루는 의사로서 그는 가장 기본적인 지침을 솔선수범해 보였기 때문이다. 다시 말해 환자의 상태를 면밀히 관찰하고 증상의 특성과 병의 경과를 꼼꼼히 기록했는데, 수시로 맥박을 측정해 기록하고 증세의 악화나 완화, 회복과 재발 등을 시기적으로 구분해 기록으로 남겼다.

히포크라테스는 자연치유력을 굳게 믿고 성급한 약이나 처치를 통해 병세를 더욱 악화시키는 일을 매우 경계하기도 했지만, 그럼에도 불구하고 흉벽에 생긴 농양을 도관법을 이용해 빼내는 시술을 행하기도 했으니 최초의 흉부외과의라 해도 과언이 아닐 것이다. 따라서 그의 가르침을 받은 제자들은 치질에 대해서도 오늘날의 외과적 수술과 거의 다를 바 없는 치료를 이미 그 시절에 시술하고 있었던 것이다.

환자를 치료할 때는 항상 손톱을 짧게 다듬을 정도로 청결상태를 유지한 히포크라테스는 상당히 강박적인 성격이었던 것으로 보인다. 비록 그는 동시대의 민중들에게 친절한 시골의사 이미지로 널리 알려지기도 했지만, 대머리에다 잔주름이 깊게 파인 그의 흉상을 보면 매우 엄격한 원칙주의자의 인상을 풍긴다. 실제로 그는 제자들에게는 몹시 엄하고 환자들에게는 무한히 자상하고 친절한 태도를 취했는데, 그런 특성은 오늘날 의학교육에서도 얼마든지 목격할 수 있는 현상이다. 의학수련제도는 일종의 군대생활처럼 엄격한 규율 밑에서 이루어지기 때문이다.

그러나 히포크라테스가 죽은 후 그의 가르침은 후학들에 의해 계승 발전된 게 아니라 오히려 오랜 기간 그 자취를 감추고 사라진

상태에 있었다. 로마 시대에 이르러 갈렌에 의해 잠시나마 다시 각광을 받기도 했으나 중세 암흑시대에 이르러 그의 존재는 완전히 사람들의 뇌리에서 사라져 버리고 말았다. 그리고 서양에서 히포크라테스의 의술이 본격적으로 부활하고 재평가되기 시작한 것은 르네상스 시대를 맞이하면서부터였으니 그의 사후 무려 1,500년 이상의 세월이 걸린 셈이다. 그 이전에는 유럽이 아니라 오히려 이슬람 세계에서 히포크라테스의 지침을 받아들여 적어도 당시에는 의술 분야에서 아랍의학이 서양의학을 앞지르고 있었다.

오늘날 우리가 히포크라테스를 기억하는 것은 그가 이룩한 의학적 업적보다는 오히려 히포크라테스 선서를 통해서일 것이다. 의학의 신 아폴로의 이름으로 그가 제정한 히포크라테스 선서는 수천 년의 세월이 지난 오늘날에 와서도 지구상의 모든 의사들에게 정신적, 윤리적 지침으로 받아들여지고 있는데, 오늘날 의대를 졸업하는 모든 의사들은 이 선서를 의무적으로 낭독하게 되어 있다. 1948년 제네바 선언을 통해 보다 현대적으로 손질이 가해져 정리된 히포크라테스 선서의 내용은 다음과 같다.

- 나는 인류에 봉사하는 데 내 일생을 바칠 것을 엄숙히 맹세한다.
- 나는 마땅히 나의 스승에게 존경과 감사를 드린다.
- 나는 양심과 위엄을 가지고 의료직을 수행한다.
- 나는 환자의 건강을 최우선으로 생각한다.
- 나는 환자의 비밀을 그 어떤 경우에도 누설하지 않는다.
- 나는 나의 능력이 허락하는 모든 방법을 동원하여 의료직의

명예와 위엄 있는 전통을 지킨다. 동료는 나의 형제며, 자매다.

- 나는 환자를 위해 내 의무를 다하는 데 있어 나이, 질병, 장애, 교리, 인종, 성별, 국적, 정당, 종족, 성적 성향, 사회적 지위 등에 따른 차별을 하지 않는다.
- 나는 그 어떤 위협을 받더라도 인간의 생명을 최대한 존중하며, 인류를 위한 법칙에 반하여 나의 의학지식을 사용하지 않는다.
- 나는 이 모든 약속을 나의 명예를 걸고 자유의지로 엄숙히 서약한다.

물론 이런 선서를 했다고 해서 모든 의사들이 일생을 통해 선서 내용을 완전히 지키고 실천한다고 보기는 어렵겠지만, 그 숭고한 정신만큼은 언제 어느 곳에서나 보이지 않는 윤리지침으로 작용해 의술을 행하는 의사들에게 영향을 준다고 할 수 있다. 그런 점에서 히포크라테스 선서는 의료법에 우선하는 강력한 도덕적 지침으로 작용하는 셈이지만, 오늘날에 와서는 형식적인 통과의례 수준에 머무른 감이 없지 않아 유감이다.

고대 로마 의학의 황제
갈렌

갈렌(Galen, 129~199)은 고대 그리스의 의사이자 철학자였다. 페르가몬에서 건축기사의 아들로 태어난 그는 갈레노스(Galenos)라고도 불린다. 알렉산드리아에서 의학을 공부한 후 고향에서 의사로 활동하다 로마로 이주해 명성을 떨쳤으며, 아우렐리우스 황제의 시의 자리에까지 올랐다. 생체 해부 등 실험적인 연구를 통해 고대 의학을 완성한 갈렌은 히포크라테스 이후 최고의 의학자로 손꼽힌다. 400권 이상의 철학 및 의학에 관한 저술을 남긴 그는 히포크라테스 이후 오랜 기간 침체의 늪에 빠져 있던 서양의학을 새롭게 부흥시키는 데 크게 공헌했다. 철학자이기도 했던 갈렌은 '최고의 의사는 철학자'라는 유명한 말을 남겼는데, 그는 철학도 의학의 일부로 간주했다.

갈렌의 어머니는 매우 성질이 사나운 여성이었던 것으로 알려져 있는데, 그의 아버지는 그런 아내로부터 아들을 보호하기 위해 자신이 직접 아들을 돌보며 많은 가르침을 주었다. 뿐만 아니라 심신 단련을 위해 달리기와 레슬링, 수영, 창던지기 등의 운동도 적극 권장했다. 다양한 분야에 대해 많은 관심을 지니고 있던 아버지의 영향을 받은 갈렌은 어린 시절부터 철학과 과학에 흥미를 느꼈으며, 십대 중반에 이미 철학학교에 들어가 철학 수업을 받았다.

갈렌이 의사가 된 것은 전적으로 아버지의 뜻에 따른 것이었는데, 꿈에서 자신의 아들이 위대한 의사가 될 것이라는 신의 계시를 받은 아버지는 갈렌을 아스클레피온 신전에 보내 의학을 공부하게 했다. 그곳에서 갈렌은 4년 동안 머무르며 다양한 의술을 익혔다. 하지만 그가 19세가 되었을 때 자신의 강력한 후원자였던 아버지가 갑자기 세상을 뜨게 되자 갈렌은 아버지에 대한 그리움을 떨쳐 내기 위해 고향을 떠나 여행길에 올랐다.

터키 땅에 있는 스미르나에 당도한 갈렌은 의사 펠롭스가 세운 의학교에서 의학은 물론 식물학과 철학 등을 배우며 방대한 지식을 쌓았다. 특히 식물학에 관심을 기울인 그는 여러 지방을 여행하며 약초를 수집하고 연구했는데, 스미르나를 떠난 이후에는 이집트의 알렉산드리아로 가서 인체 해부학을 집중적으로 공부했다. 이처럼 풍부한 지식을 쌓고 10년 만에 고향인 페르가몬에 돌아온 그는 그때부터 본격적인 의술 활동을 펼치기 시작했다.

검투사 양성소에 근무하면서 부상당한 검투사들의 상처를 치료해 주던 갈렌은 인체 구조에 대한 많은 지식을 얻게 되었는데, 이미 그 당시에 한쪽 뇌가 손상을 입게 되면 그 반대쪽 몸이 마비된다는 사실을 알아내었다. 그의 뛰어난 의술로 인해 검투사들의 사망률이 현저하게 줄어들었으며, 따라서 그의 명성도 널리 알려지게 되었다.

검투사 양성소와 맺은 계약이 만료되자 로마로 활동무대를 옮긴 갈렌은 자신의 스승이었던 에우데무스가 아무도 손을 쓰지 못하는 중병에 걸린 사실을 알고 그를 치료해 완쾌시켰는데, 이 사실이 알려지게 되면서 갈렌은 로마에서도 명의로 소문나기에 이르렀다. 유명세를 타기 시작한 갈렌은 대중 강연을 통해 직접 동물 해부를 실험해 보이면서 발성기관을 조절하는 것은 뇌이며, 혈관은 공기와 혈액까지 운반한다는 사실을 입증해 보이기도 했다.

갈렌에 대한 소문이 황제의 귀에까지 들어가자 졸지에 그는 아우렐리우스 황제의 주치의가 되었으며, 수많은 귀족들도 갈렌의 치료를 받았다. 하지만 그의 성공에 대한 시기심 때문에 갈렌은 다른 의사들의 공격과 음해공작에 시달려야 했으며, 나중에는 그들이 벌인 독살 음모에 두려움을 느낀 나머지 로마를 황급히 떠나 고향으로 돌아갔다. 그 후 갈렌은 로마에 만연한 역병을 퇴치해 달라는 황제의 요청으로 다시 로마를 방문했으며, 아우렐리우스 황제가 죽자 그 아들 코모두스 황제의 주치의 노릇까지 계속해서 맡았다.

70세로 사망하기까지 갈렌은 수많은 저술을 남겼는데, 그것은 병리학, 해부학, 생리학 분야뿐 아니라 약학, 과학, 철학 등을 총망라하는 방대한 지식을 담은 내용이었다. 특히 갈렌은 히포크라테스 의학을 재발견하고 그의 4체액설에 따라 신진대사 조절의 중요성을 강조했으며, 질병 예방에 영양공급과 환경이 중요함도 동시에 강조했다.

물론 당시에는 인체 해부가 법으로 금지된 시대였기 때문에 갈렌은 동물실험을 통해 인체 기능을 추론했으며, 사람과 가장 비슷하게 생긴 원숭이가 인체 연구에 많은 도움을 줄 것으로 여겼는데, 그의 이런 생각은 오늘날까지도 계승되고 있다. 그는 섭취한 음식이 인체 내에서 혈액으로 바뀌게 되며 그런 순환을 통해 불순물이 제거된다고 여겼는데, 특기할 점은 이미 그 당시에 좌심실과 우심실 벽 사이에 혈액이 통과하는 작은 판막이 존재한다고 주장하면서 동맥과 정맥의 차이를 구분한 것이다.

갈렌이 죽은 후 그가 이룩한 방대한 의학 체계는 중세의학뿐 아니라 르네상스, 아랍의학에까지 많은 영향을 끼쳤는데, 그 저술의 방대함은 그저 놀라울 뿐이다. 그가 사망할 당시 보존된 그리스 문헌의 상당 부분을 갈렌의 저서가 차지하고 있을 정도였기 때문이

다. 더욱이 서기 191년에 일어난 로마 대화재 당시 소실된 미출간
원고들도 그 분량이 엄청났다고 하니 그의 놀라운 정력에 더 이상
할 말을 잃는다.

중국의 전설적인 명의

화타

중국 후한 말의 명의 화타(華陀, 145~208)는 신묘한 의술로 소문이
자자하여 신의(神醫)로 불리며 추앙받은 인물이었지만, 안타깝게도
조조에게 죽임을 당하고 말았다. 중병에 걸린 조조가 화타의 명성
을 듣고 그를 불러 치료하게 했으나 아내의 병을 핑계 삼아 화타가
계속 이에 불응하자 강제로 압송한 후 고문을 가하고 끝내는 죽여
버린 것이다. 당시 조조의 참모 순욱이 화타를 살려 줄 것을 간청했
으나 조조는 말을 듣지 않았다. 나중에 매우 총명했던 아들 조충(曹
沖)이 병들어 어린 나이로 죽게 되자, 그때서야 조조는 화타를 죽인
것을 후회했다고 한다.

『삼국지연의』에는 방덕과의 전투에서 어깨에 독화살을 맞은 관
우의 상처를 화타가 칼로 째서 검게 변색된 뼈의 일부를 긁어 내는
외과적인 시술로 중독을 제거하는 데 성공했다는 일화가 실려 있
다. 『삼국지연의』에서는 마취제 사용을 권고한 화타의 제안을 물리
친 관우가 수술 도중 내내 아픈 기색도 보이지 않고 바둑을 두는 대
범함을 보인 점과 치료에 대한 보답으로 관우가 상금을 내리려 하
자 화타가 이를 정중히 사양한 점을 높이 사고 있는데, 이는 사실이

아니며 꾸며낸 이야기일 뿐이다. 왜냐하면 관우가 부상을 입은 것은 화타가 죽은 지 9년 뒤의 일이기 때문이다.

화타가 잦은 편두통에 시달리던 조조에게 마비산(痲沸散)이라 불리는 마취제를 이용한 뇌수술을 권했다가 조조를 음해하려 든다는 의심을 받고 사형을 당했다는 기록도 남아 있는데, 이에 따르면 당시 조조는 뇌종양에 걸렸던 것으로 추정된다. 그런 점에서 화타는 중국에서 최초로 마취제를 이용한 외과수술을 시행한 의사로 평가된다. 그가 사용한 마비산은 일종의 칸나비스 성분을 지닌 분말이었다. 화타는 마비산을 술에 타서 환자를 마취시킨 것으로 알려져 있으며 당시로서는 매우 획기적인 시도였던 것으로 보인다.

화타는 물론 침술도 사용했지만, 침술이나 약으로 고치기 어려운 병은 외과적 수술로 치료하기도 했는데, 개복한 상태에서 장을 깨끗이 씻고 다시 봉합한 후 고약을 발라 상처를 아물게 하거나 임신중절술도 시행했으며, 심지어는 장기에 붙어사는 기생충을 제거하기도 했던 것으로 전해진다.

조조에게 처형까지 당했던 화타는 사형 집행 직전에 자신의 비결을 기록한 청랑서(青囊書)를 옥졸에게 부탁해 후대에 전할 것을 청했으나 처벌을 두려워한 옥졸의 아내가 곧바로 불에 태워 버렸다고 한다. 놀란 옥졸이 빼앗으려 했으나 때가 이미 늦어 대부분이 불타고 거세술에 관한 부분만 무사히 남았다고 한다. 그렇게 해서 화타가 개발한 외과술은 한의학에서 영구적으로 사라져 버리게 된 것이다.

화타는 오보(鳴普), 번아(樊阿), 이당지(李當之) 등을 제자로 두었는데, 그중에서도 특히 오보는 화타에게 배운 의술로 많은 환자들을 치료해 명성을 날리기도 했다. 혹자는 불교가 중국에 전파되기 시작하던 시기에 인도에서 건너온 불교 승려들에 의해 전해진 고대 인도 의술을 화타가 배운 것으로 보기도 하지만 입증된 사실은 아니다. 오히려 화타의 의술은 도교적인 특성이 강한 것으로 보는 시각도 있다. 화타가 펼쳤던 신비한 의술에 대해 지나치게 과장된 것으로 평가하는 사람들도 있다.

어쨌든 갈렌과 화타는 서기 2세기경의 서양의학과 동양의학을 대표하는 간판스타들이었다. 그러나 갈렌이 황제의 시의 노릇을 하며 출세가도를 달린 반면, 화타는 자신이 의사임을 부끄러워하기까지 했던 은둔형의 인물로 그런 이유 때문에 정치적 권력에 희생당하는 불운을 겪으며 비극적인 최후를 맞이해야만 했다는 점에서 서로 걷는 길이 달랐다고 할 수 있다. 화타가 그런 참변을 당하지 않고 계속 살아남아 갈렌과 같은 방대한 저술활동을 했더라면 동양의학의 진로도 지금과는 매우 다르지 않았을까 생각해 본다. 하지만 유감스럽게도 화타는 그 어떤 기록도 남기지 않았다.

중세 아랍 의학을 완성시킨

아비켄나

아비켄나(Avicenna, 980~1030)는 페르시아의 의사이며 철학자로 '이븐 시나'라고도 불린다. 고대 그리스와 아랍 의학을 집대성한 그는 중세 최고의 의학자로 손꼽힌다. 그는 중앙아시아에 위치한 부하라에서 태어나 이른 나이부터 철학과 의학을 공부했다. 당시 부하라는 이슬람 문화의 중심지였던 바그다드와 쌍벽을 이룰 정도로 문화적으로 매우 번성하던 도시였지만, 사만 왕조가 카라한 왕조에 패해 도주하자 아비켄나는 페르시아 지방 여기저기를 전전하며 의술을 베풀다가 하마단에 정착해 비로소 안정된 생활을 누릴 수 있었다.

하마단에 머무른 이 시기에 그는 자신의 대표적인 저술인『치유의 서(The Book of Healing)』와『의학전범(The Canon of Medicine)』등을 쓰기 시작했는데, 그를 총애하던 통치자가 죽는 바람에 어려움을 겪게 되었으며, 결국 이스파한으로 활동무대를 옮긴 끝에 비로소 저술을 완성할 수 있었다. 그러다가 다시 전쟁이 벌어져 수행요원으로 출병했다가 하마단에서 병사하고 말았다.

아비켄나가 남긴『의학전범』은 히포크라테스와 갈렌의 전통을 충실히 따른 의학총서로 서양의학에도 큰 영향을 주어 18세기에 이르기까지 중세 유럽의 여러 대학에서 의학 기본서로 널리 이용되었다. 그는 결핵과 성병 등 전염병에 대한 해박한 지식과 더불어 환자의 격리 수용에 대한 필요성을 이미 알고 있었다. 자연과학에도 정통했던 그는 당시 유행했던 연금술에 회의적인 태도를 보였으며, 수학과 논리학, 물리학, 광물학을 비롯해 천문학, 음악 등에도 조예가 깊었다.

특히 그는 고대 그리스 철학을 받아들여 이슬람 신앙과 결합시키기도 했는데, 인간 정신을 이해하는 데 있어서 영혼의 기능을 분리함으로써 토마스 아퀴나스의 중세 철학에도 깊은 영향을 주었다. 철학과 의학에 관련된 일종의 백과사전이라 할 수 있는 『치유의 서』는 성 아우구스티누스에게도 많은 영향을 준 것으로 평가된다.

18세 때 이미 의사 자격을 딴 아비켄나는 젊은 나이에도 불구하고 그 명성이 널리 알려졌으며, 많은 환자들을 무료로 치료해 주기도 했다. 그는 특히 전염성 질병의 분류와 원인, 예방 등에 대해 상세히 연구했을 뿐만 아니라 당뇨병과 안면 마비 등의 증세에 대한 기록도 남겼다. 치료에 있어서도 그는 매우 신중한 태도를 유지했지만, 호흡마비로 질식현상을 보이는 응급환자에게는 가느다란 관을 기도에 삽입해 소생시키는 민첩함도 보였다. 다만 기관지 절제술은 마지막 수단으로 이용할 것을 권장하기도 했다.

그는 또한 질병을 예방하고 건강을 유지하기 위해서는 음식 조절과 충분한 수면, 청결과 운동이 필요함을 강조하고 마사지 요법과 냉수욕을 권장했다. 인간의 정신세계에도 많은 관심을 보였던 아비켄나는 감정적 태도, 정신 기능, 도덕적 태도, 자의식, 행동과 꿈 등으로 심리현상을 구분하면서 신체와 영혼은 서로 밀접한 관련을 맺고 있다고 추정했으며, 우울증과 공포증의 임상적 특징을 자세히 기술하기도 했다.

중세 이슬람 세계에서 다방면에 걸친 업적을 남긴 의학 천재였던 아비켄나가 이끌었던 아랍 의학 수준은 상당 기간 서양의학을 훨씬 앞지르고 있었다. 그는 탁월한 의사였을 뿐만 아니라 문학적 재능까지 겸비함으로써 많은 시를 쓰기도 했다. 그는 오늘날까지도 아랍문화의 자부심을 대표하는 인물로 추앙받고 있으며, 의사 중의 의사로 일컬어지고 있다.

유대인 랍비 의사
마이모니데스

중세 의학을 대표하는 인물로는 아비켄나 외에도 이집트에서 활동한 유대인 의사 마이모니데스를 빼놓을 수 없다. 마이모니데스 (Maimonides, 1135~1204)는 이베리아 반도에 속한 코르도바 출신의 유대인 의사이자 철학자였다. 그는 당시 코르도바를 지배하던 이슬람 왕조의 유대인 박해를 피해 이집트의 카이로에 이주해 의사로 활동하는 가운데『의학원리집』과『방황하는 사람들을 위한 안내서 (Guide for the Perplexed)』등을 저술함으로써 아랍세계뿐만 아니라 유럽에까지 그 명성을 날렸다.

랍비이기도 했던 그는 탈무드와 토라 연구의 대가이기도 했는데, 자신이 속한 유대인 공동체를 이끄는 지도자로 활동하면서 유대 철학을 체계화하는 작업에도 큰 공헌을 남겼다. 코르도바를 떠난 이후 그의 주된 활동무대는 이슬람 문화권에 속하는 모로코와 이집트였기 때문에 그가 남긴 저술들 역시 아랍어로 쓰인 것들이었다.

어려서부터 아버지에게서 토라를 직접 배운 그는 의학을 공부해 의사가 되었으며, 가족과 함께 모로코로 이주한 후에도 그곳에서 대학을 다녔다. 모로코를 거쳐 이집트에 정착한 마이모니데스는 유대교당에 드나들면서 기도에 열중했다. 그 시기에 그는 이집트의 변방 도시 빌바이스를 포위한 십자군의 공격으로 위기에 처한 유대인 동족을 구하기 위해 성금을 모아 협상을 벌인 결과 무사히 풀려나게 하는 공로를 세우기도 했다.

하지만 상인이었던 동생 다비드가 인도양 항해에서 익사하는 바람에 일가의 많은 재산을 모두 날려 버리게 되자 크게 상심한 마이모니데스는 우울증에 빠져 한동안 앓아눕기도 했다. 결국 그는 의업을 천직으로 삼아 살아가기로 작심하고 살라딘 왕가의 주치의로 활동하면서 의학 연구에 몰두하기 시작했다.

그리스와 아랍 의학에 정통했던 그는 단순히 모방에 그치지 않고 자신이 직접 관찰하고 경험했던 사실을 토대로 보다 새로운 의학 체계를 세우는 데 공헌했는데, 천식, 당뇨, 간염, 폐렴 등에 대해 연구한 결과를 상세한 기록으로 남겼을 뿐 아니라 건강한 생활습관이 질병 예방에 도움이 된다는 점을 크게 강조했다.

단적인 예로 치질은 음식 섭취와 밀접한 관련이 있고 기후에 좌우되는 천식을 치료하기 위해서는 맑은 공기가 필요하며, 경련 발작은 과로를 피해야 한다는 설명이 그렇다. 그 외에도 독극물과 해독제에 대한 기록을 포함해서 방대한 분량의 약물 목록을 남겼는데, 그는 무엇보다 정신과 육체의 상호작용을 강조했으며, 따라서 절제된 생활습관과 건전한 마음가짐, 그리고 경건한 신앙생활이 건강 유지에 필수적이라고 보았다.

유대 율법을 새롭게 정비한 랍비이자 철학자이기도 했던 그는 악의 문제에 대해서도 매우 독특한 관점을 제시하기도 했는데, 악은 누구나 지니고 있는 속성이기는 하지만 독립적으로 존재하는 게 아니라 단지 선의 부재를 의미한다고 주장했다. 따라서 신은 선만을 창조하셨지 악을 함께 창조한 게 아니라는 주장이다. 다시 말해 악은 이차적인 현상에 불과하다는 말이다.

마이모니데스는 의학과 철학뿐 아니라 신학, 법학, 천문학, 논리학, 윤리학 등에도 큰 업적을 남겼으며, 히포크라테스 선서를 대신할 마이모니데스 선서를 만들기도 했다. 그 무엇보다 자선의 미덕을 강조했던 그의 영향으로 유대인들은 부의 축적뿐 아니라 자선사업에도 결코 소홀하지 않았음을 생각해 볼 때, 마이모니데스가 유대인 사회에 끼친 공헌이 얼마나 컸는지 알 수 있다.

페스트를 물리친
숄리악

중세 프랑스의 외과의사 기 드 숄리악(Guy de Chauliac, 1300~1368)은 페스트 퇴치에 크게 공헌한 인물이다. 프랑스의 중산층 가정에서 태어난 그는 어린 나이에 툴루즈에서 의학 공부를 시작했으며, 나중에는 당시 의학의 중심지였던 몽펠리에로 가서 학업을 계속했다. 25세라는 젊은 나이에 이미 외과의사로서 명성을 날리기 시작한 숄리악은 해부학에 대한 지식을 더 쌓기 위해 이탈리아 볼로냐로 갔으며, 그곳에서 니콜로 베르투치오의 지도하에 다양한 수술 기법을 배웠다.

명의로 소문이 나기 시작한 숄리악은 마침내 아비뇽 교황청의 초빙을 받아 교황 클레멘트 6세의 주치의가 되었으며, 그 뒤를 이은 교황 이노센트 6세와 우르반 5세의 주치의도 계속 맡았다. 1348년 흑사병이 아비뇽을 덮치자 의사들까지 도시를 탈출하는 사태가 벌어졌지만, 숄리악은 끝까지 도시에 남아 환자들을 치료하며 흑사병의 실체를 조사하고 그 과정을 꼼꼼히 기록했다.

그는 흑사병을 폐렴성과 임파성 두 가지로 구분하기도 했는데, 중요한 점은 비록 그 원인을 알 수는 없지만 매우 강력한 전염력을 지닌 괴질로 간주했다는 사실이다. 당시 사람들은 흑사병의 만연을 신의 징벌로 간주하거나 이교도 집단인 유대인들이 기독교인들을 죽이기 위해 우물에 독을 탄 결과라고 굳게 믿었지만, 숄리악은 그런 믿음에 대해 어리석은 비과학적 주장이라고 반박하면서 의술로 퇴치가 가능한 질병임을 거듭 강조했다.

따라서 그는 사람들에게 흑사병을 퇴치하기 위한 방법으로 계속해서 가재도구들을 불태워 소독하고 청결한 음식을 섭취하도록 권장했는데, 교황 클레멘트 6세에게는 사람들의 접견을 중지하고 기거하는 방을 불태우도록 권유했다. 비록 숄리악 자신도 흑사병에 감염되고 말았지만, 그는 용케 살아남았다. 아비뇽을 위기에서 구해 낸 그의 용기는 숄리악의 명성을 더욱 드높이는 결과를 가져왔으며, 그에 대한 교황청의 신임도 그래서 더욱 두터워졌다. 그는 말년에 자신의 염원인 『외과학 대전』을 완성하고 아비뇽에서 세상을 떠났다.

오랜 기간에 걸쳐 완성된 그의 대표적인 저서 『외과학 대전(Chirurgia Magna)』은 갈렌과 히포크라테스 의학의 전통뿐 아니라 아랍 의학의 기술까지 총망라한 것으로 중세 유럽의학에 지대한 공헌을 끼친 대작이다. 이 책에서 숄리악은 해부학, 궤양 등의 질병 특성과 약물, 탈장의 유형, 상처와 골절, 마취법, 사혈요법, 소작술, 해독법,

백내장 치료법 등에 대해 자세히 기록하고, 특히 붕대의 사용이 상처 회복에 매우 유용한 수단임을 강조했다.

놀라운 점은 감염 부위에서 나오는 고름도 회복을 가리키는 징후임을 주장했다는 사실이다. 뿐만 아니라 그는 기도 삽입술, 기관 절제술을 포함해 수술 후 봉합술에 대해서도 자세한 기록을 남겼는데, 이는 매우 시대를 앞선 획기적인 의술임에 틀림없다. 숄리악은 외과의사로서 철저한 해부학 지식의 필요성을 강조했는데, 해부학을 알지 못하는 외과의사는 눈먼 조각가나 다름없다고 말하기도 했다.

의술의 혁신을 외친

파라셀수스

스위스의 의학자 파라셀수스(Paracelsus, 1493~1541)는 아인지델른에서 의사의 아들로 태어났다. 이탈리아의 페라라 대학을 졸업한 후 유럽 각지를 다니며 민간요법을 연구했으며, 귀국해서 바젤 대학 교수가 된 이후로는 자신의 경험을 토대로 혁신적인 치료법을 내세우며 기존의 의술을 격렬하게 성토함으로써 강한 반발을 사기도 했다.

본래 성은 폰 호엔하임으로 파라셀수스는 속칭이다. 그는 어려서부터 의사이자 화학자였던 아버지로부터 휴머니즘 정신에 입각한 신학 교육을 받았으나 어머니를 일찍 여의는 바람에 외로운 성장기를 거쳐야만 했다. 16세 때 바젤 대학에서 의학을 공부하기 시작한 그는 빈을 거쳐 페라라 대학에서 의사 자격을 땄으나 타고난 방랑벽으로 독일, 프랑스, 스페인, 러시아, 북구 등을 전전하며 떠돌이 의사 생활로 많은 세월을 보냈다.

다혈질의 성격을 지녔던 그는 바젤 대학 교수로 초빙된 이후 개강 초부터 의료개혁을 외치며 당시 고전의학으로 추앙받던 갈렌과 아비켄나의 서적을 불사르고 연금술과 같은 화학적 과정을 통해 추출한 약물치료를 적극 권장하는 등 전통적 의술에 맹공을 가함으로써 동료 교수들로부터 강한 반발을 샀으며, 이처럼 매우 공격적인 그의 태도에 거부감을 나타낸 바젤 시 당국은 마침내 일 년도 못가 그를 대학에서 추방하고 말았다.

비록 그는 대학에서 쫓겨나 일생 동안 여기저기를 전전하며 살았지만, 자신의 뜻이 옳다는 확신만큼은 죽을 때까지 변함이 없었다. 그의 독자적인 이론과 치료기법은 특히 점성술과 연금술에 따른 것으로 평가되는데, 그런 점에서 신비주의적인 요소가 강하다고 보는 견해도 있다. 그가 유럽뿐 아니라 소아시아 및 아프리카까지 멀리 여행한 것은 미지의 의술을 찾기 위한 몸부림이기도 했다.

파라셀수스 의학의 특징은 환자 치료에 화학물질과 미네랄 성분의 사용을 도입한 점이라 할 수 있는데, 아편과 아연의 사용이 단적인 예에 속한다. 실제로 아연을 뜻하는 'zinc'도 그가 최초로 명명한 것이다. 그는 신체의 건강이 소우주인 인간과 대우주인 자연의 조화에 좌우된다고 보았는데, 이는 연금술적인 동시에 동양적인 사고방식에 매우 가까운 내용이기도 하다. 따라서 그는 인체 내에 존재하는 미네랄 성분의 균형을 잘 맞춰야 질병에 걸리지 않는다고 주장하면서 그런 이유 때문에 질병 치료에는 화학물질의 사용이 필수적이라는 주장을 고집했다.

물론 오늘날 보편적으로 시행되고 있는 화학적 치료의 효시라고도 볼 수 있는 그의 주장은 어찌 보면 매우 시대를 앞선 내용이기도 하지만, 연금술적인 접근에 따른 그의 질병관만큼은 오늘날의 관점에서는 그대로 따르기 어려운 점이 많은 게 사실이다. 다시 말해 우주에는 7개의 행성이 있듯이 지구에는 7가지의 미네랄이 존재하며, 인체에도 7개의 센터가 있어서 상호 밀접한 관계를 유지한다는 그의 주장에 따르면, 모든 질병은 곧 하늘에 떠 있는 별들에서 전해진 독성 때문에 발생한다는 것으로 이는 매우 신비주의적 해석이 아닐 수 없다.

따라서 그는 모든 존재는 독성을 지니고 있으며, 독성을 지니지 않은 존재는 그 어디에도 없다고 주장하였다. 다만 모든 독이 해로운 것은 아니며 적절히 중화된 독은 오히려 치료에 도움이 될 수 있다는 것이다. 이런 그의 주장은 현대 의학에서 활용하는 예방 백신 치료의 원조에 해당되는 놀라운 탁견이라 하겠다. 이처럼 파라셀수스는 비록 점성술과 연결된 질병관을 지니고는 있었지만, 그럼에도 불구하고 인체 내에 존재하는 광물질의 불균형으로 발생한 질병이라는 상태를 화학적 약물로 치료할 수 있다는 생각을 처음으로 제시했다는 점에서 당시로서는 실로 혁명적인 의술을 개발한 것으로 볼 수 있겠다. 그런 이유 때문에 오늘날에 와서 그를 독물학의 아버지로 부르는 것은 너무도 당연한 일이 아닐 수 없다.

마지막으로 한 가지 더 짚고 넘어갈 부분은 인간 심리에 대한 그의 독특한 관점이다. 비록 그는 무도병(舞蹈病, chorea: 춤추듯이 몸을 제멋대로 움직이는 경련성 질환)의 정확한 원인에 대한 지식을 지니지는 못했지만, 그런 현상이 어린 시절에 보고 들었던 기억과 상상에 따라 성인기에 이르러 재연되는 것으로 설명했는데, 이는 다시 말해 프로이트가 발견한 무의식적 요인을 우회적으로 말한 것이 아닐까 한다. 그런 점에서 파라셀수스는 심리적 원인에 의한 질병이 존재할수 있다는 사실을 언급한 가장 최초의 의사였다고 해도 과언이 아닐 것이다.

외과의사가 된 이발사
파레

앙브루아즈 파레(Ambroise Paré, 1510~1590)는 중세 프랑스의 외과의사로 특히 총상 치료 분야에서 명성을 날렸는데, "나는 상처 난데를 붕대로 감아 주기만 할 뿐, 나머지는 신이 알아서 고쳐 준다."는 유명한 말을 남겼다. 실제로 그는 외상 부위를 치료할 때 무리한 수단을 동원하지 않고 단지 붕대만을 사용하는 방법을 더욱 선호했다.

원래 그는 이발사 견습생으로 일하다가 오텔 듀 병원에서 외과수련을 받고 의사가 된 인물로 3년간의 수련을 끝내고 군의관이 되어 이탈리아 전선에서 복무하며 다양한 수술법을 개발했다. 당시파레는 부상병들을 치료하면서 전통적인 방법을 마다하고 자신만의 독자적인 시술법을 고안해 환자 치료에 적용했는데, 단순한 소작법 대신에 계란의 노른자위와 기름을 섞은 연고를 개발해 이를 상처 부위에 바르는 방법이 더욱 효과적임을 알아냈다.

이처럼 풍부한 실전 경험을 토대로 파레는 총상 치료 부문에서 일약 대가가 되었으며, 자신이 개발한 다양한 치료법들을 그의 대표적인 저서『총상요법(The Method of curing wounds caused by arquebus and firearms)』을 통해 세상에 공개함으로써 그동안 답보상태에 있던 외과학을 본격적인 학문 체계로 정립시키는 업적을 남기게 되었다. 무엇보다 혁신적인 점은 파레가 사지절단 수술 시 상처 부위를 불로 지지지 않고 혈관을 묶는 시술을 개발해 냈다는 사실이다. 왜냐하면 인두로 지지는 방법만으로는 엄청난 출혈을 효과적으로 막을 수가 없었기 때문이다.

파레가 개발한 동맥 결찰술은 오늘날에 이르기까지 모든 외과수술의 기본이 되는 것으로 그는 출혈 문제뿐 아니라 통증과 감염 문제 처리에도 관심을 기울여 소위 팬텀 림(phantom limb)으로 알려진 환지통(幻肢痛) 현상에 대해서도 자세히 기록하였다. 환지통은 이미 절단된 사지 부위에서 통증을 느끼는 특이한 현상인데, 놀랍게도 파레는 그런 현상이 뇌의 기능에서 비롯된 결과임을 이미 알고 있었던 것이다.

파레는 사지절단술뿐만 아니라 의족을 고안해 환자 치료에 이용했으며, 유리로 만든 의안도 발명했다. 또한 그는 산과 수술에도 큰 업적을 남겼는데, 일례로 태아의 위치가 뒤바뀐 경우, 당시 외과의들은 산모를 살리기 위해 태아를 조각내어 죽게 만든 뒤 끄집어냈으나, 파레는 그런 잔인한 수술 방법 대신에 태아의 다리를 회전시켜 살려 내는 시술을 처음으로 개발했다.

파레의 명성이 전국에 알려지자 그는 왕궁의 부름을 받고 시의
로 일하기 시작했으나 당시 마상시합 중에 머리에 치명상을 입고
쓰러진 앙리 2세의 생명을 되살리진 못했다. 그럼에도 불구하고 파
레는 그 후에도 계속 프란시스 2세, 샤를르 9세, 앙리 3세에 이르
기까지 시의로 활동하다 세상을 떠났다. 위그노 교도였던 파레는
1572년 그 유명한 바솔로뮤 대학살 때에도 샤를르 9세의 도움으로
옷장 속에 숨어 살아남았다고 전해진다. 어쨌든 파레는 80세까지
천수를 누리다가 조용히 숨을 거두었다.

동의학을 집대성한
허준

조선 중기의 의관 허준(許浚, 1539~1615)은 그 유명한『동의보감』의
저자다. 임진왜란 당시 선조를 모시고 의주까지 동행했으나, 그 후
선조가 와병 중에 갑자기 사망하게 되자 그 책임을 물어 유배를 당
하게 되었으며, 유배 중에 필생의 대작인『동의보감』을 완성하여 광
해군에게 바침으로써 간신히 귀양에서 풀려나 내의원에 복귀했다.

그는 경기도 파주에서 무관 출신인 용천부사 허윤의 차남으로
태어나 일찍부터 글을 깨우치고 유불선(儒佛仙)을 두루 섭렵하는 학
문적 식견을 지닌 인물로 성장했다. 20대 중반 때 부제학 유희춘의
부인을 치료해 신임을 얻은 허준은 유희춘의 추천으로 내의원에
들어가 의관이 되었으며, 그 후 유희춘의 병까지 치료해 장안에 명

성이 자자했다.

　TV 드라마 『허준』에서는 의원 유의태를 허준의 스승으로 부각시키고 있지만, 실제로 유의태는 허준보다 100년이나 뒤늦게 활동한 인물로 허준과는 아무런 관계가 없는 인물이다. 또한 어의 양예수가 허준을 괴롭힌 것으로 묘사한 점도 사실과 다르다고 하겠다. 게다가 허준이 의과에 급제한 것으로 묘사하고 있지만, 이것도 사실과 다르며, 오히려 허준은 의과에 응시한 적이 없음에도 불구하고 단지 뛰어난 의술만으로 다른 동료 의관들을 능가하는 실력을 인정받은 것으로 보인다.

　그런 이유 때문에 그는 내의원 안에서도 시기의 대상이 되고도 남음이 있었으며, 그 후 허준이 왕자 신성군을 소생시킨 공로를 인정받아 당상관으로 승진하자 문무백관들이 일제히 들고일어나 그를 탄핵하고자 했으나 선조는 이에 응하지 않았다. 허준에 대한 왕의 신임이 어느 정도인지 짐작케 해 주는 대목이 아닐 수 없다.

　하지만 그에 대한 탄핵은 그 후에도 멈출 줄을 몰랐으니 왕세자 광해군의 병을 완쾌시킨 공로로 허준이 정2품의 높은 관직에 오르게 되자 신하들은 또다시 들고일어났으나 선조는 여전히 말을 듣지 않았다. 이처럼 왕의 군건한 신임을 배경으로 허준은 의서 집필에 전념하는 가운데 어의 양예수가 병으로 세상을 떠나자 그의 후임으로 내의원 최고책임자인 수의 자리에까지 오르게 되었다.

　심지어 선조는 자신의 병을 제대로 고치지 못한다는 이유로 중신들이 허준을 벌해야 한다고 여러 차례 청원을 올렸으나 끝까지 그를 감싸고돌며 무마시킬 정도였다. 그러나 선조가 승하하자 허준도 더 이상 버틸 재간이 없었다. 결국 그는 조정 대신들의 책임 추궁을 받고 파직되어 의주로 멀리 유배당하고 말았다.

그런 시련을 겪으면서도 허준은 혼심의 힘을 다해 일생일대의 역작인 『동의보감』을 완성시켜 광해군에게 바침으로써 가까스로 유배생활에서 풀려나게 되었다. 물론 광해군은 이전부터 수차례 허준을 복귀시키려 했으나 신하들의 반대에 부딪쳐 무산되곤 했었다. 그런 우여곡절 끝에 간신히 내의원에 복귀한 허준은 후진 양성과 의서 편찬에 전념하다가 조용히 세상을 하직했다.

허준이 15년의 각고 끝에 펴낸 『동의보감』은 일종의 임상의학 백과사전으로 동의학에 관련된 모든 지식을 총망라한 대저라 할 수 있다. 『동의보감』은 그 후 일본과 청국에서도 번역이 될 정도로 그 가치를 높이 평가받은 의서일 뿐만 아니라 오늘날에 와서도 한방의학을 대표하는 의서로 손색이 없는 귀중한 자료로 인용되고 있다.

혈액순환의 원리를 밝힌
윌리엄 하비

영국의 의사 윌리엄 하비(William Harvey, 1578~1657)는 혈액순환의 원리를 처음으로 밝혀낸 인물이다. 영국 켄트 주 포크스톤에서 부유한 사업가의 아들로 태어난 그는 어려서부터 라틴어와 그리스어를 익혔으며, 케임브리지의 카이어스 대학을 졸업한 후 이탈리아로 유학을 떠나 파두아 대학교에서 의학을 배우고 귀국해 케임브리지 대학교에서 의사 자격을 얻었다.

그 후 성 바솔로뮤 병원에 근무하며 인체 구조에 흥미를 갖고 연구에 몰두한 하비는 특히 심장 판막 기능에 주목해서 연구를 거듭한 결과, 『동물의 심장과 혈액 운동에 관한 해부학적 연구』라는 소책자를 통해 자신의 독자적인 혈액순환 이론을 발표했는데, 당시 의학수준으로서는 가히 혁명적인 업적에 해당하는 것이었음에도 불구하고 의학계의 인정을 받지는 못했다. 그럼에도 불구하고 하비는 왕립의사회 회원으로 선출되었을 뿐만 아니라 제임스 1세와 찰스 1세의 시의 자리에 오르는 등 의사로서는 승승장구의 길을 걸었다.

하비의 과학적 연구 방법은 후대에도 큰 영향을 끼쳤는데, 그것은 파두아 대학교 시절 스승인 파브리키우스를 통해 배운 해부학적 관찰에서 비롯된 것이기도 했다. 특히 하비는 스승이 굳게 믿고 있던 아리스토텔레스의 소우주론을 그대로 받아들여 심장을 인체의 중심을 이루는 기관으로 보고 모든 생기의 근원이 심장에서 비롯되는 것으로 여겼다.

하지만 무엇보다 하비의 업적은 과감한 가설 제시에 그치지 않고 과학적인 실험의 반복을 통해 정밀한 관찰과 철저한 검증 방식을 처음으로 시도했다는 점에 있다고 볼 수 있다. 실제로 그는 자신의 혈액순환 이론을 뒷받침하기 위해 10년에 걸쳐 실험적 관찰을 토대로 수많은 동물 해부를 시행했는데, 보다 정확한 정보를 얻기 위해 주로 냉혈동물을 이용한 생체해부를 수없이 시도했다.

하비의 혈액순환 이론의 우수성은 단순한 피의 순환 경로를 밝혔을 뿐 아니라 혈액의 흐름을 일정하게 유지시켜 주는 판막의 기능에 초점이 맞춰져 있으며, 판막이 일종의 수문 역할을 수행한다는 사실을 실험을 통해 밝힌 점에 있다. 그는 이러한 실험을 통해 혈액이 한 방향으로만 흐른다는 점과 동맥과 정맥이 연결되어 있다는 사실도 알아낸 것이다. 따라서 하비는 판막이야말로 혈액이 반대 방향으로 흐르는 것을 막아 주는 가장 중요한 역할을 한다고 주장했지만, 그것이 혈압 유지와 관련된다는 사실은 생각하지 못했다.

혈액순환에 관한 위대한 발견에도 불구하고 하비에게도 약점은 있었다. 그는 여전히 아리스토텔레스의 소우주론에 집착한 결과, 심장과 폐의 밀접한 관계를 적절히 설명해 내지 못하고 말았는데, 따라서 폐순환에 대해서는 그 중요성을 제대로 인식하지 못했으며, 동맥과 정맥이 만나는 지점인 모세혈관의 존재도 찾아내지 못했다.

또한 발생학 분야에도 관심을 기울인 하비는 임신한 동물을 대상으로 시행한 해부실험을 통해 모든 생명체가 알에서 태어난다는 사실을 주장했지만, 정자의 역할에 대해서는 적절한 해명을 하지 못했으며, 단지 수정할 때 원거리에서 그 어떤 생명력이 전달되어 새로운 생명이 발생한다고만 생각했을 뿐이다.

오랜 세월 서양의학을 지배했던 갈렌의 의학에 직접적인 도전장을 날린 하비의 이론은 놀라운 업적임에 틀림없지만 한편으로는 부분적인 성공에 머물고 말았다는 아쉬움이 남는다. 그럼에도 불구하고 그가 남긴 과학적 실험정신은 오늘날에 이르기까지 수많은 의학자들에게 하나의 올바른 규범을 제시했다는 점에서 오래도록 기억될 인물임이 분명하다.

치과의 아버지

포샤르

프랑스의 치과의사 피에르 포샤르(Pierre Fauchard, 1678~1761)는 현
대 치과학의 아버지로 불린다. 그는 프랑스 북서부에 위치한 브르
타뉴 반도 출신으로 15세의 어린 나이에 프랑스 해군에 입대해 외
과 군의관 밑에서 일하면서 구강질환에 대한 많은 지식과 치료법
을 배울 수 있었다. 이 시기에 포샤르는 많은 선원들이 오랜 항해
기간 동안에 괴혈병을 포함한 숱한 치아질환으로 고생한다는 사실
도 알게 되었다.

군대를 제대한 직후 앙제에 정착한 포샤르는 앙제 대학교에서
의학을 공부하고 곧바로 혁신적인 치과치료법을 개발해 명성을 날
리기 시작했다. 당시만 해도 구강외과 분야는 매우 생소한 영역이
었고, 치과의사들이 시행하는 치료란 고작해야 충치를 뽑아내는
게 전부였다. 하지만 포샤르는 다양한 수술기법과 기구들을 고안
해 그 누구도 손대지 못했던 구강외과 분야의 선구적인 개척자가
되었다.

포샤르가 개발한 치료법은 오늘날의 관점에서 보더라도 실로 놀
라운 것들이었다. 그는 구강해부와 기능뿐 아니라 치아보존술과
보철 및 치아이식에 이르기까지 수많은 기법들을 총망라하는 업적
을 이루어낸 것이다. 특히 포샤르는 다양한 치료기구들을 개발해
냈는데, 시계제조공이나 보석세공인, 심지어는 이발사들이 사용하
는 도구들을 치과치료에 적용해 환자들을 치료했다.

그는 발치로 생긴 빈 구멍을 상아나 뼛조각 등의 인공물로 채우는 기술, 그리고 실이나 금을 이용해 치아를 받쳐 주는 보철기술도 개발했으며, 의치를 제작해서 치아가 없는 환자들을 돕기도 했다. 또한 설탕이 충치의 원인이 된다고 주장한 최초의 의사였던 그는 당분이 많은 음식 섭취를 자제하도록 충고하고, 정기적으로 치과를 방문해 치아 청소를 하도록 권유하기도 했다. 충치를 그대로 방치하면 구강암을 일으킬 수도 있다는 경고도 잊지 않았다.

포샤르는 환자가 불안해하지 않도록 환자 등 뒤에서 치료작업을 하도록 제안했으며, 치과의사가 앉는 의자에 조명장치를 달면 좋겠다는 아이디어까지 생각해 냈다. 심지어 그는 오늘날 치과치료에 필수적인 도구로 사용하는 드릴을 고안해 실제 임상에 적용했는데, 동물의 창자로 만든 실을 실린더에 감아 충치를 치료했다. 또한 충치 치료 초기에는 사람의 소변을 사용해 치료할 것을 권장하기도 했는데, 물론 그는 소변에 존재하는 암모니아 성분에 대해 알지는 못했지만, 임상적으로 효과가 있다는 사실만큼은 잘 알고 있었던 것이다. 하지만 당시의 치과의사들이나 환자들은 그런 제안에 강한 반발과 혐오감을 보이기도 했다.

이처럼 포샤르는 오늘날 시행되고 있는 거의 모든 치과치료의 기본을 이루는 기법들을 이미 300년 전에 독자적으로 개발해 낸 인물임을 알 수 있다. 실로 천재적인 발상의 소유자가 아닐 수 없다. 하지만 포샤르는 40대 중반에 파리를 방문했을 때, 그 많은 의학도서관에 치과에 관한 의학서적이 단 한 권도 없음을 깨닫고 자신이 직접 치과학 교과서를 저술하기로 결심했다. 꼼꼼히 기록해 둔 자신의 치료경험을 토대로 5년에 걸쳐 완성한 『구강외과의사(The surgical dentist)』는 포샤르의 이름을 세상에 널리 알리는 계기를 마련했으며, 이 책을 통해 포샤르는 자타가 공히 인정하는 치과학의 대가로 역사에 기록되기에 이른 것이다.

서울 강남사거리에 위치한 어느 치과의원은 상호에 포샤르의 이름을 사용하고 있는데, 그 앞을 무심코 지나치는 행인들은 포샤르가 무슨 뜻인지 잘 알지 못하겠지만, 이 글을 읽고 나면 왜 그런 상호를 붙였는지 이해가 되리라 믿는다.

환자의 몸에서 쇠사슬을 풀어 준
피넬

프랑스의 의사 필립 피넬(Philippe Pinel, 1745~1826)은 살피트리에르 병원장에 취임하면서 모든 정신질환자의 몸에 채워졌던 쇠사슬을 풀어 주는 획기적인 의료개혁을 단행함으로써 인도주의적 치료의 효시가 되었다. 따라서 현대 정신의학의 시발점을 피넬에서 찾는 것은 실로 당연한 결과라 하겠다.

의사의 아들로 태어난 피넬은 툴루즈에서 의학을 공부하고 의사 자격을 땄으며, 몽펠리에서 4년을 더 공부했다. 그 후 파리로 이주했지만 15년간이나 의사로 활동하지 못하고 저술과 번역하는 일에만 종사해야 했는데, 그것은 당시 정부 당국이 지방의대 출신의 자격을 인정하지 않았기 때문이다.

몹시 낙담한 피넬은 한때나마 미국으로 이주할 생각까지 했으나 마음을 고쳐먹고 이름 없는 의학잡지 편집인으로 활동하면서 정신질환에 관심을 기울여 자기 나름대로 독자적인 연구를 하기 시작했는데, 거기에는 이유가 있었다. 조울병을 앓던 한 친구가 자살을 했기 때문이다. 피넬은 그런 비극적인 사태가 잘못된 치료관행에서 비롯된 결과라고 믿고 광인들을 대상으로 면밀한 관찰을 하기 시작했다.

프랑스 혁명에 동조했던 피넬은 혁명 이후 자신의 친구들이 실권을 쥐게 되자 마침내 비세트르 병원에 근무하는 기회를 얻기에 이르렀는데, 당시 그곳에는 4천 명에 달하는 범죄자와 매독 환자들, 성도착자 남성들로 넘쳐나고 있었으며, 그중에는 2백 명의 정신질환자들도 포함되어 있었다. 피넬은 특히 7병동에 수용된 정신질환자들에 관심을 기울여 그들의 상태를 꼼꼼히 관찰하고 기록했다. 피넬은 그곳에서 환자들을 개별적으로 만나 면담을 진행했으며, 그들과 많은 대화를 나누기도 했다.

그 후 살피트리에르 병원으로 자리를 옮긴 피넬은 가난하고 병든 7천 명에 달하는 여성 환자들의 비참한 처지를 목격하고 큰 충격을 받았다. 그곳은 세상과 동떨어진 거대한 토굴과도 같은 지옥 그 자체로 권위적인 관료주의에 물든 직원들의 황포가 극심한 상태였다. 마침내 병원장에 취임한 피넬은 과감하게 환자들의 손에 채워진 쇠사슬을 풀어 주는 용단을 내렸지만, 그런 혁신적인 조치로 인해 간호사들과 숱한 마찰을 빚기도 했다.

피넬은 환자의 인권을 위해 혁신적인 조치를 단행했을 뿐만 아니라 질병의 진단분류에 관한 책도 출판했으며, 정신질환에 심리적으로 접근하는 내용의 논문도 썼다. 특히 그는 아무리 광기에 빠진 환자라 하더라도 그들의 병든 심리세계와 특이한 언어를 이해하고자 노력하는 치료자의 태도가 중요함을 강조하고 그런 노력을 통해 환자의 사회복귀를 도울 수 있다고 주장했다.

따라서 그는 환자들이 망상에서 벗어날 수 있도록 치료적 대화를 통한 끈질긴 설득의 필요성을 강조했으며, 비록 환자들이 강한 저항을 보이더라도 애정과 관심을 지니고 그들을 지지하고 격려해야 한다고 주장했는데, 이는 오늘날 많은 정신과의사들이 시행하는 지지적 정신치료의 효시가 되는 접근방식이라 할 수 있다.

이처럼 피넬에서 비롯된 도덕적 치료방식은 그 후 전 유럽의 정신과의사들에게 결정적인 영향을 끼쳤을 뿐만 아니라 정신질환자들에 대한 심리적 접근법의 효시가 됨으로써 그는 정신의학계에 새로운 혁명을 일으킨 결과를 낳게 된 것이다.

비록 푸코는 자신의 저서『광기의 역사(The History of Madness)』를 통하여 피넬의 업적을 평가절하하면서 그가 이룩한 일이란 고작해야 정신질환자에 대한 신체적 구속에서 정신적 구속으로의 전환을 이룬 것에 지나지 않는다고 주장했지만, 그것은 당시 환자들의 비참한 처지를 고려하지 않은 추상적 담론에 불과한 것으로 보인다. 누가 뭐래도 피넬이 내세운 인도주의적 접근에 기초한 치료방침은 당시로서는 너무도 당연한 요구일 뿐만 아니라 환자들을 단지 관리 대상으로 여기는 고루한 관료주의적 사고방식에 정면으로 도전한 획기적인 조치였기 때문이다.

종두법의 창시자

제너

에드워드 제너(Edward Jenner, 1749~1823)는 종두법을 최초로 개발해 천연두 예방에 큰 공을 세워 면역학의 아버지로 불리는 영국의 의사다. 목사의 아들로 태어난 그는 런던 대학병원에서 의학을 공부하고 고향에 내려가 개업의로 활동하던 중 농장에서 우유를 짜는 여성들이 천연두에 걸리지 않는다는 사실을 알고 이런 사실을 토대로 오랜 기간 실험을 반복한 결과 종두법의 효과를 확신하기에 이르렀으며, 마침내 1798년 그 결과를 왕립협회에 보고함으로써 예방의학의 선구자가 되었다.

그 후 제너의 종두법은 프랑스를 거쳐 미국에까지 전해졌으며, 그의 업적에 힘입어 사람들은 천연두에 대한 두려움에서 벗어날 수 있게 되었다. 따라서 제너의 업적은 그 어떤 역병도 물리칠 수 있다는 안도감을 심어 주었을 뿐만 아니라 그 후로도 다양한 예방접종의 개발에 박차를 가하는 계기를 마련해 준 점에 있다고 볼 수 있다.

하지만 엄밀히 말하자면 우두법의 창시자는 제너가 아니라고 할 수도 있다. 왜냐하면 이미 그 이전부터 흑해 연안의 코카서스 지방에서는 우두법이 시행되고 있었으며, 터키를 거쳐 1721년에는 영국에도 도입된 상태였기 때문이다. 다만 그 부작용이 심해서 오히려 생명이 위태로운 경우도 많았다. 제너 역시 어려서 우두 접종을 받았는데 그 후유증으로 일생 동안 고생했던 인물이다. 따라서 제너의 업적은 우두법의 위험성을 최소화시킨 보다 안전한 종두법을 개발한 것이라 볼 수 있다.

제너가 생존했을 당시 유럽에서는 천연두가 빈발해서 전 인구의 60%가 천연두에 감염되었으며, 그중 1/3이 사망한 것으로 집계될 정도로 그 피해는 극심했다. 오늘날 천연두는 완전히 소멸된 것으로 알려져 있지만, 제너의 종두법 개발이 없었다면 인명의 손실은 더욱 컸을 게 뻔하다.

원래 제너는 14세 때부터 7년간 시골 외과의사 밑에서 조수로 일하면서 외과술의 기본을 익혔으며, 그 후 세인트 조지 병원에서 외과의사 존 헌터의 지도로 해부학 및 다양한 의술을 배웠다. 1773년 고향으로 내려가 일반 가정의로 활동하던 제너가 세인트 앤드류 대학교에서 정식 의사 자격을 딴 것은 1792년이었으니 무려 20년 가까운 세월이 흐른 뒤였다.

1796년 한 소년을 상대로 종두 접종 실험에 성공한 제너는 그 후에도 수많은 실험을 통해 자신의 이론에 확신을 얻게 되었지만, 처음부터 세상의 인정을 받은 건 아니었다. 그러나 제너의 끈질긴 노력으로 왕립협회의 인정을 받고 더 나아가 정부 지원으로 제너 연구소가 설립되면서 마침내 그의 오랜 노력이 결실을 맺기에 이르렀으며, 영국 정부는 1840년부터 이미 종두법을 무료로 시행하는 정책을 펼치기 시작했다. 영국에서 시작된 종두법은 그 후 전 세계로 퍼져 나가 수많은 인명을 구하는 결과를 낳았는데, 1879년에는 우리나라 최초로 지석영(1855~1935)이 우두법을 시행함으로써 천연두 퇴치에 크게 공헌했다.

청진기를 발명한
라에네크

프랑스의 의사 르네 라에네크(René Laënnec, 1781~1826)는 청진기를
처음으로 발명해 의술 발전에 신기원을 이룩한 인물이다. 브르타
뉴 지방의 캥페르에서 태어난 그는 다섯 살 때 어머니를 결핵으로
잃고 성직자인 종조부 밑에서 외롭게 성장했다. 소년 시절 프랑스
대혁명의 혼란기를 맞이한 라에네크는 낭트 의대 교수로 있던 숙
부에게로 가서 그의 지도로 의학의 기본을 익히고 의사가 되기를
바랐지만, 변호사였던 아버지의 반대에 부딪쳐 잠시 실의에 빠지
기도 했다.

낙담한 그는 한동안 도보여행과 문학에 심취해 지내다가 다시
학업을 시작하기로 마음먹고 파리로 가서 정식으로 의학 수련을
받았다. 그곳에서 청진과 타진을 통한 진단법을 배워 익힌 그는 네
케 병원에 근무하는 동안에 병리해부학에 관심을 기울이는 한편
우연한 기회에 아이들의 놀이에서 힌트를 얻어 종이를 말아 만든
관으로 환자들의 가슴을 청진하다가 마침내는 1816년 청진기를 발
명하여 보다 과학적인 청진법을 개발하기에 이른 것이다.

그는 처음에 나무로 만든 목제 원통형 기구를 청진에 이용하다가
나중에는 세 부분으로 분리가 가능한 청진기로 개발해 사용했다.
당시만 해도 의사들은 가슴을 청진할 때 환자의 가슴에 귀를 바짝
대고 병을 식별했으나, 여성 환자와 몸이 비대한 환자일 경우에는
진찰하기가 몹시 힘들다는 문제가 있었다. 하지만 라에네크가 청진

기를 발명함으로써 그런 어려움이 일시에 해소된 셈이다.

라에네크는 자신이 만든 청진기를 이용해 심장 및 호흡기질환의 감별과 그 특성에 대한 연구를 계속해 나갔으며, 심잡음(심장에서 들리는 잡음)과 수포음(폐에서 들리는 부글거리는 소리) 등을 포함해 정밀한 청진 소견들을 감별하고 분류하는 진단법을 개발해 냈다. 그는 자신이 발견한 내용을 정리해 1818년 파리에서 개최된 정기 학회에서 발표함으로써 그 분야에서 일약 권위자로 우뚝 서게 되었다. 뿐만 아니라 그는 복막염과 간경화, 결핵 등에 대해서도 많은 연구를 했다. 간경화를 가리키는 병명인 cirrhosis는 그가 명명한 것으로, 황색을 뜻하는 그리스어 kirrhos에서 따온 것이다. 간경화의 특징인 황갈색 소엽에서 착상한 병명이다.

그는 검은색을 뜻하는 그리스어를 본떠 피부암의 일종인 흑색종(melanoma)이라는 병명도 만들었으며, 흑색종이 폐로도 전이될 수 있음을 보고하기도 했는데, 대학에서 흑색종에 대해 강의한 최초의 인물이기도 하다. 그뿐만 아니다. 그의 이름이 붙여진 여러 징후들은 그가 발견한 임상적 관찰보고에 따른 것인데, 예를 들어 라에네크 혈전증은 태내 혈전증을 가리킨 것이며, 라에네크 진주는 천식 환자의 가래를 뜻하는 것이었다. 또한 라에네크 – 함만 증상으로 알려진 현상은 폐기종 상태에서 들리는 잡음을 가리키는 것이다.

이처럼 수많은 질병의 진단에 큰 공헌을 남긴 라에네크는 나중에 콜레쥬 드 프랑스 의대 교수가 되어 후진들 양성에 몰두하다가 결핵으로 쓰러져 일찍 세상을 하직하고 말았다. 아이러니컬하게도 그가 결핵에 걸린 사실을 처음으로 알아낸 사람은 그의 조카였던 메리아덱이었으며, 라에네크가 발명한 청진기로 정확하게 진단해 낸 것이었다. 하지만 적절한 치료법이 없던 시절이라 라에네크는 자신의 어머니처럼 병마를 이기지 못하고 말았다. 부드럽고 친절하며 정이 많은 사람이었던 라에네크는 빈민구제 사업에도 열심이었던 것으로 알려지고 있다.

소독법의 선구자
조지프 리스터

영국의 외과의사 조지프 리스터(Joseph Lister, 1827~1912)는 무균수술법과 소독법의 개발로 외과수술 분야에 일대 혁신을 일으킨 인물이다. 그의 무균수술법이 나오기 전에는 대부분의 환자들이 간단한 수술 후에도 감염증으로 고생했으며, 수술 환자의 절반 이상이 사망할 정도로 별다른 대책이 없었던 게 사실이다.

당시만 해도 세균이나 소독에 대한 개념이 없던 시절이라 사람들은 상처 부위가 썩는 현상도 나쁜 공기 때문에 생기는 것으로 여기고 수시로 병실 내부를 환기만 시켰을 뿐 손을 씻거나 깨끗한 수술복 착용 따위는 안중에도 없었다. 따라서 수술도 매우 비위생적인 상태에서 시행되고 있었으니 환자들의 사망률이 높을 수밖에 없었다.

그런 시절에 리스터는 영국 에섹스 주 업튼에서 부유한 퀘이커교도 집안에서 태어났다. 퀘이커 학교에서 프랑스어와 독일어를 배운 그는 런던 대학교에 진학해 의학을 공부했는데, 그의 유창한 외국어 실력은 해외 의학 논문을 읽는 데 큰 도움이 되었다. 특히 프랑스의 파스퇴르가 쓴 논문은 리스터에게 가장 큰 영향을 주었다.

대학을 졸업한 후 리스터는 에든버러 대학병원의 외과의사 제임스 자임 교수의 조수로 일하면서 다양한 수술법을 익혔으며, 자임 교수의 딸 아그네스와 결혼도 했다. 그녀는 일생 동안 리스터의 반려자로서 그의 연구 활동을 돕는 일에 온갖 조력을 아끼지 않았다.

글래스고 대학병원에 외과 교수로 근무하던 리스터는 파스퇴르의 연구에서 큰 영감을 받고 1865년 무균수술을 위한 소독제로 석탄산(페놀)을 이용하는 방법을 고안해 냈다. 석탄산은 원래 독일의 화학자 룽게가 발견한 것으로 당시에는 철도나 선박의 나무 부식을 방지하기 위한 방부제로 널리 이용되고 있었는데, 리스터는 이것을 환자 수술에 도입해 그 효능을 입증한 것이다.

처음에 그는 마차에 치어 심한 골절상을 입은 한 소년의 상처 부위를 석탄산에 적신 붕대로 감아 준 뒤 그 경과를 관찰했는데, 며칠 후 상처가 깨끗이 낫는 모습을 목격하고 자신의 생각이 옳다는 확신을 갖게 되었다. 그 후 리스터는 석탄산을 환부 절개 부위에 직접 뿌리거나 수술 후 환부에 그 용액을 발라 소독했으며, 그 효과가 탁월한 것으로 나타나자 그 후로는 수술 전후에 모든 집도의가 깨끗이 손을 소독할 뿐만 아니라 수술용 장갑도 소독된 것을 사용하도록 했으며, 모든 수술도구와 수술실도 석탄산으로 소독하도록 했다.

그렇게 해서 1867년 리스터는 자신의 임상경험을 정리해 학회지에 발표했으며, 자임 교수의 후임으로 에든버러 의대 교수로 부임한 뒤에도 계속해서 소독법 개발에 몰두하는 한편 철사를 이용한 슬개골 파열 치료법과 유방 절제술 개발에도 기여함으로써 그의 명성은 날이 갈수록 높아졌다.

말년에 이르러 런던의 킹스 칼리지 병원으로 자리를 옮긴 리스터는 그동안의 업적으로 영국 왕실로부터 기사 작위를 받았으며, 왕립협회 회장으로 선출되기도 했다. 하지만 그의 오랜 내조자였던 아내가 갑자기 세상을 떠난 후로는 모든 일에 의욕을 잃고 환자 진료와 공직에서 물러나 시골에서 조용히 은거생활을 즐기다가 85세를 일기로 세상을 떠났다.

하지만 석탄산을 이용한 무균법으로 수많은 생명을 구한 리스터와는 달리 그의 사후 20년이 지나 등장한 나치 독일은 오히려 집단 학살에 석탄산을 악용하는 반인륜적 범죄를 저질렀다. '같은 물도 소가 마시면 우유가 되고 뱀이 마시면 독이 된다.'는 말이나 '같은 칼도 의사의 손에 들어가면 생명을 구하고 강도의 손에 들어가면 생명을 빼앗는다.'는 말이 더욱 실감 나게 와 닿는 끔찍스러운 사건이 아닐 수 없다. 하기야 독가스를 사용해 숱한 생명을 앗아간 제1차 세계대전 직전에 세상을 떠난 리스터는 그런 처참한 꼴을 보지 않고 눈을 감았으니 개인으로서는 차라리 다행이었다고 할 수 있다.

세균학의 아버지
로베르트 코흐

독일의 의사 로베르트 코흐(Robert Koch, 1843~1910)는 세계 최초로 결핵균을 발견해 냄으로써 세균학의 아버지로 불린다. 그 공로로 코흐는 1905년 노벨상을 수상했다. 20세기 초까지만 해도 결핵은 수많은 인명을 앗아 간 전염병으로 오랜 세월 불치병에 속했지만, 결핵균의 발견으로 완치의 길이 열리게 되었다. 무엇보다 중요한 점은 세균의 발견으로 인해 다른 수많은 질병의 원인 규명과 치료에도 박차를 가하는 계기를 마련했다는 사실에 있다고 할 수 있다.

광산 기사의 아들로 태어난 그는 괴팅겐 대학교에서 의학을 공부했는데, 의대생 시절 이미 파스퇴르의 미생물 연구에 흥미를 느낀 나머지 졸업 후에도 환자 치료보다는 미생물 연구에 더욱 많은 관심을 기울였다. 보불전쟁이 터지자 군의관으로 복무한 그는 종전 후 볼슈타인 지방에 근무하면서 탄저균을 발견해 그 이름이 알려지기 시작했다.

탄저균 발견의 공로에 대한 보상으로 베를린의 제국 보건원에 근무하게 된 코흐는 오로지 세균 연구에만 몰두한 끝에 마침내 1882년 결핵균을 발견했으며, 결핵이 공기를 통해 전염되는 호흡기질환임을 밝혔을 뿐만 아니라 더 나아가 결핵균에 대한 항원인 투베르쿨린도 발견했다.

1883년에는 이집트를 방문해 콜레라균도 발견했지만, 그보다 이미 30년 전에 이탈리아의 해부학자 파치니가 콜레라균을 발견해 보고한 사실을 알지 못한 상태에서 독자적으로 이룬 업적이었다. 당시 파치니의 보고는 학계에서 공식적으로 인정받지 못했기 때문에 당연히 코흐는 자신이 콜레라균을 최초로 발견한 것으로 알고 있었다.

이와 같은 획기적인 발견으로 명성이 자자해진 코흐는 1885년 베를린 대학교 위생학 교수로 부임하는 영예를 안았으며, 1891년에는 국립전염병연구소의 초대 소장이 되어 독일의 세균학 연구를 주도했다. 이 연구소는 나중에 코흐 연구소로 개명했다. 소장직에서 물러난 뒤에는 남아프리카, 인도, 자바 등지를 여행하며 전염병 연구를 계속해 나갔다.

특정 질병에는 그 병을 일으키는 원인균이 반드시 존재한다는 코흐의 가르침에 따라 그의 제자들은 그 후 디프테리아, 장티푸스, 폐렴, 임질, 매독, 뇌척수막염, 파상풍 등의 원인균도 계속해 발견하는 쾌거를 이룩했는데, 코흐가 개발한 세균 배양법은 오늘날에 와서도 그대로 애용되고 있다. 일생 동안 연구실에 틀어박혀 현미경만 들여다본 코흐는 정치나 종교에는 아무런 관심도 보이지 않은 것으로 알려졌다. 그는 67세를 일기로 바덴바덴에서 심장병으로 세상을 떴다.

코흐가 결핵균을 발견한 이래 치료약물의 개발뿐 아니라 진단 법에도 놀라운 발전이 있었다. 결핵 진단법으로 유명한 망토 테스트를 고안한 프랑스 의사 샤를르 망토(Charles Mantoux, 1877~1947)는 1908년에 처음으로 피하주사를 통한 반응을 관찰해 정확히 결핵을 진단했다. 물론 여기에는 독일의 물리학자 뢴트겐 박사가 1895년에 발견한 X선이 결핵 진단에 활용됨으로써 더욱 큰 도움이 되었다. 또한 파스퇴르의 제자였던 프랑스 의사 알베르 칼메트(Albert Calmette, 1863~1933)는 동료인 카미유 게랭과 함께 힘을 합쳐 개발한 BCG 백신을 통해 결핵을 미리 예방하는 데도 혁신적인 업적을 이루었다. 칼메트는 독사에 물린 환자를 치료하는 해독제도 개발했다.

나병의 원인균을 발견한

한센과 나이세르

세균의 발견은 의학사에 있어서 가히 혁명적인 사건이었으며, 그 후 이어진 수많은 항생제 발명에 힘입어 수천만 명의 생명을 살리는 계기를 마련하기에 이르렀다. 코흐의 결핵균 발견 외에 노르웨이 의사 한센(Armauer Hansen, 1841~1912)에 의한 나병의 원인균 발견도 오랜 세월 저주받은 유전성 질환으로만 알려진 문둥병이 선천적인 질환이 아니라 병균에 의한 전염병임을 최초로 알린 획기적인 사건으로 기록된다. 그래서 나병은 한동안 그의 이름을 따서 한센병으로 불리기도 했다.

한센은 노르웨이 베르겐 태생으로 오슬로 대학교에서 의학을 공부하고 베르겐으로 돌아와 나병 연구에 전념했다. 그는 1873년 최초로 나균을 발견했다고 선언했지만, 균 배양에는 성공하지 못했기 때문에 학계의 인정을 받지는 못했다. 그러다가 자신이 연구하던 조직 표본을 나병 연구차 노르웨이를 방문한 독일인 의사 나이세르에게 제공했는데, 나이세르는 그 표본을 갖고 독일로 돌아가 나균 염색과 배양에 성공함으로써 1880년 자신이 나균을 최초로 발견했다고 학계에 보고한 것이다.

이처럼 두 사람 사이에 갈등이 빚어지기도 했지만, 결국 나균을 최초로 발견한 인물은 한센이고 나이세르는 나균 추출에 성공한 최초의 인물로 기록된다. 알베르트 나이세르(Albert Neisser, 1855~1916)는 독일 실레지아 지방 출신의 유대인 의사였으며, 나균 배양에 성공한 일 외에도 임질균을 발견해 성병 퇴치에 앞장선 인물이다. 그의 고등학교 시절 친구였던 파울 에를리히 역시 매독 치료제 살바르산을 개발해 두 사람 모두 성병 분야에서 세계적인 명성을 얻게 되었다.

한센은 나균 배양에 성공하지 못했을 뿐만 아니라 환자의 동의를 받지 않고 나병 실험을 시도했다는 이유로 법정 소송에서도 패소하는 바람에 근무하던 병원에서 실직까지 당하는 불운도 겪어야 했다. 더군다나 그는 매독에 걸려 고생했으며, 결국 심장병으로 세상을 떴다. 하지만 나병 퇴치를 위한 그의 노력에 힘입어 당시 북유럽의 나병 환자 수는 급격히 줄어든 게 사실이다.

어쨌든 한센과 나이세르의 업적에 힘입어 마침내 본격적인 나병 치료에 서광이 비치기 시작했는데, 그 효시는 독일의 의사이며 병리학자인 게르하르트 도마크(Gerhard Domagk, 1895~1964)였다. 그는 가장 최초로 항균효과를 보이는 설파제 프론토실 개발에 성공하면서 수많은 나병 환자 치료에 적용하기 시작했다. 수천 년간 불치병으로 알려져 세상에서 버림받은 나병 환자 치료에 획기적인 전기가 마련된 셈이다.

도마크가 개발한 설파제는 그 후 페니실린이 나와 대체될 때까지 가장 강력한 항생제로 의료계에 군림했으며, 그 공로가 인정되어 1939년 노벨 의학상이 그에게 수여되었다. 그러나 당시 나치 당국은 수상을 포기하도록 강요했으며, 도마크는 그 일로 게슈타포에 끌려가 고초를 겪기도 했다. 나치가 노벨상 수상을 거부하도록 강요한 것은 파시즘에 대항한 평화주의자 칼 오시츠키에게 노벨 평화상이 주어진 사실에 분격했기 때문이다. 그 후 나치 독일은 노벨상 수상을 법으로 금지하는 조치를 단행했는데, 종전 이후 도마크는 뒤늦게 노벨상 수상을 수락했으나 이미 그 시효가 지나 상금은 받지 못하고 말았다.

우리나라에서 곰보를 퇴치한
지석영

지석영(池錫永, 1855~1935)은 구한말의 문신이자 의사이며, 한글학자로 우리나라 최초로 우두법을 도입하고 보급해 천연두 퇴치에 큰 업적을 남긴 인물이다. 그는 우두법 보급에 힘썼을 뿐만 아니라 독립협회 활동과 동학군 토벌에도 참여했으며, 경성의학교 교장을 지내다가 한일강제병합 이후에는 모든 공직에서 물러나 소아과 개업의로 활동했다.

서울의 가난한 선비 집안에서 태어난 지석영은 일찍부터 한의사 박영선에게 한문과 의학을 배웠으며, 그에게서 받은 『종두귀감』을 통해 서양의학에 눈뜨고 종두법에도 흥미를 갖게 되었는데, 1879년 도보로 부산까지 걸어가 제생의원 원장으로 있던 일본인의사 마쓰마에(松前讓)와 군의관 도즈카(戶塚積齊)에게 가르침을 청하고 두 달간에 걸쳐 우두법을 직접 배워 익혔다.

그 후 지석영은 자신의 어린 처남에게 처음으로 시술해 그 효과를 확신하고 곧바로 사람들에게 우두를 접종하기 시작했으며, 서울에 종두장을 설치해 그 보급에 힘썼다. 당시만 해도 마마로 불리던 천연두는 높은 사망률을 지닌 무서운 전염병이었으며, 살아남는다 해도 얼굴에 곰보자국이 남아 미관상으로도 좋지 못했다.

그럼에도 불구하고 우두법에 무지했던 대중들은 무속적 신앙에 집착한 나머지 서양인들이 조선인을 죽이기 위해 만든 우두를 접종하려 든다고 의심하며 강한 반발을 보여 애를 먹기도 했으며, 설상가상으로 1882년 임오군란이 일어나자 무당들과 수구파에 의해 종두장이 불태워지고 지석영을 처벌하라는 상소문이 빗발쳐 한때 위기를 맞기도 했다.

그런 우여곡절을 겪으며 1883년 문과에 급제한 지석영은 성균관, 사헌부를 거쳐 1894년에는 김홍집 내각이 들어서자 형조참의 및 동래 관찰사 등을 역임하면서 개화정책을 계속 추진해 1895년에는 마침내 모든 백성들이 의무적으로 우두 접종을 받도록 하는 종두법이 시행되기에 이르렀다. 그러나 1896년 일어난 아관파천으로 김홍집 내각이 무너지고 친로파가 집권하면서 지석영은 다시 유배의 길에 올라야 했다.

그 후 서재필의 구명운동으로 복귀한 지석영은 우리나라 최초의 관립 의학교인 경성의학교 교장에 임명되어 후학 양성에 힘쓰는 한편 한글 보급에도 힘을 기울여 1905년에는 고종에게 상소를 올림으로써 국문연구소를 설치하는 데 큰 힘이 되었다. 그 공로를 인정받아 1910년에는 고종으로부터 훈장을 받기도 했다.

일제강점기에는 조선총독부가 종두법 시행 50주년을 기념하는 행사를 성대히 치르면서 일본에서 우두법을 도입한 지석영에게 표창을 함으로써 자신들의 식민지 통치를 미화시키고 정당화하는 데 지석영을 선전도구로 이용하기도 했지만, 지석영 자신은 일제에 협조한 사실이 없다.

독실한 불교 신자였던 지석영은 일생을 검소한 생활로 일관했으며, 80세를 일기로 세상을 떴다. 그의 장남 지성주는 경성의전을 졸업한 내과의사로 당시 장안에서 명의로 소문났던 인물이고, 손자 지홍창 박사는 서울의대를 나와 박정희 대통령 주치의를 맡기도 했으며, 지홍창의 아들 지무영도 가톨릭의대를 나와 내과개원의로 활동하고 있으니 4대에 걸쳐 의업을 이어가는 집안이라 하겠다.

무의식을 발견한
프로이트

오스트리아의 유대인 의사였던 지그문트 프로이트(Sigmund Freud, 1856~1939)는 인류역사 이래 최초로 무의식의 존재를 발견해 심리치료 분야에 새로운 이정표를 세웠으며, 그가 창시한 정신분석은 그 후 다양한 형태의 정신치료법의 모델이 되었다.

빈 의대를 졸업한 후 신경학자로 출발한 프로이트는 대학교수가 되기를 열망했으나 당시 사회에 팽배하던 반유대주의 분위기로 인해 교수가 되는 꿈을 접고 개업의로 활동하며 독자적인 심리연구에 몰두하기 시작했다. 특히 히스테리 환자들을 치료하면서 의식이 알지 못하는 무의식적 갈등이 환자들의 증상에 직접적인 영향을 끼친다는 점에 주목해 자신만의 독특한 심리적 접근방법으로 환자들을 치료했다.

그가 새롭게 개발한 심리치료법은 환자를 카우치(couch, 의료용 침상)에 눕힌 상태에서 자유연상을 하도록 요구하고 그 연상 내용에 대해 심리적 해석을 가한 것인데, 이 방법은 지금까지도 정신분석 치료의 가장 기본을 이루고 있다. 프로이트는 자신의 임상경험을 토대로 독자적인 심리 이론을 확립하고 그것을 정신분석이라 명명했으나 당시 고루한 전통에 집착한 독일의학계는 그의 이론을 무시하고 일체 받아들이지 않았다.

학계의 인정을 받지 못하게 되자 프로이트는 정신분석을 연구하는 단체로 수요회를 발족시켜 문하생들을 받아들이기 시작했는데, 그의 이론을 지지하는 제자들을 규합해서 독자적인 학회를 설립하기에 이르렀으며, 나중에는 국제 정신분석학회를 창립시켜 오늘날에 이르기까지 학문의 발전을 이룩하는 데 큰 밑거름을 마련했다.

프로이트가 이룩한 정신분석 이론체계는 실로 방대해서 정신의학계뿐만 아니라 정치, 철학, 사회사상, 문화인류학, 법학, 문학, 종교, 영화 등에 이르기까지 다양한 분야에 걸쳐 지대한 영향을 끼쳤으며, 동시에 수많은 논란을 불러일으키기도 했다. 그만큼 그의 이론은 서구 사회에 큰 파장을 일으켰으며, 서구인들의 전통적인 가치관에 정면으로 도전하는 인식론적 지각변동을 가져온 게 사실이다.

무엇보다 서구인들에게 충격을 안겨 준 것은 프로이트가 내세운 무의식 이론과 성 이론이었다. 금욕적인 기독교 가치관에 오랜 기간 젖어 살아온 서구인들은 그의 리비도 이론에 특히 강한 반발을 보였는데, 모든 노이로제 현상을 성과 관련된 오이디푸스 갈등 문제로 설명하는 프로이트 이론에 선뜻 동조하기 어려웠기 때문이다.

그런 사회적 저항으로 인해서 1900년에 나온 그의 기념비적인 저서 『꿈의 해석(The Interpretation of Dreams)』초판은 불과 600부가 팔리는 데 그치고 말았다. 그런 냉소적인 반응에도 불구하고 프로이트는 자신의 의지를 굽히지 않고 계속해서 연구작업을 진행시켜 나갔으며, 연이어 『일상생활의 정신병리』『성에 대한 3편의 에세이』『토템과 타부』『쾌락의 원리를 넘어서』『정신분석입문』『자아와 이드』『억제, 증상, 불안』『환상의 미래』『문명과 불만』 등 수많은 대저들을 발표함으로써 방대한 이론체계를 수정 · 보완시켜 나갔다.

하지만 그의 삶은 결코 순탄치가 않았다. 굳게 믿었던 제자들의 반발과 이탈이 계속됐기 때문이다. 그중에서도 아들러와 카를 융의 결별 선언은 프로이트에게 깊은 마음의 상처를 안겨 주었다. 설상가상으로 나치 독일의 등장은 그에게 최대 위기가 되고 말았는데, 나치의 유대인 탄압정책으로 인해 그를 따르던 수많은 유대인 분석가들이 해외로 도피했기 때문이다. 정신분석의 존립 자체가 위협을 받기에 이른 것이다.

더군다나 독일군이 오스트리아를 합병하자 빈에 거주하던 프로이트마저 풍전등화의 위기를 맞이했다. 게슈타포가 들이닥쳐 그의 집을 수색하고 모든 장서와 재산을 몰수했을 뿐만 아니라 베를린에서는 그의 저서들이 불태워졌다. 빈 정신분석학회도 강제해산을 당했으며, 프로이트의 네 누이동생들은 모두 아우슈비츠 수용소로 끌려가 그곳에서 숨을 거두고 말았다.

위기에 처한 프로이트는 파리의 마리 보나파르트 공주와 미국 정부의 개입으로 간신히 목숨을 건져 런던에 망명할 수 있었지만, 일 년도 채 못 되어 독일군이 폴란드를 침공하던 1939년 9월 『모세와 일신교』를 마지막 유작으로 남기고 83세를 일기로 조용히 눈을 감았다. 지독한 애연가였던 그는 생전에 구강암으로 수십 차례의 수술을 받기도 했다.

프로이트가 세상을 떠난 뒤 그의 딸 안나 프로이트는 아버지의 유지를 받들어 런던과 뉴욕을 중심으로 자아심리학 발전에 남은 일생을 바쳤으며, 영국 대상관계 이론의 토대를 마련한 멜라니 클라인과 함께 현대 정신분석의 양대 기둥을 이루는 업적을 쌓았다. 프로이트의 손자 루시안 프로이트는 영국이 자랑하는 현대 화가로 성공하기도 했다.

국소 마취의 원조
칼 콜러

보헤미아 태생인 칼 콜러(Karl Koller, 1857~1944)는 오스트리아의 안과의사이며, 동료인 프로이트의 제안에 따라 1884년 최초로 코카인의 국소 마취 효과를 이용한 안과수술에 성공함으로써 마취제 사용에 신기원을 이룩한 인물이다. 그래서 '코카 콜러'라는 별명까지 얻었다. 이처럼 국소 마취로부터 시작된 마취법의 발전에 힘입어 오늘날에 와서는 보다 안전한 전신 마취법이 개발되기에 이르렀지만, 그 이전에는 술에 취하게 만든 뒤 수술을 시행하는 매우 비효율적인 방법이 동원될 수밖에 없었다.

콜러의 국소 마취법이 개발되면서 매우 까다로운 안과수술도 가능해졌으며, 치과수술에도 코카인 마취가 이용되기 시작했다. 그 후 독일의 외과의사 아우구스트 비어(August Bier, 1861~1949)는 코카인으로 척추마취에 성공하여 외과적 수술의 영역을 더욱 넓히는 계기를 마련했다. 물론 오래전 고대문헌에도 약초나 아편을 이용한 마취의 기록들이 남아 있으며, 잉카족의 주술사들은 두개골 절개수술을 시행할 때 코카 잎을 씹어서 환부에 뱉어 내는 방법을 쓴 것으로 알려지기도 했다.

또한 중세 이탈리아의 의사이며 도미니크 수도회 수사였던 보르고노니(Theodoric Borgognoni, 1205~1298)는 아편과 독초, 뽕나무액 등을 섞어 만든 용액을 스폰지에 적셔서 수술 전 마취에 이용한 것으로 알려져 있다. 하지만 에테르 마취를 이용한 최초의 수술은 1842년 미국인 의사 크로포드 롱(Crawford Long, 1815~1878)에 의해 시행되었으며, 보스턴의 치과의사 윌리엄 모턴(William Morton, 1819~1868)에 의해 널리 알려지게 되었다.

어쨌든 콜러는 친구였던 프로이트의 코카인 연구에서 힌트를 얻어 새로운 마취법을 개발해 낸 것이지만, 실제로 코카인의 진통효과는 프로이트가 발견한 것이라 할 수 있다. 그러나 프로이트는 모르핀 중독에 빠져 고생하던 친구 플라이슐을 상대로 코카인 실험을 하다가 상태가 더욱 악화되어 사망하기에 이르자 죄책감을 이기지 못하고 코카인 연구를 포기하고 말았다.

반면에 안과수술 분야에서 이름을 날리며 승승장구하던 콜러는 자신이 근무하던 빈 대학병원을 그만두고 1888년 갑자기 미국으로 이주하고 말았는데, 여기에는 그럴 만한 사연이 있었다. 함께 근무하던 동료 의사 프리츠 진너가 공개석상에서 콜러를 지칭해 건방진 유대인이라고 모욕을 주자 분을 이기지 못한 콜러가 그의 얼굴을 주먹으로 때리는 불상사가 일어난 것이다.

결국 두 사람은 당시 법으로 금지된 결투를 벌였으며, 진너는 여러 군데 칼에 찔리는 심한 부상을 입고 말았다. 동기야 어찌됐건 이런 사건을 통해 빈에서 콜러의 입지는 더 이상 버티기 힘든 상황에 몰렸으며, 결국 미국행을 결심한 것이다. 하지만 결투 사건이 아니었더라도 어차피 그는 그 후 등장한 나치 독일에 의해 희생당했을 게 뻔했으니 오히려 전화위복이 된 셈이었다.

어쨌든 뉴욕에 정착한 콜러는 미국에서 탁월한 안과의사로 명성을 날렸으며, 노벨상 후보에도 그 이름이 여러 번 올랐지만, 결국 수상하지는 못하고 말았다. 그의 업적이 너무도 오래전에 이룩한 것이었기 때문이다. 비록 콜러가 미국으로 갑자기 이민을 떠난 이유가 직접적인 반유대주의 때문이라고 간주할 수는 없겠지만, 간접적으로는 동료 의사의 모욕적인 언사로 벌어진 불상사가 원인이 되었다는 점에서 본다면, 결국에는 반유대인 정서에 희생된 것으로 볼 수도 있다.

미국에서 승승장구하며 명성을 날리던 콜러는 제2차 세계대전이 한창일 때 87세를 일기로 뉴욕에서 세상을 떴는데, 그에게 치료를 받은 환자 중에는 미국의 약리학자로 나중에 마취제 비닐 에테르를 발견한 촌시 리크(Chauncey Leake, 1896~1978)가 있다. 리크는 어릴 때 실명한 상태였으나 콜러의 수술을 받고 시력을 되찾은 후 명문인 프린스턴 대학교를 졸업해 유명 학자가 되었다.

혈액형을 발견한
란트슈타이너

카를 란트슈타이너(Karl Landsteiner, 1868~1943)는 오스트리아 출신의 유대인 의사로, 혈액형 연구에 지대한 업적을 남긴 공로가 인정되어 1930년에 노벨 의학상을 받았다. 1900년에 이룩한 그의 혈액형 발견을 통해 보다 안전한 수혈이 가능하게 됨으로써 수많은 인명을 구할 수 있는 길이 열리게 되었다고 해도 과언이 아닐 것이다. 하지만 역설적이게도 수많은 유대인 학자들이 피의 순수성을 내세워 인종 학살을 자행한 나치의 위협을 피해 미국으로 도피해야만 했으니 세상일은 참으로 얄궂다 하겠다.

란트슈타이너는 어릴 때 아버지를 여의고 홀어머니 밑에서 자랐다. 이들 모자는 매우 돈독한 유대관계를 유지했으며, 소년 시절에 두 사람은 가톨릭으로 개종했다. 어머니가 세상을 뜬 이후로는 그녀의 데스마스크를 일생 동안 자신의 침상 머리맡에 모셔 둘 정도로 어머니에 대한 그의 정은 매우 각별했다.

그는 빈 의대생 시절부터 이미 혈액 성분에 대해 지대한 관심을 기울여 논문까지 발표할 정도였다. 의사 자격을 취득한 후에는 뷔르츠베르크와 뮌헨 등지에서 화학을 공부했다. 빈으로 돌아온 그는 빈 대학 해부병리 연구소에 근무하며 본격적으로 혈청학과 세균학에 대한 연구에 돌입해 수많은 논문들을 연이어 발표했다. 당시 그는 10년 동안에 무려 3,600 케이스에 달하는 부검을 실시했으며, 동료인 에르빈 포퍼와 함께 공동으로 소아마비 원인균을 발견하기도 했다.

란트슈타이너의 혈액형 발견은 의학사에 있어서 실로 획기적인 사건이었다. 그의 업적을 통해 비로소 안전한 수혈이 가능해지게 되었기 때문이다. 그의 발견에 힘입어 1907년 뉴욕 마운트 사이나이 병원에서 오텐버그 박사의 주도하에 인류 최초로 성공적인 수혈이 이루어졌다. 란트슈타이너를 수혈의 아버지로 부르게 된 것은 지극히 당연한 결과였다.

그러나 제1차 세계대전의 패전으로 오스트리아는 극심한 경제난을 겪게 되었으며, 란트슈타이너 역시 더 이상 빈에서 버티기 힘든 상황에 몰리게 되자 네덜란드로 자리를 옮겨 헤이그의 한 작은 병원에서 부검의로 일하며 생활비를 벌어야 했다. 그러던 중 그의 어려운 처지를 알고 미국인 동료 사이먼 플렉스너가 주선한 록펠러 연구소에 자리를 얻게 된 란트슈타이너는 마침내 1923년 가족을 이끌고 뉴욕에 도착했다.

생활에 안정을 되찾은 그는 오랜 기간 손을 놓고 있던 혈액형 연구에 다시 몰두할 수 있게 되었으며, 세균학 연구에도 착수해 장티푸스의 원인균을 발견하기도 했다. 이처럼 눈부신 업적을 쌓은 그는 미국 시민권을 얻은 그 이듬해에 노벨 의학상을 수상하는 영예도 안음으로써 오랜 세월 각고의 노력에 대해 충분한 보상을 받은 셈이 되었다. 란트슈타이너는 제2차 세계대전이 한창일 때 뉴욕에서 75세를 일기로 세상을 떠났다.

그러나 혈액형이 규명되었다고 해서 곧바로 모든 수혈의 안전이 보장된 건 아니었다. 무엇보다도 혈액의 보존이 문제였다. 그런 점에서 미국 최초의 흑인 외과의사로 수혈방법 및 혈액은행 제도의 개발에 공헌한 찰스 드류(Charles Drew, 1904~1950)의 업적을 빼놓을 수 없겠다. 그의 헌신적인 노력으로 제2차 세계대전 기간에 수많은 부상병들이 목숨을 구할 수 있었으며, 그가 개발한 혈액보존법 덕분에 오늘날에 이르기까지 보다 안전한 수혈과 수술이 가능하게 되었다. 이처럼 수혈의 발전은 오랜 세월 열등한 민족으로 천시받던 유대인과 흑인 출신의 두 의사가 이룩한 업적에 힘입은 것이니 실로 역사의 아이러니가 아닐 수 없다.

정신병 치료에 새로운 활로를 연

세를레티

이탈리아의 정신과의사 우고 세를레티(Ugo Cerletti, 1877~1963)는 1938년 정신병 치료에 효과적인 전기충격요법을 처음으로 고안하고 임상에 적용함으로써 그때까지 적절한 치료약이 없어 세상에서 방치된 수많은 정신분열증 환자들을 회복시켰다.

이탈리아 북부에 위치한 베네토 지방 출신인 그는 로마와 토리노에서 의학을 공부했고, 처음에는 신경학자로 출발해 나중에는 정신과의사로 활동하며 정신병 치료에 몰두했다. 그는 독일과 프랑스 등지에서 저명한 의학자들의 가르침을 받았으며, 귀국한 후로는 밀라노의 신경생물학 연구소의 책임자가 되어 일하다가 제노아 대학교를 거쳐 1935년 로마의 사피엔자 대학교 정신과 과장이 되었는데, 그곳에서 전기충격요법을 개발해 환자들을 치료하기 시작했다.

세를레티가 개발한 전기충격요법이 나오기 이전까지는 매우 원시적인 냉수욕법이 환자치료에 동원되는 게 고작이었으며, 그나마 활용된 의학적 방법으로 오스트리아 출신의 유대인 의사 만프레트 자켈(Manfred Sakel, 1900~1957)이 1927년에 개발한 인슐린 쇼크 요법이 있었지만, 그것은 위험 부담이 매우 커서 일률적으로 시행되기 어려운 형편에 놓여 있었다.

정신분열증 환자 치료에 대한 전기충격요법이 유행하게 된 것은 헝가리의 신경학자 라디슬라스 메두나(Ladislas Meduna, 1896~1964)가 주장한 이론에 따른 결과였는데, 그는 인위적으로 경련발작을 일으키는 약물 주입을 통해 정신병 증상이 호전되는 모습을 보고 정신분열증과 간질이 서로 길항적 관계에 있다고 주장했던 것이다.

물론 그 이전에도 오스트리아의 정신과의사 바그너-야우렉이 1917년 말라리아균을 뇌매독 환자에 주입함으로써 인위적으로 발열을 일으키는 방식을 동원해 정신상태를 호전시킨 사례가 있었지만, 그런 방법은 윤리적으로도 문제의 소지가 많았던 게 사실이다. 더욱이 메두나의 이론은 그 후 전혀 사실무근임이 밝혀지기도 했다.

전기충격요법은 20세기 중반 항정신병 약물이 개발되어 나오기까지 가장 효과적인 치료법으로 이용되기도 했지만, 밀로스 포먼의 영화 〈뻐꾸기 둥지 위로 날아간 새〉를 계기로 전기치료에 대한 시민단체의 반대 시위가 확산되면서 그 사용빈도는 눈에 띠게 줄어들게 되었다. 하지만 그것이 반드시 사회적 반발 때문에 따른 결과만은 아니었다. 영화가 개봉된 1970년대에는 이미 항정신병약물을 통한 치료가 보편화된 시점이어서 전기충격요법의 필요성은 자체적으로 줄어들고 있었기 때문이다.

이처럼 전기충격요법의 사용을 무력화시킨 일등공신은 단연 항정신병약물의 등장이었다. 가장 최초의 정신분열증 치료제로 1950년대에 소개된 클로르프로마진은 정신병 치료의 역사에서 가히 혁명적인 약물로 간주되는데, 이는 사실 매우 우연한 기회를 통해서 발견된 결과였다. 그것은 프랑스의 외과의사 피에르 드니케르(Pierre Deniker, 1917~1998)가 당시 보조 마취제로 사용되던 클로르프로마진이 정신병 증상을 호전시킨다는 사실을 알아냈기 때문이다.

당시만 해도 적절한 치료약이 없었던 시절이라 불치병으로 여기던 정신분열증을 약으로 치료할 수 있다는 소문은 사회적으로 엄청난 파장을 불러일으켰다. 더욱이 정신분열증뿐만 아니라 고질병으로 간주되던 조울병에 대해서도 비슷한 시기에 오스트레일리아의 정신과의사 존 케이드(John Cade, 1912~1980)가 개발한 리튬 치료가 놀라운 효과를 발휘함으로써 정신병 치료에 신기원을 이루는 쾌거를 이룩하게 되었다.

플레밍

알렉산더 플레밍(Alexander Fleming, 1881~1955)은 영국의 의사이며, 1928년 푸른곰팡이에서 항균물질인 페니실린을 최초로 발견해 항생제 치료의 신기원을 이룩한 인물이다. 페니실린의 발견으로 제2차 세계대전 시 수많은 인명을 구해 낼 수 있었으며, 그 후 다양한 항생제 개발로 이어져 오늘날에 이르고 있다. 그 공로로 플레밍은 하워드 플로리, 보리스 체인 등과 함께 1945년 노벨 의학상을 공동 수상했다.

스코틀랜드의 록필드에서 농부의 아들로 태어난 플레밍은 처음에는 선박회사에서 4년간 일하다가 의사가 된 형의 권유로 런던 대학의 세인트 메리 병원 의대에서 의학을 공부했으며, 졸업 후에는 제1차 세계대전에 군의관으로 참전해 수많은 부상병들이 패혈증으로 죽어 가는 모습을 목격하고 세균과의 또 다른 전쟁을 벌이기로 다짐했다. 전쟁이 끝나자 다시 병원에 복귀한 그는 1928년 런던 대학 세균학 교수에 임명되자 본격적인 항생제 개발에 박차를 가하기 시작했다.

플레밍이 페니실린을 발견한 것은 실로 우연이었다. 자신이 연구하던 배양기에 발생한 푸른곰팡이 주위가 무균상태임을 알게 된 그는 묽게 희석시킨 푸른곰팡이를 세균 배양기에 접촉시킨 결과 균의 증식을 막는다는 사실을 확인하고 그 물질에 페니실린이라는 명칭을 붙인 것이다.

비록 그는 페니실린을 발견하기 이전에 이미 리소자임을 발견하는 업적을 쌓고 있었지만, 생체 내에 존재하는 자연 방어물질로 규명된 리소자임이 실제로는 미약한 항균작용을 보였기 때문에 마찬가지로 페니실린 역시 그럴 것이라 여겨 1932년에 이르러서는 페니실린 연구도 더 이상 진행시키지 않았다. 사실 플레밍은 자신이 발견한 페니실린에 큰 기대를 걸지 않았던 것이다.

페니실린의 실제 임상효과는 플레밍이 아니라 하워드 플로리와 보리스 체인의 연구에 의해 사실로 입증된 것이며, 특히 1939년 플레밍의 연구 표본을 넘겨받은 플로리는 1940년대에 페니실린의 대량생산을 가능케 하는 데 가장 큰 공을 세움으로써 제2차 세계대전에서 수백만 명의 생명을 구하는 데 결정적인 역할을 담당했다. 세 사람이 노벨상을 공동으로 수상한 배경에는 이런 이유가 있었기 때문이다.

과학적 발견이 우연한 기회를 통해 얻어진 경우가 있는데, 이를 가리켜 흔히들 세렌디피티(serendipity)라고 부른다. 플레밍의 페니실린 발견 또한 행운의 발견으로 불린다. 하지만 근대 의학의 방향을 전환시키는 데 결정적인 역할을 담당했던 루이 파스퇴르도 말했듯이 "우연은 준비된 자에게만 미소 짓는다."고 볼 때, 그저 단순한 우연의 결과로만 보기도 어렵다. 우연히 날아든 곰팡이였지만, 플레밍의 예리한 관찰력이 아니었으면 무심코 넘겨 버릴 수도 있는 일이었기 때문이다.

콜럼버스의 신대륙 발견 역시 우연의 결과처럼 보일 수도 있지만, 지구가 둥글다는 믿음이 없었으면 애당초 머나먼 항해길에 오르지도 않았을 게 아니겠는가. 아무튼 플레밍은 본의건 아니건 간에 페니실린을 발견함으로써 항생제 혁명에 불을 지핀 장본인이 되었으며, 어쩌면 제2차 세계대전에서 연합군이 승리한 것도 페니실린 덕분일지도 모른다. 그런 점에서 볼 때, 나치 독일은 도덕적 패배뿐 아니라 항생제 개발 싸움에서도 두 손을 든 셈이다.

백신의 아버지

조너스 소크

미국의 유대인 출신 의사 조너스 소크(Jonas Salk, 1914~1995)는 1955년 소아마비 백신을 발명해 수많은 어린이들을 소아마비의 공포에서 벗어나게 해 주었다. 당시 루즈벨트 대통령도 뒤늦게 소아마비를 앓아 재임 기간 대부분을 휠체어에 의지했던 점을 생각해 본다면, 소크의 백신 개발은 미국 사회에 엄청난 파장을 일으킨 획기적인 사건이었다.

뉴욕에서 유대계 러시아 이민의 아들로 태어난 소크는 법대 지망을 강요한 어머니의 요구를 물리치고 뉴욕 의대에 진학했으며, 재학 시절에 이미 자신의 진로를 임상보다는 연구 쪽으로 정하고 있었다. 왜냐하면 당시 미국 사회는 역사상 가장 심각한 전염병의 유행으로 모든 사람들이 불안에 떨고 있던 시기였기 때문이다.

단적인 예로 1952년 통계에 의하면, 한 해에 약 6만 건에 육박하는 소아마비 환자가 보고되었으며, 그중에서 3천여 명이 사망하고 2만 명 이상의 어린이가 불구자가 되었다. 당시 유명한 바이올리니스트였던 이작 펄만과 핵물리학자 오펜하이머 박사도 소아마비 환자였다.

본인이 소아마비 환자였던 루즈벨트 대통령이 1941년에 선언한 4가지 자유 가운데 하나로 공포로부터의 자유를 언급한 것은 물론 정치적인 의미로 한 말이겠지만, 제2차 세계대전 이후 미국인들에게 가장 큰 두려움을 안겨 준 2대 주범은 원자폭탄과 소아마비였다고 할 정도로 당시 미국 사회는 소아마비 유행에 겁을 집어먹고 있었다. 그야말로 질병의 공포로부터의 탈출이 가장 큰 화두로 등장한 셈이다. 그래서 루즈벨트 대통령 자신도 소아마비 퇴치를 위한 기금 설립에 두 팔을 걷어붙이고 나선 것이다.

그렇게 해서 마련된 기금을 통해 대규모 프로젝트의 총책임을 맡게 된 소크는 소아마비 백신 개발에 박차를 가하게 되었으며, 그 프로젝트에는 수만 명에 달하는 의사와 교사, 그리고 20만 명에 달하는 자원봉사자들이 대거 동원되었다. 소크가 이끄는 백신 개발팀은 180만 명에 달하는 어린이들을 대상으로 백신 효과를 시험했으며, 마침내 7년에 걸친 각고의 노력 끝에 1955년 소아마비 백신의 성공적인 개발을 공식적으로 선언하기에 이르렀다.

소크의 백신 개발 성공을 발표한 날은 전 미국 사회가 흥분에 휩싸였으며, 소크는 하루아침에 기적을 일군 영웅으로 떠오르며 유명인사가 되었다. 전 미국인들이 라디오 방송에 귀를 기울이고 백신 개발을 축하하는 교회 종이 울렸으며, 수많은 부모와 교사들이 감격의 눈물을 흘렸다. 그것은 또 다른 전쟁과의 승리를 의미했기 때문이다.

더군다나 소크는 백신에 대한 개인적 특허권을 행사할 의사가 없음을 밝혀 전 세계인들로부터 존경과 찬사를 동시에 받았다. 오로지 공익을 위한 헌신적인 노력의 결과였음을 밝힌 그의 덤덤한 태도에 사람들은 더욱 큰 감명을 받은 것이다. 그래서 백신 개발에 대한 특허권을 행사할 것인지 여부를 묻는 기자의 질문에 대한 그의 답변은 두고두고 화제가 되었다. 그는 말하기를, "특허는 없다. 태양에도 특허가 있는가?"라고 답했던 것이다.

소크 백신의 보급에 힘입어 그 후 전 세계의 어린이들은 소아마비에서 해방되는 행운을 누리게 되었으며, 소아마비로 다리를 저는 모습도 더 이상 볼 수 없게 되었다. 소크 박사는 말년에 이르기까지 에이즈 퇴치를 위한 백신 개발에 힘쓰기도 했으나 끝내 뜻을 이루지 못하고 1995년 81세를 일기로 세상을 뜨고 말았다. 그는 뛰어닌 업적에도 불구하고 무슨 이유에서인지 노벨상을 수상하지 못했다.

심장이식수술에 성공한
바너드

남아프리카 연방의 외과의사 크리스티안 바너드(Christiaan Barnard, 1922~2001)는 1967년 인류 최초의 심장이식수술에 성공함으로써 세계적인 명성을 얻었다. 바너드 박사의 성공소식에 힘입어 그 후로 다양한 장기이식 수술이 붐을 이루며 혁신적인 기술 개발에 박차를 가하는 계기가 되었다.

남아프리카 연방 케이프 주에서 네덜란드계 개혁교회 목사의 아들로 태어난 그는 케이프타운 의대를 졸업한 뒤 미국 유학을 떠나 미네소타 대학교에서 흉부외과 수련을 받았다. 2년간의 수련을 마치고 귀국한 그는 케이프타운의 그루트 슈어 병원에서 처음으로 심장수술을 집도했으며, 그 후 케이프타운 대학병원 흉부외과 과장이 되어 남아프리카 연방을 대표하는 외과의사로 명성을 날리기 시작했다.

그의 동생 마리우스 역시 의사가 되어 심장수술 분야에서 형의 오른팔 노릇을 하며 도왔는데, 이들 형제가 심장수술에 그토록 헌신적으로 뛰어든 배경에는 4형제 중 한 사람이었던 아브라함이 다섯 살 때 심장병으로 일찍 죽었다는 사실도 무시할 수 없는 요인이 되었을 수 있다.

미국 체류 중인 1953년에 이미 신장이식 수술에 성공함으로써 자신감을 얻은 바너드는 1967년 10월에 남아프리카 연방 최초로 신장이식 수술을 시행했으며, 수많은 동물실험을 통해 심장이식을 시도한 끝에 그해 말에는 9시간에 이르는 혈투를 치르며 인류 최초로 심장이식수술에 성공하는 개가를 올렸다. 이 수술에는 동생 마리우스도 조수로 참여했다.

환자의 이름은 루이스 워시칸스키로 당뇨병과 심장병을 앓고 있던 53세의 식품가게 주인이었으며, 심장 기증자는 교통사고로 빈사상태에 빠진 데니스 다발이라는 젊은 여성이었다. 그녀의 아버지는 바너드의 설득으로 심장 제공을 허락하는 힘겨운 용단을 내렸으나 불행히도 워시칸스키는 수술 후 18일 만에 폐렴으로 숨지고 말았다. 면역억제제 투여로 저항력이 떨어진 상태였기 때문이다.

비록 짧은 기간 동안 생존하는 데 그치고 말았지만, 바너드의 수술은 심장이식을 통해 생명을 연장시킬 수 있다는 인류의 오랜 열망을 실현할 가능성을 열어 놓았다는 점에서 역사적인 사건임에 틀림없다. 그 일로 바너드는 일약 세계적인 슈퍼스타가 되었으며, 전 세계 매스컴이 앞을 다투어 그에게 인터뷰를 신청했다.

그로부터 한 달 뒤에 집도한 환자 블레이버그는 수술 후 19개월을 살았으며, 1971년에 심장을 이식한 환자 더크 반 질은 23년이나 생존해 가장 오랜 기간 살아남은 기록을 세웠다. 바너드는 그 후에도 심장이식 수술을 계속해 나갔지만, 생존율은 그다지 높지 못했다. 그런 이유로 대부분의 의사들은 상당 기간 심장이식술에 회피적인 태도를 보인 게 사실이다. 심지어는 그의 성공을 질투하고 험담하는 의사들도 있었으며, 동료의 아이디어를 도용했다는 비난까지 들어야 했다.

이처럼 세상의 주목을 이끌었던 그는 1983년에 이르러 손에 생긴 류머티즘 관절염으로 더 이상 집도가 불가능해지자 은퇴를 선언하고 말았는데, 사실은 오래전 미국 체류 시절부터 이미 관절염 진단을 받고 시달린 것으로 알려졌다. 은퇴 후 잠시 미국에서 노화방지 크림 개발에 몰두하던 그는 미국 식품의약국의 제재를 받고 망신을 당하기도 했다.

어쨌든 세계적인 유명인사로 떠오른 바너드 박사의 행적은 눈코 뜰 새 없이 바쁜 일정에도 불구하고 수많은 사람들의 입에 오르내리는 화젯거리가 되기에 충분했다. 특히 그의 정치적 태도와 여성편력 문제가 주된 가십거리가 되었다. 인종차별이 극심했던 남아공 정부의 아파르헤이트 정책을 용감하게 비난하는가 하면 숱한 염문을 뿌리며 다니는 그의 행적을 두고 하트 박사라는 비아냥도 들어야 했다.

실제로 그는 세 번 결혼해 모두 여섯 자녀를 두었는데, 마지막 부인 카린은 모델 출신으로 그가 죽기 불과 일 년 전인 78세 때 이혼했다. 한때 이탈리아 여배우 지나 롤로브리지다와 염문을 뿌리기도 했던 그는 2001년 키프러스 섬에서 휴양을 즐기던 도중에 79세를 일기로 세상을 떠났다.

Chapter *2*

인술을 펼친 숭고한
봉사정신

의료선교에 몸 바친

허드슨 테일러

영국의 의료선교사 허드슨 테일러(Hudson Taylor, 1832~1905)는 중국 내륙 선교회(CIM)를 창설하고 의료봉사를 하면서 일생을 중국 선교에 바친 의사이자 신앙인이다. 그는 호남성 장사에서 73세로 죽을 때까지 생의 대부분을 중국에서 보냈는데, 그 기간은 무려 50년이 넘는다. 그의 중국명은 대덕생(戴德生)이다.

테일러는 영국 요크셔 주 반슬리에서 감리교 전도사이자 화학자의 아들로 태어났다. 신앙심이 매우 깊은 부모의 영향으로 그는 17세 때 이미 중국 선교의 뜻을 품고 중국어를 배우며 중국에 대해 공부하기 시작했다. 그리고 20세가 되면서 선교활동에 대비하여 왕립 런던 병원에서 의사수업을 받기 시작했다.

그의 중국 첫 방문은 의학공부 도중에 이루어졌는데, 1854년 봄 상하이에 도착한 그는 내전에 휘말려 극심한 혼란에 빠진 중국의 현실을 목격하고 큰 충격을 받았다. 게다가 그를 더욱 당혹스럽게 만든 것은 낯선 이방인에 대한 현지 중국인들의 두려움과 적대적인 태도였다.

자신을 검은 악마라고 부르며 두려워하던 중국인들이 그가 지니고 있던 의료장비를 모두 불태우고 강탈해 가는 일이 벌어지자 마침내 테일러는 현지인과 동화되는 일이 무엇보다 급선무임을 깨닫고 그들과 똑같이 머리를 밀고 의상도 중국인들과 똑같은 것으로 바꿔 입기로 작심했다.

당시 그는 절강성 닝보에서 여학교 교사로 근무하고 있던 마리아 제인 다이어를 만나 결혼했는데, 이들 부부는 중국인 소년을 양자로 들이는 한편, 자신들의 딸을 낳아 키우면서 수많은 현지인 환자들을 돌봤다. 그러나 건강을 해친 나머지 1860년 가족들과 함께 영국으로 귀환했다.

영국에 돌아온 그는 남은 의학수련을 마치고 중국 선교의 실상을 알리는 저서를 출판하는 등 바쁜 일정을 보냈다. 그 사이에 세 아들이 더 태어났으며, 막내딸 제인은 출산 직후 사망했다. 테일러는 마침내 중국 내륙 선교회를 설립하고 기금을 모집했으며 그의 뜻을 따르기로 결심하고 찾아온 선교사들도 흔쾌히 받아들였다.

이렇게 만반의 준비를 끝낸 테일러 일가는 1866년 드디어 새로운 선교단을 이끌고 상하이에 도착해 본격적인 사업에 들어갔다. 그들은 대운하를 따라 내려가 전쟁으로 만신창이가 된 항저우 시에 자리를 잡고 의술을 베풀며 복음 전도에 힘썼다. 이때 그의 어린 딸 그레이스가 뇌막염으로 사망하는 슬픔도 겪었지만, 시련은 거기서 끝나지 않았다.

그의 선교단이 양자강 유역에서 새로운 사업을 벌이기 시작할 때, 폭도들의 습격을 받고 약탈과 방화를 당한 것이다. 다행히 죽은 사람은 없었지만, 국제적인 분쟁을 일으킬 소지가 있는 무모한 선교사업을 비판하는 목소리도 없지 않았다. 결국 영국의회 일부에서는 중국 내의 모든 선교단을 철수시켜야 한다는 주장도 나왔지만, 테일러는 아무런 동요 없이 자신의 임무를 계속 수행해 나갔다.

그동안에 테일러는 중국에서 세 자녀를 잃었으며, 설상가상으로 아내 마리아는 막내를 출산한 직후 콜레라로 세상을 뜨고 말았다. 아내의 죽음으로 큰 충격에 빠진 테일러는 갑자기 건강이 악화되어 결국 1871년 다시 영국으로 귀환했다. 건강을 되찾은 그는 동료 선교사였던 제인 폴딩과 재혼한 후 다시 중국으로 건너가 남경에 머물렀지만, 그녀가 쌍둥이를 사산한 데다가 그동안 자신의 아이들을 돌봐 주던 비서 에밀리가 죽는 바람에 다시 영국으로 돌아가야만 했다.

이처럼 영국과 중국 사이를 수없이 오가며 숱한 시련을 겪으면서도 테일러는 자신에게 주어진 소명의식을 굳건히 지키며 중국 내지인들을 상대로 한 의료선교 사업을 결코 포기하지 않았다. 그러나 1900년 중국 산동성에서 발생한 의화단사건으로 수많은 선교사들과 어린이들이 살해당하는 사태가 벌어지자 테일러는 또다시 곤경에 처하게 되었다.

결국 테일러는 1902년 공식적인 은퇴를 선언하고 스위스에서 요양생활에 들어갔다. 그리고 두 번째 아내 제인이 암으로 세상을 떠나자 그의 마지막 중국 방문길에 올라 절강성 등 여러 곳을 둘러본 후 호남성 장사에 있는 숙소에서 책을 읽던 도중에 갑자기 세상을 떴다. 그의 시신은 양자강 근교 강소에 위치한 첫 부인 마리아의 묘지 옆에 나란히 묻혔다. 하지만 죽어서도 그는 편치 못했는데, 1960년대 말 문화대혁명 당시 홍위병들이 그의 묘를 파손시켰기 때문이다.

비록 의사는 아니지만 테일러와 동시대에 활동한 인물로는 크리미아 전쟁에 자원해 수많은 부상병들을 헌신적으로 돌봄으로써 '백의의 천사'로 불리며 칭송을 받았던 영국의 간호사 나이팅게일(Florence Nightingale, 1820~1910)이 있다. 하지만 테일러가 감리교 신자였던 반면에 그녀는 독실한 성공회 신도로 성공회에서는 그녀의 기일인 8월 13일을 나이팅게일 축일로 정해 기념하고 있다. 그녀는 당시까지만 해도 비천한 직업으로 멸시당하던 간호사의 사회적 지위를 전문직업인으로 승격시키는 데 크게 기여했으며, 병원시설의 개선과 간호교육에도 힘쓴 결과 간호학의 어머니로 불린다.

밀림의 성자
슈바이처

알베르트 슈바이처(Albert Schweitzer, 1875~1965)는 알자스 태생의 프랑스 의사이며 신학자요 오르간 연주자였다. 그는 아프리카의 오지 랑바레네에서 일생 동안 의료봉사에 헌신함으로써 밀림의 성자로 불리기도 했으며, 숭고한 인류애를 실천한 공로로 1952년 노벨 평화상을 수상했다.

당시 독일의 영토였던 알자스 지방의 카이제르스부르크에서 루터교 목사의 아들로 태어난 슈바이처는 신앙심이 깊은 부모의 영향으로 어린 시절부터 가난한 사람들에 많은 관심을 지니고 자랐으며, 비교적 유복한 자신의 처지에 대해서도 일말의 죄의식을 느끼며 지냈다.

스트라스부르 대학교에서 철학과 신학 전공으로 박사학위를 받은 그는 예수의 생애에 대한 연구를 통해 자신도 인류를 구원하는 데 작은 힘이 되겠다는 다짐을 하고 목회활동에 전념했을 뿐 아니라 뛰어난 오르간 연주자로 바흐 연구에도 일가견을 이루었다. 그러나 평온하기 그지없는 자신의 삶에 회의를 느낀 슈바이처는 인류봉사를 위한 구체적인 활동을 해야겠다는 생각으로 30세 때 의학수업을 받기 시작해 7년 만에 힘겹게 의사 자격을 따냈다.

마침내 1913년 모든 사회적 지위와 명예를 과감히 내던진 그는 유대인 출신의 아내 헬레네 브레슬라우와 함께 오로지 아프리카 흑인들을 위한 의료사업에 여생을 바치기로 결심하고 적도 아프리카 오고에 강변에 위치한 랑바레네로 향했다. 처음에는 많은 사람들이 그런 그의 결단을 미친 짓이라고 여겼으나 나중에는 자신들의 생각을 바꾸었다.

다만 프랑스의 철학자 사르트르만큼은 슈바이처를 높이 평가하는 데 끝까지 인색했는데, 두 사람은 서로 5촌 관계로 사르트르의 외조부 샤를르 슈바이처는 슈바이처 박사의 백부가 된다. 따라서 사르트르의 어머니와 슈바이처는 서로 사촌인 셈인데, 무신론자이며 마르크스주의를 신봉했던 사르트르였으니 독실한 기독교 신자였던 슈바이처를 탐탁지 않게 여긴 것은 당연한 결과였을 것이다.

어쨌든 열악한 환경 속에서 시작한 의료사업은 처음부터 많은 난관에 마주쳤다. 슈바이처는 선교사가 사용하던 닭장을 손수 수리해 진료실을 마련하고 비협조적인 흑인들을 설득해 진료를 받게 하는 등 많은 어려움을 이겨 나갔다. 무엇보다 아프리카 특유의 열대 풍토병은 물론 영양실조에 따른 여러 질병과도 씨름해야만 했는데, 그의 아내 헬레네는 마취를 담당해 그의 수술을 도왔다.

그러나 더욱 큰 문제는 자금 사정이었다. 결국 병원 운영기금을 모집하기 위해 잠시 유럽으로 돌아온 그였지만, 제1차 세계대전의 발발로 슈바이처는 곤경에 처하고 말았다. 더욱이 그의 어머니가 군인들의 말발굽에 치여 숨을 거둔 사건은 슈바이처의 마음에 큰 상처를 안겨 주었으며, 그 자신도 독일인이라는 이유로 프랑스군에 붙들려 포로수용소에 갇히는 신세가 되고 말았다. 독일의 패전으로 그의 고향 알자스는 프랑스 영토가 되었으며, 슈바이처의 국적 또한 프랑스로 바뀌게 되었다.

그 후 6년간 유럽 각지를 순회하며 모금활동을 펼친 끝에 가까스로 다시 랑바레네로 돌아간 그는 폐허로 변한 병원 모습에 크게 낙담하기도 했으나 그의 숭고한 뜻을 흠모하여 자원해 온 의사, 간호사들의 도움으로 병원을 다시 재건하고 시설도 더욱 늘려 나병 환자촌과 정신질환자를 위한 병동도 따로 증축했다.

그는 수시로 유럽에서 개최한 오르간 연주회와 순회강연을 통해 병원 운영비를 조달했으며, 노벨 평화상 수상 후에는 라디오 강연을 통해 핵무기 반대운동을 펼치기도 했다. 고령의 몸을 이끌고 죽을 때까지 의료사업에 헌신한 그는 제2의 고향 랑바레네에서 바흐의 음악을 들으며 조용히 생을 마감했다. 향년 90세였다. 그의 아내 헬레네는 그보다 먼저 8년 전에 스위스 취리히에서 78세를 일기로 세상을 떠났다.

슈바이처 박사의 사상은 한마디로 모든 생명은 거룩하기 때문에 무엇보다 소중하다는 생명에의 외경 사상이라 할 수 있다. 그는 신학 저서로『예수의 생애 연구사』외에 자서전『물과 원시림 사이에서』『나의 생애와 사상』등을 남겼다.

오늘날에 이르기까지 변함없이 원시림의 성자로 추앙받는 슈바이처 박사지만 항간에는 그의 백인우월주의에 대한 비판이 없는 것도 아니다. 특히 진보적인 흑인 지식인 사회에서 그를 비판하는 목소리가 높다. 하지만 그가 보인 숭고한 인류애 정신만큼은 그 어떤 비판에도 불구하고 많은 사람들의 귀감이 되고도 남음이 있다 하겠다.

가마 타고 의료봉사에 몸 바친

박 에스더

박 에스더(1876~1910)는 여성으로서는 한국 최초의 미국 유학생이자 여의사다. 1895년 미국 유학을 떠나 1900년 볼티모어 의대를 졸업하고 귀국한 후 전국을 누비며 의료봉사 활동을 벌이다가 지병인 폐결핵으로 쓰러져 아깝게 요절하고 말았다.

구한말 고종 13년에 서울 정동에서 태어난 그녀의 본명은 김점동(金點童)으로 미국 감리교 선교사 아펜젤러의 집에서 허드렛일을 하던 아버지 김홍택을 통해 일찍부터 외국인 선교사들과 알게 되었으며, 그런 인연으로 10세 때 이화학당에 들어가 신학문을 접하게 되었다.

영어에 능통했던 그녀는 졸업할 무렵 이화학당 설립자인 메리 스크랜턴의 추전을 받아 현 이화여대병원의 전신으로 우리나라 최초의 여성전용병원이었던 보구여관(保救女館)에서 근무하던 미국인 의사 로제타 홀의 조수 노릇을 하며 통역과 환자 간호를 도맡았는데, 로제타 홀이 언청이 수술로 환자를 고쳐 주는 모습에 크게 감동해 의사가 되기로 결심했다.

당시 17세였던 그녀는 박유산(1868~1900)과 혼인했는데, 그는 로제타 홀의 남편이었던 윌리엄 제임스 홀 박사의 조수로 일하고 있었다. 박 에스더라는 이름은 세례명인 에스더와 남편의 성을 따라 붙여진 것으로 미국에서는 에스더 박으로 불렸다. 홀 부부가 평양으로 자리를 옮겨 의료선교 활동을 펼치자 박 에스더 부부도 함께 평양으로가 그들을 도왔다.

그러나 청일전쟁의 와중에서 윌리엄 제임스 홀 박사가 발진티푸스로 사망하자 로제타 홀은 미국으로 돌아갔는데, 그녀는 박 에스더를 잊지 못하고 그녀를 미국으로 초청하기에 이르렀으며, 서양 의학을 배울 절호의 기회를 맞이한 박 에스더는 마침내 남편과 함께 미국행을 결심하게 되었다. 당시 19세였던 그녀가 남편과 함께 미국으로 건너간 그해는 일본 낭인들에 의해 명성황후가 시해를 당했던 시기로 국내 정국이 매우 어지러워 혼란에 빠진 때이기도 했다.

도미 당시 남편인 박유산도 그녀와 함께 의학을 공부할 뜻이 있었지만, 경제적 여유도 없었거니와 총명한 아내의 성공을 위해 그 자신의 꿈을 접기로 했다. 1896년 볼티모어 여자의과대학에 입학한 그녀는 학업에 매진해 우등생이 되었지만, 그동안 힘겨운 노동일로 아내를 뒷바라지하던 남편이 그녀의 졸업을 눈앞에 두고 갑자기 폐결핵으로 쓰러져 세상을 뜨고 말았다. 그런 아픔을 딛고 일어선 그녀는 마침내 우등으로 대학을 졸업하고 귀국길에 올랐다.

귀국한 후 그녀는 여성전용병원인 보구여관에서 일하며 환자들을 돌보았다. 귀국 직후 10개월 동안 진료한 환자가 3천 명이 넘을 정도였다고 하니 그녀가 얼마나 자신을 아끼지 않고 헌신적으로 환자들을 돌봤는지 알 수 있다. 그녀는 쉬는 날에도 가마를 타고 시골로 내려가 환자들을 진료했으며, 가마가 갈 수 없는 험한 산골에는 당나귀를 타고 가면서까지 환자들을 찾아가 치료했다고 한다.

그녀의 희생적인 봉사활동을 전해 들은 고종황제는 1909년 그녀에게 훈장까지 내렸으나 정작 그녀 자신은 지병인 폐결핵을 이기지 못하고 과로와 영양실조로 쓰러져 34세라는 한창나이에 세상을 뜨고 말았다. 귀국한 후 그녀가 조국 땅에서 벌인 10년에 걸친 의로운 활동은 그 누구도 엄두를 낼 수 없는 진정한 인술의 정수를 보여 준 것이었다. 그런데 그녀는 죽어서도 이 땅에 그 흔적을 남겼으니 그녀의 죽음을 안타깝게 여긴 로제타 홀의 아들 셔우드 홀(1893~1991)이 그 후 결핵 전문의가 되어 1928년 황해도 해주에 한국 최초로 결핵요양소를 세웠으며, 1932년에는 결핵 퇴치를 위한 크리스마스실 제도를 처음으로 도입하기도 했다. 하지만 그는 1940년 일본헌병대에 스파이 혐의로 체포되었다가 강제추방 당하고 말았다.

장기려 박사

장기려(張起呂, 1911~1995) 박사는 평안북도 용천 출생의 의사, 종교인, 자선가로 일제강점기인 1928년 경성의학전문학교를 졸업하고 당시 유명한 외과의사 백인제 박사 밑에서 외과수련을 받았다. 그 후 일본에 유학해 1940년 나고야 대학교에서 의학박사학위를 받았으며, 귀국한 후에는 우리나라 최초로 간암환자 수술에 성공하는 쾌거를 이루기도 했다. 광복 후에는 평양의과대학과 김일성 종합대학의 외과 교수를 지냈다.

한국전쟁이 발발하자 그는 이북에 처자식을 남겨 두고 차남 장가용(1935~2008)과 함께 월남했는데, 그 아들 역시 서울의대를 졸업하고 아버지처럼 외과의사가 되었다. 그 후 장기려 박사는 서울의대 외과 교수로 잠시 근무하다가 부산 피난 시절 복음병원을 세워 1976년까지 25년간 원장으로 있으면서 가난한 사람들을 위한 무료진료로 그 명성을 날렸다.

장기려가 세운 복음병원은 현 고신대 의료원의 전신이다. 그의 스승인 백인제 박사도 부산에 인제의대를 세웠으니 스승과 제자

모두가 우리나라 의료발전에 공헌을 남긴 셈이다. 1987년 인제의대를 졸업한 이태석 신부는 이들의 영향으로 그 후 아프리카 오지에서 인술을 펼치기도 했다.

그 후 장기려 박사는 청십자의료원을 세워 의료봉사를 계속하는 한편, 간질환자의 무료진료를 위한 장미회를 설립하고, 부산 지역 생명의전화 및 장애자재활협회 창립에도 기여했다. 그의 숭고한 봉사정신으로 국민훈장 동백장과 무궁화장이 그에게 수여되었으며, 국제적으로도 그 이름이 알려져 1979년에는 아시아에서 가장 권위 있는 막사이사이상도 받았다.

비록 그는 장로교 신도였지만, 무교회주의자인 함석헌, 김교신 등과 교류하며 기독교 개혁을 위한 모임에도 오랜 기간 동참했으며, 자신의 신앙을 단순한 말로써가 아니라 인술의 실천을 통해 몸소 보여 주었다는 점에서 '한국의 슈바이처'라는 칭송까지 받았다.

사실 장기려 박사는 자신이 마음만 먹었으면 얼마든지 세속적인 성공을 누리고 살 수 있던 유능한 의사였다. 그의 화려한 경력을 보면 더욱 그렇다. 경성의전, 평양의대, 김일성대학, 서울의대, 부산의대, 부산 복음간호전문대, 가톨릭의대, 인제의대 등을 거치며 쌓은 그의 경력은 의사로서 혹은 교육자로서의 성공을 보장하고도 남을 정도였기 때문이다.

하지만 그는 그 모든 영화를 뿌리치고 오로지 가난하고 소외된 사람들을 위해 일생을 바친 것이다. 말년에 이르러 당뇨병으로 고생하면서도 죽을 때까지 가난한 사람들을 위해 인술을 펼친 그는 정작 그 자신은 아무런 재산도 지니지 않은 상태로 부산 백병원 사택에 머물며 지내다가 1995년 성탄절에 84세를 일기로 조용히 눈을 감았다.

국경없는의사회를 창설한
쿠슈네르

프랑스의 의사이며 정치가, 외교관인 베르나르 쿠슈네르(Bernard Kouchner, 1939~)는 1971년 파리에서 국경없는의사회(Médecins Sans Frontières: MSF)를 설립했다. 국경없는의사회는 1999년 노벨 평화상을 수상했다. 사회주의자였던 그는 미테랑 대통령이 이끄는 좌파 정부에서 보건장관을 역임했으며, 사회주의자임에도 불구하고 사르코지 대통령의 우익정부에서 외무장관을 지내기도 했다.

프랑스 남부의 아비뇽에서 유대인 아버지와 개신교도 어머니 사이에서 태어난 그는 의학을 공부하고 소화기내과 전문의가 되었지만 의학보다는 정치 활동에 더욱 전념해 일찌감치 프랑스 공산당에 가입해 활동했으며, 20대 중반에 이미 쿠바를 방문해 카스트로와 친교를 나누기도 했다.

1968년 5월 항쟁 당시 소르본느 대학교에서 파업을 주도해 이름을 날린 그는 아프리카에서 벌어진 비아프라 내전에 뛰어들어 적십자사 파견의로 일하면서 기아로 죽어 가는 난민들을 도우는 한편 그 참상을 전 세계에 알리는 노력도 함께 기울였다. 비아프라에서 겪은 참담한 경험은 1971년 파리에서 창립된 국경없는의사회의 밑거름이 되었다.

하지만 그 후 1979년 남지나 해상에서 화물선을 이용해 베트남의 보트피플을 구출하기 위해 필사적인 투쟁을 벌이던 그를 못마땅하게 여기던 국경없는의사회 의장단과 충돌을 빚은 나머지 1980년에는 따로 세계의사회를 만들어 독자적인 활동을 펼쳤다. 그는 레바논 내전에도 참여해 위험에 처한 난민들을 도왔으며, 1984년에는 인도주의적 활동에 대한 공로로 함마슐드 인권상을 수상했다.

그의 본격적인 정치 활동은 1988년 사회당 정권에 동참하면서 시작되었다고 볼 수 있다. 미테랑 정부에서 보건장관을 역임하고 이어서 집권한 우익정부에서도 두 번째 보건장관을 지냈다. 그 후 유럽 의회에도 참여해 정치 활동을 계속했다. 코소보 전쟁 시에는 UN 대표로 임명되어 사태 해결에 힘썼으며, 그 공로로 프리스티나 대학교에서 명예박사 학위를 받았다.

그는 2006년 한국의 이종욱 박사가 갑자기 사망하는 바람에 공석이 된 세계보건기구(WHO) 사무총장 후보에 올랐으나 최종 심의에서 탈락하는 고배를 마셔야 했다. 그 후 유대계 출신의 사르코지 대통령이 집권하자 외무장관에 임명되었으나 우익내각에 동참했다는 이유로 사회당에서 축출당했다. 또한 그는 에이즈 예방을 위한 콘돔 사용에 대해 반대의사를 표시한 교황 베네딕토 16세를 맹비난하기도 했다.

의사 출신으로 죽음을 불사하는 인도주의적 봉사활동에 남다른 용기를 보임으로써 국제적인 명성을 날리던 쿠슈네르가 점차 정치적 활동에 전념하는 모습에 대해 비판적인 시각을 보이는 사람들도 없는 건 아니다. 특히 아랍권에서는 친이스라엘적인 그의 행보에 의혹을 눈초리를 보내고 있는 것도 사실이다.

하지만 정의감에 불타던 청년 시절부터 아프리카와 아시아를 넘나들며 온갖 위험을 무릅쓰면서 보여 준 쿠슈네르의 인도주의 정신은 행동하는 양심을 대표하는 동시에 용기 있는 의사의 귀감으로서 많은 사람들에게 강한 인상을 심어 주기에 충분했다. 그의 남다른 용기에 감화된 수많은 청년의사들이 목숨을 아끼지 않고 난민구호 현장에 뛰어들었으며, 그 결과 국경없는의사회는 1996년 서울 평화상과 1999년 노벨 평화상을 수상하는 영예도 안았다.

아시아의 슈바이처
이종욱

이종욱(李鍾郁, 1945~2006)은 사모아, 피지 등을 중심으로 남태평양 지역에서 나병과 결핵, 소아마비 등 전염병 퇴치에 크게 공헌함으로써 아시아의 슈바이처로 불렸으며, 2003년 WHO 사무총장에 취임해 조류 독감, 에이즈 퇴치 등에 주력해 의욕적인 활동을 펼치던 중에 2006년 과로로 쓰러져 갑자기 세상을 떴다.

가난한 집안에서 6남매 중 셋째로 태어난 그는 경복고를 거쳐 서울대학교 의과대학을 졸업했으며, 대학 시절부터 이미 안양에 있는 나병 환자촌에서 자원봉사활동을 펼칠 정도로 불행한 환자들에 많은 관심을 지니고 있었다.

그렇게 의료봉사활동에 힘쓰던 중에 우연히 만난 일본인 여성 가부라키 레이코와 사랑에 빠진 그는 나중에 결혼까지 해서 부부가 함께 일생 동안 사회봉사에 매진하게 된다. 당시 그녀는 천주교 자원봉사단의 일원으로 한국을 방문해 활동을 펼치고 있던 중이었다.

그 후 하와이로 건너가 그곳에서 예방의학 전공으로 석사학위를 받은 이종욱은 1981년 부인과 함께 남태평양의 사모아로 건너가 나병 환자들을 치료하며 봉사활동을 펼쳤는데, 이때부터 이미 현지인들로부터 '아시아의 슈바이처'라는 별명으로 불리게 되었다. 당시 그는 사모아에 진출한 수천 명의 한국인 참치잡이 원양어선 선원들에 대해 의료봉사를 펼치기도 했다.

사모아에서 벌인 그의 헌신적인 노력은 곧 WHO의 인정을 받아 1983년 피지에서 WHO의 나병 담당 자문관으로 일하게 되었으며, 이때 그는 결핵 퇴치에도 앞장섰다. 그 후 아시아지역 보건 담당관을 거쳐 1994년 제네바에 위치한 WHO 본부에 근무하면서 전염병 예방 책임자가 되어 백신 보급에 전념했다. 그의 노력으로 백신의 황제라는 칭호까지 덧붙여졌다.

무엇보다 그는 탁월한 리더십을 발휘한 행정가로서 WHO의 개혁에 힘썼으며, 국제 약물 기금(Global Drug Facility)을 설치해 전 세계 결핵 환자들이 언제 어디서나 치료혜택을 손쉽게 받을 수 있는 제도를 마련했는데, 이처럼 그의 과감한 정책은 그 후 에이즈 및 말라리아 환자들을 위한 치료지원 정책에 모델이 될 정도로 큰 영향을 끼쳤다.

WHO 사무총장 임기 3년 동안 그는 전 세계 60여개 국을 종횡무진으로 누비며 정력적인 활동을 펼쳤는데, 인도양 쓰나미 피해현장을 비롯해 아프리카의 수단, 마다가스카르 등 그의 발길이 닿지 않은 곳이 거의 없을 정도로 세계에서 가장 바쁜 사람 중의 하나였다.

'더욱 많이 겪고, 더욱 많이 보며, 더욱 많이 일한다.'는 그의 모토는 많은 사람들에게 훌륭한 귀감이 되고도 남음이 있었다. 그가 타계한 후에도 부인 레이코 여사는 그런 고인의 뜻을 받들어 지금도 남미 페루에서 봉사활동을 계속하고 있다. 이종욱은 중요한 국제기구를 이끈 한국 최초의 지도자였으며, 그가 세상을 뜬 직후에는 반기문이 UN 사무총장직에 선출되어 한국의 위상을 전 세계에 드높였다.

영등포의 슈바이처
선우경식

선우경식(鮮宇景植, 1945~2008)은 평양 태생으로 서울고를 거쳐 가톨릭의대를 졸업했다. 그 후 내과전문의로 활동하면서 가톨릭사회복지회 소속 자선의료기관인 요셉의원을 설립하여 가난한 소외층을 상대로 무료진료 및 급식활동을 펼친 그는 '영등포의 슈바이처'로 불린다.

독실한 천주교 신자인 그는 대학을 졸업한 후 도미하여 킹스브룩 메디컬 센터에서 내과 수련을 받고 귀국해 한림대 교수로 근무하다 사직한 후 극빈자를 위한 의료봉사에 여생을 바치기로 작심하고 1983년 서울 신림동 철거민촌 의료봉사를 시작으로 1987년에는 신림동 동사무소 자리를 빌려 요셉의원을 설립하고 빈민들을 대상으로 무료진료를 베풀었다.

당시 요셉의원은 매우 열악한 조건에도 불구하고 의사, 약사, 간호사 등을 포함한 다른 많은 자원봉사자들의 도움으로 내과, 외과, 산부인과, 소아과, 치과, 정신과 등 거의 모든 과목을 망라하는 진료가 이루어졌는데, 필자 역시 자원봉사자의 일원으로 참여해 10년간 선우경식 원장을 도왔다. 요셉의원은 무료진료뿐 아니라 무료급식까지 제공했으며, 소문을 듣고 수많은 노숙자들과 외국인 근로자들이 모여들어 혜택을 받았다.

그는 요셉의원뿐 아니라 주일에는 정신과의사들로 이루어진 자원봉사자들과 함께 수녀들이 운영하는 영보자애원도 방문해 그곳에 수용된 천여 명의 환자들을 상대로 무료진료를 베풀기도 했는데, 정신질환자들로 구성된 수용자들 대부분은 가족에게 버림받은 여성들이었다. 뿐만 아니라 그는 충북 음성의 꽃동네를 운영하는 오웅진 신부와도 개인적인 친분을 나누기도 했다.

그 후 신림동에서 영등포 쪽방촌으로 이전한 요셉의원은 더욱 많은 노숙자들을 상대로 진료를 계속해 나갔는데, 아무리 행패가 심한 알코올 중독자들도 선우경식 원장 앞에서는 순한 양처럼 고분고분 말을 잘 들었다. 그만큼 그의 소탈하고 자상한 인품은 사람들을 이끄는 데 무엇보다 큰 힘을 발휘했다. 그는 노숙자들과 마주앉아 대화를 나누며 함께 식사를 할 정도로 매우 인간적인 면모를 보였는데, 그에게는 모든 환자들이 가족이요 형제들이었다.

결혼도 마다하고 일생을 독신으로 살면서 오로지 극빈자 치료에만 헌신하던 그는 홀로 노모를 모시고 살면서도 항상 밝고 쾌활한 심성을 유지했으며, 자원봉사자들의 인화단결에도 뛰어난 리더십을 보여 주었다. 하지만 그는 노모를 홀로 두고 먼저 세상을 등지고 말았다.

2006년 위암 판정을 받은 그는 투병 중에도 환자 진료를 멈추지 않았으며, 급기야는 2008년 뇌출혈로 쓰러져 63세를 일기로 세상을 떠났다. 그는 "오른손이 하는 일을 왼손이 모르게 하라"는 예수 그리스도의 말씀을 행동으로 실천한 진정한 그리스도인이었다고 할 수 있다.

카를로 우르바니

이탈리아의 의사 카를로 우르바니(Carlo Urbani, 1956~2003)는 신종 인플루엔자 사스(SARS)를 최초로 발견하고 그 위험성에 대해 WHO에 가장 먼저 보고한 인물이었지만, 안타깝게도 그 자신이 사스에 감염되는 바람에 태국 방콕에서 목숨을 잃고 말았다.

이탈리아 중부에 위치한 안코나 지방의 소도시 카스텔플라니오 태생인 그는 안코나 대학교에서 의학을 공부하고 잠시 일반의로 일하다가 전염병 전문가로 경력을 쌓기 시작했다. 줄리아나 치오리니와 결혼해 세 아이를 두기도 했던 우르바니는 국경없는의사회 이탈리아 지부장을 맡으면서 자신이 속한 단체가 노벨 평화상을 수상하는 기쁨도 만끽했지만, 안정적이지 못한 직책 때문에 부인과 항상 마찰을 빚기도 했다.

베트남 하노이 주재 WHO 질병관리 담당관으로서 기생충 박멸에 힘쓰고 있던 그는 2003년 초, 하노이 병원 당국으로부터 다급한 요청을 받고 달려갔다. 그곳에는 악성 인플루엔자로 의심되는 미국인 사업가 쟈니 첸이 입원해 있었는데, 그를 진찰한 우르바니는 곧바로 단순한 독감이 아니라 신종 전염병임을 알아챘다.

우르바니는 그 사실을 즉시 WHO에 보고하고 베트남 당국에 환자 격리는 물론 해외여행자 검역활동을 요청했는데, 그런 조치는 역사적으로도 전례가 없는 가장 신속하고도 효율적인 대응책으로 신종 괴질의 대규모 확산을 사전에 차단하는 데 큰 도움을 준 사건이었다.

그러나 괴질 환자들을 치료하는 도중에 우리바니 자신도 바이러스에 감염되어 고열을 일으키며 쓰러지고 말았다. 태국 방콕에서 열리는 회의에서 아동들의 기생충 감염 실태에 대한 발표를 할 예정으로 하노이를 떠난 그는 비행기 안에서 이미 심한 고열증세를 보이기 시작했다.

공항에 마중을 나간 그의 동료는 곧바로 앰뷸런스를 불러 급히 방콕 병원으로 이송했으나 이미 호흡마비 상태에 빠진 그는 의식마저 혼미해진 상태로 인공호흡기에 의존해 겨우 생명을 부지할 수 있었다. 연락을 받고 황급히 달려온 그의 부인도 격리 수용된 남편과의 접촉이 금지되었다.

잠시 의식이 돌아왔을 때 우르바니는 인터컴을 통해 부인과 통화했으며, 자신의 최후를 예감한 듯 마지막 신부 집전을 부탁하고 자신의 폐 조직을 원인균 규명에 사용하도록 유언을 남겼다. 결국 그 괴질은 신종 바이러스에 의한 조류독감으로 나중에 밝혀졌지만, 우르바니 자신은 18일 동안 중환자실에 격리되어 있다가 끝내 숨을 거두고 말았다.

당시 우리나라도 사스 돌풍에 휘말려 온 나라가 난리법석을 떨었지만 다행히 그 피해는 생각보다 적었던 사실을 생각한다면, 우르바니가 취한 신속한 조치 덕분에 피해를 줄일 수 있었는지도 모른다. 그의 희생이 없었다면, 사스의 피해는 속수무책으로 전 세계에 파급되었을 것이다. 우르바니가 사망한 지 3개월 뒤에 WHO 사무총장에 취임한 이종욱은 조류독감 확산 방지에 전념함으로써 그의 희생이 헛되지 않도록 애쓰기도 했다.

수단의 슈바이처
이태석 신부

이태석(李泰錫, 1962~2010) 신부는 부산 출신의 의사이자 가톨릭 사제였다. 그는 인제의대를 졸업한 후 사제의 뜻을 품고 살레시오 수도회에 입회했으며, 그 후 아프리카 수단의 오지마을 톤즈에서 의료 및 구호활동에 헌신했으나 2008년 말 휴가차 잠시 귀국했다가 대장암 말기 진단을 받고 수단으로 다시 복귀하지 못한 채 일 년여에 걸친 투병생활 끝에 48세의 나이로 세상을 떠났다.

부산에서 가난한 집안의 10남매 중 아홉째로 태어난 그는 아버지를 일찍 여의고 부산 자갈치 시장에서 삯바느질로 어렵게 살림을 꾸려 가던 홀어머니 밑에서 자랐다. 태어나자마자 유아세례를 받은 그는 어린 시절에 우연히 하와이의 나병 환자들을 돌보며 함께 살았던 벨기에 신부 다미앵의 생애를 다룬 영화를 보고 자신도 나중에 커서 그런 삶을 살겠다는 다짐을 했다고 한다. 그 후 학교를 다니면서도 성당의 주일학교 교사와 청년회 및 성가대 활동을 통해 신앙생활을 계속했다.

1987년 인제의대를 졸업한 그는 군의관 복무 시절에 가톨릭 사제의 길을 걷기로 마음을 굳히고 제대 후 살레시오 수도회에 들어가 불우 청소년 교육에 힘을 쏟았다. 그 후 광주가톨릭대학교 신학과를 졸업하고 서울 대림동에 있는 돈보스코 수도원에서 사목실습을 했으며, 1997년에는 바티칸의 살레시오 대학으로 유학을 떠났다.

로마에서 학업에 몰두하던 그는 우연히 수단에 근무하다 로마를 방문한 선교사를 만나 그곳 실상을 전해 듣고 아프리카에 대한 관심을 갖게 되었으며, 그 후 현지체험도 할 겸 해서 방학을 이용해 아프리카 케냐를 방문했다. 그때 마침 수단의 톤즈 마을에서 활동하던 살레시오 수도회 신부를 만나게 되어 그와 함께 톤즈를 방문한 후 깊은 인상을 받고 그곳에서 가난한 사람들을 위해 일생을 바치기로 결심한 것이다.

로마에서 귀국한 후 2001년 서울 구로동 천주교회에서 사제 서품을 받은 그는 곧바로 수단으로 건너가 톤즈 마을에 자리를 잡고 의료선교 및 구호활동에 들어갔다. 그곳에 병원과 학교를 세워 눈코 뜰 새 없이 바쁜 나날을 보낸 그는 매일 수백 명의 환자들을 돌보는 한편 어린 청소년 학생들을 직접 가르쳤으며, 브라스 밴드를 결성해 음악도 가르쳤다. 원래 음악을 좋아했던 그는 어려서부터 동요를 작곡했으며, 오르간, 첼로, 색소폰, 클라리넷 등 다양한 악기 연주에도 능할 만큼 음악적 재능도 풍부했다.

그는 톤즈뿐만 아니라 인근에 있는 80여개 마을을 순회 진료하며 예방접종도 시행했으니 그야말로 초인적인 힘을 발휘한 셈이다. 현지 마을사람들은 그를 부르기 쉽게 '쫄리'라고 줄여서 불렀는데, 그의 세례명인 요한과 성을 합친 존 리(John Lee)를 그렇게 부른것이다. 그의 희생적인 봉사정신으로 사람들은 그를 수단의 슈바이처, 또는 톤즈의 돈보스코라 부르기도 한다. 돈보스코는 19세기에 활동한 이탈리아 신부로 살레시오 수도회를 설립해 불우한 청소년 교육에 일생을 바친 성직자다.

이태석 신부의 일대기를 다룬 다큐멘터리 영화 〈울지마, 톤즈〉는 수많은 관객들을 감동시켰는데, 특히 그를 아버지처럼 따르며 사랑했던 톤즈 마을의 청소년들이 그의 죽음을 슬퍼하며 음악을 연주하는 모습은 많은 사람들의 심금을 울리고도 남는 장면이 아닐 수 없다. 오랜 내전에 만신창이가 된 현지인들의 깊은 상처를 어루만져 준 이태석 신부의 존재는 그만큼 그들에게는 잊을 수 없는 추억으로 오래도록 남을 것이 분명하다.

Chapter *3*

필명을 날린 의사들

라블레

프랑스의 작가 프랑수아 라블레(François Rabelais, 1494~1553)는 부유한 지주의 아들로 태어났다. 처음에는 법학을 공부한 뒤 의사가 되었으나 작가로 전향해 소설 『가르강튀아』를 발표했다. 그러나 이 책이 중세교회를 비판한 내용이라는 이유로 당국에 의해 금서로 지정되자 교회의 박해를 피해 여기저기를 떠돌다가 나중에는 아예 종적을 감춰 버렸다.

라블레는 사춘기 시절에 일찌감치 수도원에 들어가 고전학을 공부하고, 그 후에는 법학을 거쳐 의학수업까지 받았다. 리옹 시립병원 의사로 근무하면서 그리스 고전에도 심취해 신학, 법학, 의학, 고전학 등 다방면에 걸친 학문적 토양을 쌓았다. 이처럼 다양한 교양과 더불어 유럽 각지를 여행한 경험은 그가 남긴 소설의 밑바탕을 이루는 배경으로 작용했다.

그의 대표작으로 꼽히는 『팡타그뤼엘』과 『가르강튀아』는 알코 프리바 나지에라는 필명으로 발표한 모험소설로 거인 가르강튀아 와 그의 아들 팡타그뤼엘이 벌이는 기상천외하고도 외설스러운 모 험담을 통해 중세 암흑기의 답답한 사회 분위기를 예리하게 꼬집 음으로써 인기를 끌었는데, 그런 이유 때문에 당국으로부터 금서 로 지정되는 수모를 겪어야 했다.

라블레가 필명을 날리던 시기는 루터의 종교개혁으로 개신교와 정통 가톨릭 사이에 치열한 반목과 대립이 한창일 무렵이었기 때 문에 중세 가톨릭 교회를 비판한 그의 소설은 당연히 가톨릭 국가 인 프랑스에서 출판될 수 없었으며, 개신교를 두둔하는 내용으로 오해를 사기도 했다. 하지만 라블레 자신이 수도사 출신으로서 수 도원 문화의 폐쇄성을 비판하고 인간의 자유사상을 옹호한 점은 인문주의적 자유해방을 외친 르네상스 정신의 선구자로 기억될 만 한 업적이었다고 할 수 있다.

그는 자신의 소설 후반부에 등장하는 이상적인 교육기관의 모토 를 '네 멋대로 해라'로 정했는데, 이는 웃음을 잃고 사는 중세 사회 의 어두운 분위기에 정면 도전하면서 자유로운 감정 표현의 중요 성을 강조한 진정한 휴머니즘으로 간주할 수 있겠다. 하지만 소설 의 주인공 팡타그뤼엘이 보여 주는 자유분방한 쾌락주의적 모습은 엄격한 금욕주의에 물들어 있던 당시 시대풍조에 어긋나는 것으로 대학이나 교회 당국의 비난을 피할 수 없었다.

우연의 일치인지 모르지만 장 뤽 고다르 감독의 출세작인 영화 제목도 『네 멋대로 해라』였는데, 그런 점에서 400년의 시대적 간격을 뛰어넘어 라블레와 고다르는 의견 일치를 본 셈이다. 특히 과장된 언어적 유희에 능통한 라블레의 소설은 고다르의 영화 주인공이 쉴 새 없이 내뱉는 독백과도 일맥상통하는 반항심을 보여 준다.

비록 그의 작품들은 대중적 인기를 얻었지만, 이단자로 몰려 곤경에 처하게 된 그는 더 이상 프랑스에서 공적인 활동을 유지하기가 어렵게 되고 말았다. 결국 라블레는 로마에 있는 친구 뒤벨레 추기경을 찾아가 그의 도움과 보호 아래 몸을 숨기고 지내야만 했다. 그 후 자신이 공부했던 몽펠리에 대학교에서 의학을 가르치기도 했으나 학계의 따가운 눈총을 피해 독일 국경 지역에 있는 메츠에 은신해 지내다가 말년에는 파리에서 사망한 것으로 알려졌다.

괴테와 쌍벽을 이룬
실러

괴테와 더불어 독일 고전주의 문학의 2대 문호로 불리는 프리드리히 폰 실러(Friedrich von Schiller, 1759~1805)는 뷔르템베르크 지방의 마르바흐에서 군의관의 아들로 태어났다. 신앙심이 매우 깊었던 그의 부모는 아들이 장래에 목사가 되기를 바라고 일찍부터 그에게 라틴어와 그리스어를 배우도록 했으나 정작 실러는 군사학교에 들어가 의학을 배우고 군의관으로 근무했다.

그가 문학에 관심을 갖게 된 동기는 셰익스피어의 희곡을 통해서였는데, 학창 시절부터 엄격한 규율과 통제 속에 갇혀 지내던 그는 문학을 통해 자신의 자유에 대한 갈망을 표출시키고자 했다. 재학 시절에 이미 자신의 처녀작 『군도』를 쓴 실러는 학교를 졸업한 후 슈투트가르트 연대에 배속되어 군의관으로 근무했으나 자신이 맡은 일에는 만족을 느끼지 못하고 있었다.

그가 자비 출판한 희곡 『군도』는 1782년 만하임에서 초연되어 성공을 거두었지만, 그 내용이 귀족계급의 횡포에 대한 반항심을 드러낸 것일 뿐만 아니라 게다가 공연에 참석하기 위해 허가도 받지 않고 무단으로 부대를 이탈함으로써 당시 영주였던 칼 오이겐 공작의 분노를 사게 되어 결국 실러는 14일간 영창에 갇혔으며, 더 나아가 집필활동 금지령까지 내려지게 되었다. 이에 불만을 품은 실러는 만하임으로 도주해 만하임 극장의 전속작가로 잠시 활동하기도 했다.

그 후 바이마르에 정착한 실러는 괴테와 친교를 나누며 함께 공동 시집을 내기도 했다. 두 사람의 우정은 실러가 바이마르로 이주한 뒤 더욱 돈독해졌으며, 함께 바이마르 극장을 세워 독일 연극의 르네상스 시대를 열기도 했다. 당시 그는 『돈 카를로스』를 완성하고 예나 대학교에 초빙되어 역사와 미학을 강의하기도 했다.

말년에 이르러 실러는 대표작 『발렌슈타인』 『오를레앙의 처녀』 『빌헬름 텔』 등을 썼는데, 비극적인 운명과 대결하는 의지의 힘을 웅대한 필체로 묘사함으로써 괴테와 쌍벽을 이루는 문학의 대가로 인정받기에 이른다. 그런 점에 특히 감명받았기 때문에 베토벤도 자신의 제9교향곡에 실러의 시 『환희의 송가』를 삽입시킨 게 아니었을까. 실제로 베토벤은 실러가 괴테보다 더 위대하다고 평가했다.

특히 그의 희곡 『군도』는 유럽 최초의 멜로드라마로 평가될 뿐만 아니라 괴테와 더불어 독일 고전문학의 꽃을 피웠던 질풍노도 시대를 대표하는 작품으로 꼽히기도 한다. 오스트리아의 압제에 대항하는 영웅의 이야기를 다룬 『빌헬름 텔』 역시 오랜 세월 대중의 사랑을 받은 작품이다. 이탈리아 작곡가 로시니는 이 작품을 소재로 오페라를 작곡하기도 했다. 로시니 외에도 베르디, 도니제티 등의 작곡가들 역시 실러의 희곡을 인용해 오페라를 작곡했다.

바이마르에 정착한 직후 1790년 샬롯테 폰 렝게펠트와 결혼한 실러는 2남 2녀를 두었으나 오랜 기간 병약했던 그는 막내를 얻은 그 이듬해에 46세라는 아까운 나이로 요절하고 말았다. 실러의 마지막 후손은 딸 에밀리의 손자였던 글라이헨-루스부름 남작으로 1947년 독일 바덴바덴에서 사망했다.

요절한 천재 시인
존 키츠

바이런, 셸리와 함께 19세기 영국 낭만주의 문학을 대표하는 3대 시인 중의 한 사람으로 꼽히는 존 키츠(John Keats, 1795~1821)는 어린 나이에 부모를 잃고 힘겹게 의사가 되었으나 문학으로 전향해 시인이 되었다. 하지만 허약한 체질로 결핵에 걸려 26세라는 젊은 나이로 문단에서 빛을 보지도 못하고 로마 요양 중에 그곳에서 일찍 요절하고 말았다. 그의 어머니와 남동생 역시 모두 결핵으로 사망했다. 키츠의 시는 그 뒤를 이은 테니슨에 가장 큰 영향을 준 것으로 평가된다.

런던의 가난한 집안에서 장남으로 태어난 키츠는 자신이 여관에서 출생한 것으로 믿고 있었지만 입증된 사실은 아니다. 그가 그렇게 믿었던 이유는 당시 아버지가 여관의 마구간에서 일하던 마부였으며, 가족이 함께 그 여관에 살았기 때문이다. 그의 아버지는 키츠가 아홉 살 때 낙마사고로 숨을 거두었는데, 당시 재혼한 어머니는 아이들을 친정에 맡기고 어디론가 떠나 버렸다.

사춘기 시절에 이르러 어머니마저 결핵으로 잃고 졸지에 고아 신세가 된 키츠는 그 후 외갓집 주치의였던 외과의사 토마스 해먼드의 조수 노릇을 하며 병원 다락방에서 살았다. 이처럼 어깨 너머로 배운 의술을 통해 의사가 되기로 결심한 키츠는 20세가 되자 정식 의학공부를 위해 가이 병원에 들어가 본격적인 외과수련을 받기 시작했으며, 가족들도 그에게 큰 기대를 걸게 되었다.

하지만 시를 쓰는 데 몰두하게 된 키츠는 점차 자신의 의업에 회의를 느끼기 시작했으며, 더군다나 가족의 경제적 궁핍으로 인해 사면초가에 몰린 그는 심각한 우울증에 빠지고 말았다. 키츠가 가장 두려워했던 점은 자신이 시인이 될 수 없다는 현실이었으며, 시인이 되지 못할 바에야 차라리 죽는 게 낫다고 여길 정도였다. 결국 그는 오랜 고민 끝에 의사로서 개업을 포기하고 시인의 길을 걷기로 작심했다.

당시 그는 결핵을 앓는 동생 톰을 돌보며 지내고 있었는데, 우연한 기회에 알게 된 패니 브론과 사랑에 빠져 약혼까지 했으나 자신의 야심 찬 대서사시 『엔디미온』이 문단에서 심한 혹평을 듣게 되자 크게 낙심한 나머지 울적한 마음을 달래기 위해 훌쩍 여행길에 올랐다. 하지만 여행 도중에 결핵 증상을 보여 서둘러 귀가했는데, 그의 동생 톰은 결국 결핵으로 숨을 거두고 말았다.

이처럼 온갖 시련에도 불구하고 키츠는 『나이팅게일에게』『하이페리온의 몰락』『성 아그네스의 저녁』『그리스 항아리에 대한 송시』 등 계속해서 시를 써 나갔지만, 그의 건강은 날이 갈수록 악화되어 이탈리아로 요양을 떠나야 했다. 건강 때문에 사랑하는 연인 패니 브론과의 결혼도 포기해야만 했던 키츠는 친구들의 극진한 간호에도 불구하고 심한 각혈증세에 시달리다 로마에서 아까운 생을 마감하고 말았다.

그의 유언에 따라 새겨진 묘비명에는 자신을 '물 위에 쓴 이름의 소유자'로 묘사하고 있는데, 그것은 덧없는 자신의 허망한 삶을 의미한 것일 수도 있고, 무명시인으로 생을 마치는 자신의 안타까운 심정을 드러낸 것일 수도 있다. 패니 브론은 키츠가 죽은 후에도 오랜 세월 그를 잊지 못하고 지내다가 12년이 지난 후에야 비로소 다른 남성과 결혼했다. 제인 캠피언 감독의 2009년도 영화 〈브라이트 스타〉는 키츠와 패니 브론의 이루어질 수 없는 사랑의 비련을 다룬 작품이었다.

특히 키츠는 생의 마지막 6년 동안 많은 시를 발표했는데, 그의 걸작 송시들은 대부분 이 기간에 쓰인 것들로 자신을 알아주지 않는 세상을 향해 노래로 남긴 마지막 유언이라 해도 과언이 아닐 것이다. 비록 그는 생전에 세간의 주목을 받지는 못했지만, 그가 세상을 떠난 뒤에는 그 이름이 세상에 널리 알려지기 시작해서 19세기 말에 이르러서는 영국 시인 가운데 가장 사랑받는 시인으로 손꼽히게 되었다.

추리소설의 대가
코넌 도일

코넌 도일(Conan Doyle, 1859~1930)은 영국의 의사이자 추리소설가로 그가 소설 속에서 창조해 낸 주인공 탐정 셜록 홈즈는 마치 실존인물이었던 것처럼 착각을 불러일으킬 정도로 선풍적인 인기를 누렸다. 셜록 홈즈의 단짝 동료로 항상 등장하는 왓슨 박사는 바로 코넌 도일 자신이기도 하다.

스코틀랜드의 에든버러에서 아일랜드계 부모 밑에서 태어난 그는 알코올 중독에 빠진 아버지 때문에 어려서부터 마음고생이 많았다. 그의 아버지는 생활력도 무능한 데다가 술주정뱅이였는데, 그런 사정 때문에 가족들은 여러 해 동안 뿔뿔이 흩어져 살기도 했다. 결국 아버지는 오랜 세월 정신질환에 시달리다가 1893년에 세상을 떴다.

다행히 부유하게 살던 삼촌의 도움으로 학업을 지속할 수 있었던 코넌 도일은 어린 나이에 가톨릭 계열의 예수회 학교에 보내져 교육을 받았으며, 에든버러 대학교에서 의학을 공부할 수 있었다. 의대생 시절부터 이미 소설을 쓰기 시작한 그는 의대를 졸업한 후에는 아프리카 외항선 선의로 근무하기도 했다.

그 후 항구도시 포츠머스에 개업한 그는 환자들을 기다리는 시간을 이용해 소설을 계속 써 나갔는데, 셜록 홈즈와 왓슨 박사가 처음 등장하는 소설 『주홍색 연구』는 1886년에 발표되었다. 그는 자신의 대학 시절 은사였던 조셉 벨 박사를 모델로 하여 주인공 셜록 홈즈라는 인물을 창조했는데, 두 인물 간의 유사점은 벨 박사의 오랜 친구였던 작가 로버트 스티븐슨도 인정한 부분이다.

코넌 도일은 계속해서 『4개의 서명』『바스커빌 가의 개』『셜록 홈즈의 귀환』『공포의 계곡』『마지막 인사』 등의 대표작을 발표해 폭발적인 인기를 끌었다. 하지만 그는 역사소설에 전념하기 위해 어머니의 만류에도 불구하고 마침내 셜록 홈즈를 죽이기로 결심하고 소설 『마지막 문제』에서 모리아티 교수와 함께 라이헨바하 폭포에서 떨어져 죽게 만들었는데, 셜록 홈즈의 죽음은 대중들로부터 엄청난 반발을 불러일으키는 결과를 가져왔다.

한편 정치적인 문제에도 관여한 코넌 도일은 1902년에 영국 왕실로부터 기사 작위까지 받았는데, 그것은 보어 전쟁에서 승리한 영국 정부의 정당성을 입증하는 소책자를 써서 국제적인 비난의 목소리를 가라앉힌 그의 공로를 인정해서 취해진 조치였다. 당시 그는 직접 남아프리카로 달려가 야전병원에서 자원봉사자로 일하며 부상병들을 돌보기도 했다.

그는 두 번 결혼해 모두 다섯 자녀를 두었는데, 첫 부인 루이자는 1906년에 결핵으로 일찍 사망했으며, 두 번째 부인 진은 제2차 세계대전 초기인 1940년에 죽었다. 그러나 그에게 가장 큰 상처를 남긴 일은 제1차 세계대전에 참전했다가 중상을 입고 사망한 아들 킹슬리의 죽음이었다. 그 무렵 코넌 도일은 사랑하던 아들의 죽음뿐 아니라 영국군 연대장으로 복무하던 동생을 포함해 두 조카들의 연이은 죽음으로 극심한 우울증에 빠지고 말았는데, 그런 우울한 기분에서 벗어나기 위해 그는 심령학에 필사적으로 매달리기 시작했다.

사후세계의 존재 및 초능력을 믿는 영적인 모임에 회원으로 가입해 활동하면서 유명 마술사 후디니와 교제하는 등 점차 현실과 담을 쌓는 행동을 보이던 그는 71세를 일기로 자신의 저택에서 숨을 거두었는데, 그가 죽은 후에는 희대의 사기조작극으로 판명된 필트다운인 화석 사건에 연루된 장본인으로 지목되어 논란의 대상이 되기도 했다.

체호프

러시아의 소설가이자 극작가인 안톤 체호프(Anton Chekhov, 1860~1904)는 흑해 연안의 항구도시 타간로그 출신이다. 일생 동안 1,000여 편에 달하는 단편소설을 쓸 정도로 다작가였던 그는 세계 문학사에서도 보기 드문 재치와 유머 감각이 뛰어난 이야기꾼이기도 하지만, 문학적 향기가 넘치는 희곡에도 일가견을 보였는데, 그의 걸작 희곡 작품들은 지금도 세계 각지의 극장에서 공연되고 있다. 그 자신이 의사였음에도 불구하고 체호프는 결핵이라는 고질적인 병마를 이기지 못하고 일찍 세상을 뜨고 말았다.

가난한 상인의 집안에서 셋째 아들로 태어난 체호프는 아버지가 빚을 지고 파산하면서 가족 모두가 그만 남겨 두고 모스크바로 야

반도주하는 바람에 학창 시절부터 많은 어려움을 겪어야 했다. 학업 때문에 타간로그에 홀로 남겨진 체호프는 힘겹게 인문학교를 졸업한 뒤 모스크바로 가서 가족과 재회하고 모스크바 의대에 진학했으나 집안 형편은 여전히 어려운 처지에 놓여 있었다.

집안을 돕기 위해 의대생 시절부터 짧은 유머 콩트와 단편소설을 쓰기 시작한 체호프는 대학을 졸업할 무렵에는 이미 주목받는 신인작가로 인기가 높았다. 하지만 그때부터 심한 결핵 증세를 보인 그는 수시로 요양생활도 반복해야만 했다. 처음에는 단순히 돈을 벌기 위해 글을 쓰기 시작했던 체호프였으나 30세 무렵 시베리아를 횡단해 사할린 섬 여행을 다녀온 후에는 가난한 민중들의 비참한 생활상에 눈을 돌려 매우 진지한 작품들을 쓰기 시작했다.

그렇게 해서 나온 『6호실』『결투』『귀여운 여인』『개를 데리고 있는 여인』『약혼녀』 등의 작품들은 러시아를 대표하는 걸작 단편소설로 정평이 나 있으며, 특히 톨스토이의 극찬을 받은 중편소설 『골짜기』는 러시아 민중의 힘을 묘사한 작품으로 톨스토이는 이 소설을 읽고 감격에 겨워 한없이 눈물을 흘렸다고 한다.

사할린 섬에 유배된 죄수들의 비참한 상황을 직접 목격하고 강한 충격을 받은 체호프는 시베리아 여행을 다녀온 후 기행문을 발표해 그 실상을 세상에 알리는 한편, 그 자신도 의사로서 농부들의 건강을 직접 돌보며 마을에 학교를 세워 주기도 했다. 하지만 건강이 악화되자 말년에는 모스크바를 떠나 흑해 연안의 크림반도로 이주해 살았다.

체호프는 1,000여 편에 이르는 방대한 분량의 단편소설뿐 아니라 연극에도 관심을 기울여 〈이바노프〉 〈갈매기〉 〈바냐 아저씨〉 〈세 자매〉 〈벚꽃 동산〉 등의 걸작 희곡을 남겼는데, 이들 작품 모두는 한결같이 제정 러시아 말기의 어둡고 혼란스러운 사회상을 잘 드러내고 있다.

비록 그는 이들 희곡을 통해 자신의 염세적인 경향을 드러내 보인 것으로 볼 수도 있으나 러시아 귀족 사회의 몰락과 더불어 새로운 시대의 도래를 열망하는 민중들의 꿈을 대변한 것일 수도 있다. 실제로 체호프가 세상을 뜬 직후에 러시아 혁명이 일어난 점을 생각해 본다면, 그는 오히려 앞을 내다보는 선견지명이 있었던 것으로 볼 수 있다.

체호프는 개인적으로 톨스토이를 몹시 존경했지만, 사상적인 면에서는 동조하지 않았다. 톨스토이는 쟁쟁한 러시아 귀족 가문 출신이지만, 체호프의 조상은 농노 출신이었기 때문에 그는 항상 자신의 몸에 농민의 피가 흐르고 있다는 사실에 강한 자부심을 지니고 있었다. 더욱이 체호프는 톨스토이만큼 그렇게 강한 신앙심의 소유자도 아니었다.

나이 40에 뒤늦게 연극배우 올가 크니페르와 결혼한 체호프지만 건강이 여의치 못했던 그는 결국 그녀와 함께 독일로 요양을 떠나 그곳에서 숨을 거두고 말았다. 체호프는 비록 생의 대부분을 병마에 시달리는 가운데 항상 죽음을 의식하고 살았지만, 그럼에도 불구하고 끝까지 재치와 유머 감각을 잃지 않으며 초인적인 힘을 발휘해 수많은 작품들을 남긴 것이다.

그가 숨을 거두기 직전 아내에게 남긴 마지막 말도 "샴페인 맛본

지도 오래 되었군."이라는 독백이었다고 하니 그 어떤 불행에 대해서도 결코 남의 탓으로 돌리지 않는 그의 소박한 성품을 엿볼 수 있는 대목이기도 하다. 비록 44년에 불과한 짧은 생애였지만 인생의 낭비를 가장 두려워했던 그는 삶의 소중함을 그 누구보다 깊이 깨닫고 나름대로 가치 있는 생을 살기 위해 애쓴 인물이었다.

프로이트와 교류한
슈니츨러

아르투르 슈니츨러(Arthur Schnitzler, 1862~1931)는 오스트리아 빈에서 유대계 의대교수의 아들로 태어났다. 아버지의 뒤를 이어 그 역시 빈 의대를 졸업하고 의사가 되었으며, 개업의로 활동하는 가운데 정신분석에도 관심을 보여 프로이트와 친분을 나누기도 했다. 따라서 그의 작품에는 정신분석적인 기법이 많이 이용되었는데, 실제로 그는 의식의 흐름 기법을 이용해 소설을 쓴 가장 최초의 독일어권 작가였다.

작가가 되기 위해 의업을 포기한 그는 자신이 살던 빈 사람들의 일상적인 모습을 통해 인간의 내면적 현실을 날카롭게 파헤쳤으며, 특히 성과 사랑의 문제를 직접 다룸으로써 당시의 퇴폐적인 시대상을 잘 묘사하고 있다. 비록 그의 문체는 매우 세련된 것으로 알려졌지만, 의사 출신답게 몹시 예리하고도 냉정한 태도 또한 엿보인다.

아마도 그것은 환자를 분석하는 프로이트의 태도에서 영향을 받았기 때문일지도 모른다. 실제로 슈니츨러는 프로이트와 긴밀한 관계를 유지했으며, 프로이트를 자신의 또 다른 분신으로 여길 정도로 결정적인 영향을 받았다. 단적인 예로 1926년에 발표한 슈니츨러의 중편소설 『꿈 이야기』는 성에 관한 무의식적 환상을 다룬 내용으로 유대인 출신 스탠리 큐브릭 감독이 마지막 유작으로 남긴 영화 〈아이즈 와이드 샷〉의 원작이기도 하다.

슈니츨러는 처음에 희곡을 주로 쓰다가 나중에는 점차 소설 창작으로 기울어졌는데, 그의 대표작으로 꼽히는 『아나톨』을 비롯해 『연애의 참맛』 『초록 앵무새』 『베른하르디 박사』 『윤무』 등이 특히 유명하다. 하지만 그의 작품은 많은 논란을 빚기도 했는데, 그 주된 이유는 노골적인 성 묘사와 반유대주의에 대한 그의 빈정거림 때문이었다.

특히 그의 희곡 『윤무』는 발표 당시 거센 반발을 불러일으켰는데, 여러 쌍의 커플을 등장시켜 자극적인 성행위를 암시함으로써 타락한 유대인 포르노 작가라는 오명을 뒤집어쓰기도 했다. 이 희곡은 독일 태생의 유대인 감독 막스 오퓔스에 의해 영화로 제작되었다. 당시 유럽 사회에 만연하던 반유대주의를 날카롭게 꼬집은 희곡 『베른하르디 박사』와 소설 『야외로 가는 길』에서는 유대인 주인공을 등장시켜 비이성적인 사회풍조를 야유함으로써 오히려 더 큰 반발을 샀다.

20년이나 연하인 유대계 가수이자 여배우 올가 구스만과 결혼한 그는 슬하에 남매를 두었는데, 아들 하인리히는 1938년 나치 독일이 오스트리아를 합병하자 미국으로 도피해 살다가 1959년에 가서야 비로소 다시 유럽으로 돌아갔으며, 1982년에 80세의 나이로 사망했다.

딸 릴리는 1928년에 십대 후반의 나이로 자살하고 말았으나 그의 아내 올가는 1921년 슈니츨러와 이혼한 후에도 50년 가까운 세월을 더 살다가 1970년에 88세로 사망했다. 현재까지 생존하고 있는 바이올린 주자 마이클 슈니츨러는 하인리히의 아들이다. 아르투르 슈니츨러는 1931년 빈에서 뇌출혈로 쓰러져 사망했다. 향년 69세였다.

슈니츨러가 죽은 후 집권한 히틀러는 그의 작품을 가리켜 유대인이 쓴 오물에 불과하다고 맹비난했으며, 괴벨스는 슈니츨러의 모든 작품을 칼 마르크스, 아인슈타인, 프로이트, 프란츠 카프카, 스테판 츠바이크 등의 저서와 함께 베를린 광장에 모아 놓고 불태워 버렸다.

대중적 인기를 얻은
서머싯 몸

소설 『인간의 굴레』로 유명한 서머싯 몸(Somerset Maugham, 1874~1965)은 파리에서 출생한 영국의 작가이며 대중적으로 가장 잘 알려진 소설가에 속한다. 그의 아버지는 파리 주재 영국 대사관에 근무하던 법무 담당 변호사였고, 어머니는 막내인 몸을 낳던 시기에 이미 결핵을 앓고 있었다.

몸은 8세 무렵에 어머니를 잃고, 2년 뒤에는 아버지마저 암으로 세상을 떠남으로써 졸지에 천애고아가 되었다. 특히 어린 나이에 어머니를 잃은 그는 커다란 마음의 상처를 받았는데, 그런 이유 때문에 죽을 때까지 어머니 사진을 항상 곁에 두고 있었다고 한다.

그 후 영국 켄트 주 교구목사로 일하던 냉담하기 그지없는 삼촌 밑에서 제대로 기를 펴지 못하고 눈치만 보며 자란 그는 키도 작고 말까지 더듬어 친구들과 잘 어울리지 못했으며, 설상가상으로 어려서부터 프랑스어부터 배웠기 때문에 영어마저 서툴러 애를 먹었다. 이처럼 외톨이로 지낸 그는 외로운 심정을 오로지 문학에 대한 관심으로 달래며 지냈다.

집안 대대로 법률가를 배출한 가문의 전통에 따라 유명 변호사로 성공한 세 형들과는 달리 의사가 되기로 결심한 몸은 런던의 세인트 토마스 병원에서 5년에 걸쳐 의학 수업을 받고 의사 자격을 얻었다. 그러나 15세 때부터 끊임없이 습작활동을 멈추지 않을 정도로 오로지 작가에 대한 열망에 가득 차 있던 그는 1897년 자신의 경험을 토대로 쓴 소설 『람베스의 리자』가 의외로 인기를 얻어 불티나게 팔리게 되자 결국 창작에만 전념하기로 결심하고 의사의 길을 과감히 포기했다. 하지만 그 후 10년간 그의 작품은 별다른 주목을 받지 못하고 말았다.

몸의 진가가 발휘되기 시작한 것은 제1차 세계대전이 발발한 이후였다. 당시 그는 적십자사 요원으로 자원해 프랑스에 근무하면서 이미 자신의 대표작 『인간의 굴레』를 탈고한 상태였다. 1915년에 발표된 『인간의 굴레』는 자전적인 성향이 매우 높은 소설로 처음에는 문단에서 혹평을 받았으나 얼마 가지 않아 몸의 명성을 드

높이는 대작으로 평가받았다.

그 후 영국 정보부 요원으로 소집되어 주로 스위스와 러시아에서 활동했지만, 볼셰비키 혁명이 일어나기 직전에 임무를 완수하고 귀국했다. 과묵하고 관찰력이 뛰어난 그에게는 아주 적절한 임무였을 것으로 보이는데, 그는 자신의 스파이 경험을 소재로 작품을 쓰기도 했다.

종전 후에는 인도와 동남아시아, 남태평양 등지를 여행하면서 자신의 견문을 넓히기도 했는데, 평소 동양의 신비에 대해 동경심을 품고 있던 몸에게는 그 경험이 자신의 작품에 좋은 소재를 제공하는 계기가 되었다. 폴 고갱의 삶을 모델로 삼은 소설 『달과 6펜스』가 그 좋은 예에 속한다.

그는 소설뿐 아니라 극작에도 재능을 발휘해 재치와 유머 감각이 돋보이는 풍자극으로 〈프레드릭 부인〉〈잭 스트로〉〈주행〉〈수에즈의 동쪽〉〈정숙한 아내〉〈편지〉 등 많은 희곡 작품을 남겼으며, 소설로는 대표작 『인간의 굴레』를 비롯해 『면도날』『달과 6펜스』『인생의 베일』 등을 남겼다.

대중적인 인기에 힘입어 막대한 부와 명성을 얻었지만, 생전에 사생활이 매우 복잡했던 서머싯 몸은 양성애자로도 알려졌으며, 그런 이유 때문에 상속 문제 등으로 법정 싸움에 휘말리는 수모를 겪기도 했다. 어쨌든 그는 명화 수집과 여행 등으로 여유로운 말년을 즐기며 보내다가 91세를 일기로 조용히 눈을 감았다.

자전적 소설을 쓴

한스 카로사

독일의 소설가 한스 카로사(Hans Carossa, 1878~1956)는 결핵 전문의
인 아버지의 뒤를 이어 의사가 되었으나 작가로 변신해 주로 자신
의 경험에 바탕을 둔 자전적인 소설을 썼으며, 독일 문단에서 가장
괴테 정신에 가까운 고전적 휴머니즘을 대표하는 작가로 인정받게
되었다. 『의사 뷔르거의 운명』『루마니아 일기』『의사 기온』 등의
소설을 남긴 그는 많은 작품을 남기지 못했음에도 헤르만 헤세, 토
마스 만과 더불어 현대 독일문학의 3대 거두로 꼽힌다.

남부 독일 바바리아 지방의 휴양도시 바트퇼츠에서 이탈리아계
조상을 둔 의사의 아들로 태어난 그는 어려서부터 자주 이사를 다
니는 바람에 교육도 여러 곳을 전전하며 받았다. 예민한 감수성과
내성적인 성격의 소유자로 괴테를 숭배했던 카로사는 자신이 늘 열
망했던 작가의 꿈을 잠시 접고 아버지의 가업을 잇기 위해 뮌헨, 뷔
르츠부르크, 라이프치히 대학교 등에서 의학을 공부하고 1903년
의사 자격을 딴 후에는 파사우에 있는 부모 곁으로 돌아가 의업에
종사하기 시작했다.

환자를 치료하는 가운데 틈틈이 시간을 내어 창작을 한다는 게
결코 손쉬운 일이 아니었기 때문에 카로사 자신도 상당한 갈등을
겪지 않을 수 없었다. 그럼에도 불구하고 그는 소설뿐 아니라 시작
에도 힘써서 맑고 순수한 영혼의 자유에 대해 노래했으며, 그런 점
에서 서로 공감대를 이룬 시인 릴케와도 친밀한 관계를 유지했다.

카로사는 1931년 고트프리트 켈러상과 1938년 괴테상을 수상했다.

그의 모든 작품들은 자전적인 내용으로 이루어져 있는 게 특징인데, 『유년시절』을 비롯해서 고등학교 시절의 꿈과 고뇌를 묘사한 『청춘의 변전』, 뮌헨 의대 시절 겪었던 사랑과 좌절의 아픔을 그린 『아름다운 미혹의 해』 등이 특히 그렇다. 제1차 세계대전 당시 군의관으로 종군하며 겪었던 전쟁의 참상을 그린 『루마니아 일기』에서는 "뱀의 입에서 빛을 잡아라"라는 말로 암담한 현실 속에서도 내면적인 구원을 얻고자 애쓰는 모습을 보여 준다.

환자의 생명을 구하지 못해 양심의 가책을 느끼고 자살하는 의사의 비극적인 최후를 그린 그의 대표작 『의사 뷔르거의 운명』은 1913년에 이미 발표했던 처녀작 『의사 뷔르거의 최후』를 개작해 1930년에 발표한 것으로 20세기 현대판 『젊은 베르테르의 슬픔』이라 할 수 있을 정도로 그 모습이 너무도 닮았다. 그 외에도 개인적인 갈등을 다룬 『의사 기온』, 『성년의 비밀』 등이 있다.

전쟁과 폭력에 반대한 카로사는 특히 나치 독일 치하에서 그 위치가 매우 위태로웠지만, 그럼에도 불구하고 그는 죽을 때까지 독일에 머물며 창작에만 몰두했다. 광기의 폭력에 휘말린 나치 독일의 중심부에 있으면서도 전혀 흔들림이 없이 줄기차게 내면적인 사랑과 질서의 확립을 외친 카로사의 모습은 실로 경이롭기까지 하다.

의사라는 직업 때문에 항상 죽음과 마주해야 했던 카로사는 남긴 작품의 수가 많지는 않지만 발표하는 작품마다 매우 진지하고 수준 높은 소설을 남겼으며, 그의 모든 소설은 70여 년에 걸친 자신의 삶을 반영한 것으로 일종의 자기 구원을 목적으로 쓴 구도자의 모습을 보여 준다. 그러나 결코 신비주의에 기울어지지 않으면서도 지극히 평범한 일상사를 통해 비범한 진실에 도달하려는 노력이 매우 큰 감동을 준다. 놀라운 인내심과 평온함으로 격동의 세월을 참고 견뎌 낸 그는 파사우 부근의 리트슈타이크에서 78세를 일기로 조용히 눈을 감았다.

부당한 현실을 고발한
되블린

알프레드 되블린(Alfred Döblin, 1878~1957)은 독일의 유대계 정신과 의사였다. 그는 베를린에서 개업의로 활동하면서 많은 노동자 계층 환자들을 통해 일찍부터 사회적 모순과 불합리한 현실에 눈을 뜨고 그런 현실 속에서 고통받는 민중들의 일그러진 삶을 묘사한 소설『베를린 알렉산더 광장』으로 유명해졌다.

독일 슈테틴 태생의 되블린은 어릴 때 아버지가 가족을 버리고 집을 떠나자 어머니를 따라 베를린으로 이주했으며, 생의 대부분을 그곳에서 보냈다. 폴란드계 유대인으로 양복점을 운영하던 아버지는 젊은 여성과 눈이 맞아 미국으로 도주하고 말았는데, 혼자 다섯 자녀를 이끌고 베를린 빈민가에 자리 잡은 어머니는 생계를 이어 가느라 몹시 허덕였다.

이처럼 어려서부터 가난에 찌들어 살았던 되블린은 일찍부터 사회적 부조리에 눈이 떴으며, 자연스럽게 칼 마르크스의 사회주의

사상에 이끌렸다. 프라이부르크 대학교에서 의학을 공부하는 가운데 틈틈이 소설을 쓴 그는 특히 프로이트의 정신분석에서 영향을 받아 소설 『검정 커튼』을 썼으며, 의대를 졸업한 후에는 정신과의 사가 되어 빈민가에 개업해 환자들을 진료하면서도 계속해서 창작 활동을 병행해 나갔다.

일종의 유토피아 소설인 『산과 바다의 거인』 등을 발표한 후 1929년에는 사회주의적 경향이 농후한 그의 대표작 『베를린 알렉산더 광장』을 발표해 주목을 끌었으나 히틀러가 집권하자 유대인이었던 그는 나치 당국에 의해 시민권을 박탈당하고 스위스를 거쳐 프랑스로 도피할 수밖에 없었다. 제2차 세계대전이 발발하기 직전까지 프랑스 정보국에서 일하던 그는 독일군이 프랑스를 점령하자 가족과 함께 미국으로 망명했다. 종전이 이루어진 뒤 유럽으로 다시 돌아갔지만 이미 노년에 도달한 그는 독일에서 요양하다가 79세를 일기로 세상을 떠났다.

그는 빈민가 출신의 유대인이자 사회주의자로서 힘겹게 정신과 의사가 되었으나 본의 아니게 맞이한 시대적 불운으로 인해 의사로서나 작가로서 크게 성장할 터전을 졸지에 잃고 말았던 비운의 인물이었다. 왜냐하면 당시 나치 독일이 가장 큰 박멸 대상으로 삼은 사회의 공적은 바로 유대인과 공산주의자였기 때문이다. 이 두 가지에 모두 해당된 되블린은 삶의 뿌리부터 흔들리는 시련을 피해 갈 수 없는 운명에 처하고 만 셈이다.

되블린이 소설에서 묘사한 베를린 광장은 온갖 사회악에 물든 밑바닥 인생들로 넘쳐 나는 곳이었다. 창녀와 뚜쟁이, 악당과 사기꾼들이 득실대는 그곳은 숱한 범죄와 매춘, 타락과 방탕, 질병과 기아에 허덕이는 절망적인 세계의 모습을 보여 준다. 그런 악의 소굴에서 소박한 삶을 유지해 나가고자 몸부림치는 주인공의 모습이 실로 처절하기까지 하다.

그것은 곧 되블린 자신의 소망이기도 했지만, 사악한 집단의 속성 앞에 무력하기 그지없는 개인들의 비극적인 말로는 그 자신이 겪은 부조리한 삶의 모습과도 일치한다. 실제로 되블린은 그 어디에도 속하지 못한 이방인 신세로 전전하다 개인적인 꿈과 소망을 아무것도 이루지 못한 채 생을 마감하고 말았기 때문이다.

그의 직업은 작가이자 정신과의사였지만, 두 직업 모두 독일어를 사용할 수 없는 이국땅에서는 무용지물이 되고 만다는 점에서 결정적인 시기에 삶의 황금기를 놓쳐 버린 그의 회한과 절망을 이해할 수 있을지도 모른다. 그래서 비록 자신을 추방했던 땅이지만 그럼에도 불구하고 모국어를 사용하는 독일에서 세상을 떠난 것이 아니겠는가.

현대 중국문학의 아버지
노신

중국을 대표하는 소설가 노신(魯迅, 1881~1936)은 『아큐정전』으로 유명하다. 중국어 발음으로 루쉰으로 불리는 노신은 필명이고 그의 본명은 주수인(周樹人)이었다. 저장성 소흥(紹興)에서 지주 집안의 아들로 태어난 그는 유복한 유년기를 보냈다. 하지만 부정사건에 연루된 조부가 투옥되고 그의 아버지마저 갑자기 결핵으로 사망하는 바람에 집안이 몰락해 어려움을 겪어야 했다.

소년 시절에 서양식 교육을 시행하던 광로학당에 들어간 그는 그곳에서 서양의 근대사상을 접할 수 있었으며, 졸업 후에는 관비 혜택을 받아 일본에 유학해서 센다이 의학전문학교에 입학했는데, 그가 서양의학을 익혀 의사가 되기로 작심한 이유는 아버지의 죽음을 낙후된 한의술에서 비롯된 결과로 여겼기 때문이었다.

처음 어학연수 과정에 있던 그는 1903년 도중에 잠시 귀향해서 관습에 따라 지방 부호의 딸인 주안(朱安)과 마지못해 형식적인 혼례를 치렀지만 어린 신부는 착하기는 했으나 문맹에 전족까지 한 상태였다. 마음에도 없는 결혼이었지만 그래도 그는 신부를 구박하지는 않았다. 그는 1904년 의학수업을 위해 다시 일본으로 돌아가 학업을 계속했다.

그러나 당시 반청(反淸) 혁명단체인 광복회(光復會)에 가입해 활동하던 그는 2학년 때 세균학 강의시간에 환등기를 통해 본 장면 가운데 일본군에게 붙들려 처형당하는 중국인 포로를 무덤덤하게 구경만 하고 있는 군중들의 모습에 큰 충격을 받고 의학공부를 포기한 채 작가가 되기로 결심했다.

그런 결단을 내리게 된 이유는 무기력한 중국인의 정신을 개조하기 위해서는 의술보다 문학이 더욱 효과적일 것이라는 생각이 들었기 때문이다. 의학교를 도중에 그만두고 도쿄로 가서 글을 쓰기 시작한 노신은 1909년 중국으로 귀국한 후에는 베이징으로 가서 신해혁명에 동참했으나 혁명 후 집권한 원세개 정부에 실망해 정치에서 손을 떼고 오로지 문학을 통한 혁신에 기대를 걸어 봉건적 체제의 구질서를 부정하는 『광인일기』를 발표함으로써 중국 근대문학의 새로운 혁신을 이루었다.

그 후 북경 대학교에서 강의를 하는 한편, 1921년 대표작 『아큐정전』을 발표해 중국 민중의 현실을 고발하고 비판했다. 그러나 1926년 군벌정부가 문화탄압을 개시하자 신변의 위협을 느낀 그는 베이징을 탈출해 중국 최남단 광동으로 도피했으며, 그곳에서 제자였던 허광평과 만나 동거에 들어갔으나 본부인에 대한 재정적 지원은 계속했다. 국공분열이 일어나고 장개석의 국민당이 공산당 토벌에 나서게 되자 허광평과 함께 상하이로 옮겨 지내던 노신은 중일전쟁이 발발하기 직전에 자신의 아버지처럼 결핵으로 사망했다.

중국 현대문학의 아버지로 불리는 노신은 오늘날 손문과 더불어 중국에서 가장 존경받는 혁명적 사상가로 유명하다. 물론 노신이 신해혁명을 국민당의 무능으로 인해 실패한 혁명으로 비판했기 때문에 대만 정부는 오랜 기간 그의 작품을 금서로 지정하기도 했지만 그럼에도 불구하고 노신에 대한 중국인들의 자부심은 매우 높다.

특히 그의 대표작 『아큐정전』과 『광인일기』는 세계문학사에 한 자리를 차지할 정도로 그 위상이 높아졌다. 비록 노신은 이들 작품을 통하여 당시 중국인들의 비겁함과 무지몽매함을 예리한 필치로 풍자했지만 그것은 그만큼 자신의 민족을 사랑했기 때문이었다. 그는 중국인의 전근대성과 기만적인 태도를 비판함으로써 민족적 각성을 일깨우고자 했던 것이다.

조르주 뒤아멜

프랑스의 작가 조르주 뒤아멜(Georges Duhamel, 1884~1966)은 의학을 공부한 후 제1차 세계대전에 군의관으로 참전해 전쟁의 참상을 겪은 뒤로는 반전주의자가 되어 작가의 길로 들어섰으며, 대하소설 『살라뱅의 생애와 모험』 『파스키에 일가 연대기』 등의 작품을 통해 기계문명에 대한 비판과 더불어 인도주의적 이상을 실천하고자 힘썼다.

파리에서 의사의 아들로 태어난 뒤아멜은 여덟 형제 가운데 일곱째였다. 어려서부터 변덕스러운 아버지와 잦은 이사로 매우 불안정한 아동기를 보냈으나 그 후 샤를 빌드라크, 쥘 로맹 등의 시인들과 함께 파리 근교에 위치한 수도원 터에 자리를 잡고 '아베이'라고 불리는 작은 공동체를 세워 인쇄업을 하면서 문학활동을 펼쳤다. 이들은 휴머니즘에 입각한 집단적 이상주의 성향을 내세운 독특한 아베이파를 형성했지만, 얼마 가지 않아 해체되고 말았다.

고학으로 힘겹게 의사가 된 뒤아멜은 작가에 대한 꿈을 버리지 못하고 그 후에도 계속해서 작품을 썼으며, 군의관으로 종군했던 제1차 세계대전에서 받은 충격과 아픔을 다룬 반전소설 『수난자 열전』에 이어 발표한 자전적 기록 『문명』으로 1918년 공쿠르상을 받아 비로소 그 재능을 인정받았다.

군의관으로 근무하면서 그가 목격한 현실은 그 어떤 이념이나 이상과도 거리가 먼 오로지 갈기갈기 찢겨진 피투성이 육체들뿐이었다. 그 후로 그는 인간의 정신과 육체를 망가뜨리는 모든 것들에 대해 투쟁하기로 작심하고 반전, 반독재, 반문명의 기치를 높이 들기 시작했으며, 기계가 지배하는 사회의 우매함과 자동화에 반대하는 자신의 입장을 분명히 했다.

공쿠르상을 받아 문단의 인정을 받은 그는 계속해서 10여 년에 걸친 기간 동안에 전 5권으로 이루어진 『살라뱅의 생애와 모험』을 발표했으며, 그 후 파시즘이 극성을 떨던 1930년대와 1940년대에 걸쳐 전 10권으로 이루어진 대작 『파스키에 일가 연대기』를 발표해 현대 프랑스 문학을 대표하는 명실상부한 1인자로 떠올랐다.

연작소설 『살라뱅의 생애와 모험』은 지극히 평범한 청년 루이 살라뱅의 매우 불안정한 심리와 고뇌를 통해 전쟁의 상처가 채 아물지 못한 프랑스 사회의 어두운 단면을 드러내 보이면서 발전하는 기계문명에 적응하지 못해 애를 먹는 한 성실한 시민의 모습을 그렸다.

『파스키에 일가 연대기』 역시 20세기 초 사회적 격변기를 거치면서 혼란을 헤쳐 나가는 프랑스의 한 중산층 가정을 중심으로 지식인 계급의 정신적 발전과정을 다루었는데, 여기서 그는 예술과 신앙의 고귀한 가치를 통해 정신적 천박성에서 벗어나는 세실의 모습을 보여 줌으로써 세속적인 성공의 허망함을 일깨워 준다. 로맹 롤랑, 마르탱 뒤가르와 더불어 프랑스 대하소설의 전통을 이어간 뒤아멜은 82세를 일기로 파리 근교에서 세상을 떠났다.

폭압적인 체제에 저항한
불가코프

소련의 극작가 미하일 불가코프(Mikhail Bulgakov, 1891~1940)는 키예프 신학교 교수의 아들로 태어나 키예프 의대를 졸업했다. 고등학교 시절부터 문학에 심취한 그는 아버지의 갑작스러운 죽음으로 한동안 정신적 혼란을 겪기도 했으나 어머니의 격려와 보살핌에 힘입어 어려움을 극복하고 의대에 진학해 의학 공부에 몰두했다.

의대 재학 중에 이미 타티아나와 결혼한 그는 제1차 세계대전이 발발하자 적십자사 의무요원을 자원해 곧바로 최전선에 배치되었으나 심한 부상을 입고 후송되고 말았다. 그 후유증으로 오랜 기간 복통에 시달린 그는 한동안 모르핀에 중독되어 고생하기도 했다.

의대에 복귀해 1916년에 졸업한 그는 스몰렌스크 지방의 시골 병원에 외과의사로 근무했는데, 그곳에서 볼셰비키 혁명 소식을 들었다. 1918년에 키예프로 돌아와 개업한 그는 곧바로 내전의 참상에 휘말리게 되었는데, 우크라이나 인민군에 군의관으로 소집된 불가코프와는 달리 그의 두 동생은 백군에 가담해 형제끼리 서로 총을 겨누는 상황에 부딪치고 말았다.

러시아 내전 동안 코카사스 지방에 배속된 불가코프는 발진티푸스에 걸려 거의 죽다시피 했다가 가까스로 기사회생했지만, 그 이후로 그는 자신의 가족들을 두 번 다시 볼 수 없게 되었다. 그의 가족과 친척들 대부분이 러시아 혁명과 내전의 혼란을 피해 프랑스 파리로 도피했기 때문이다.

소련에 홀로 남은 불가코프는 그 후 건강이 여의치 않게 되자 의업을 포기하고 작가의 길을 걷기로 결심했으며, 아내와 함께 모스크바에 정착해 극작에 전념하기 시작했다. 1926년에 발표한 그의 처녀작 〈투르빈 가의 날들〉은 러시아 내전에 휘말린 키예프를 무대로 백군 장교의 집안이 몰락하는 과정을 묘사하고 있는데, 이 작품은 스탈린이 수십 번을 관람할 정도로 극찬을 받음으로써 매우 순탄한 출발을 보이는 듯 했다.

　　하지만 1928년에 발표한 〈조이카의 아파트〉에서는 스탈린 치하의 독재사회에서 벌어지는 온갖 부정부패와 타락상을 묘사함으로써 민중을 위한다는 명분을 내세워 일으킨 러시아 혁명도 결국은 또 다른 지배와 피지배의 관계에 불과함을 주장해 대중적인 인기에도 불구하고 공산당으로부터 강한 비판을 받았다.

　　이처럼 러시아 혁명 이후의 소비에트 체제에 대해 비판적인 작품을 계속 발표하자 마침내 공산당은 1929년 그의 모든 작품 출간과 상연을 금지시키고 말았다. 생계가 막연해진 불가코프는 어쩔 수 없이 스탈린에게 편지를 써서 소련을 떠날 수 있게 해 달라는 청원을 올렸으나 거절당했으며, 대신에 모스크바 예술극장에서 조감독으로 일할 수 있도록 허용되었지만, 작품 출간은 여전히 금지되었다.

　　1938년에 발표한 그의 마지막 희곡작품 〈바툼〉도 스탈린을 등장시켰다는 이유로 공연이 금지되었는데, 결국 극작을 포기한 불가코프는 장편소설 『거장과 마르가리타』 집필에 몰두했으나 1940년 탈고한 직후 세상을 떠나는 바람에 오랜 기간 출간되지 못하다가

27년 뒤에 가서야 빛을 보게 되었다. 어려서부터 선천성 신장질환을 앓고 있던 불가코프는 49세의 나이로 일찍 세상을 떠났는데, 그의 아버지 역시 같은 병으로 사망했다.

영국의 베스트셀러 작가

크로닌

아치볼드 조지프 크로닌(Archibald Joseph Cronin, 1896~1981)은 영국의 의사이자 소설가다. 그는 스코틀랜드 덤바턴셔 카드로스에서 아일랜드계 가톨릭 신자인 아버지와 영국계 개신교 신자인 어머니 사이에서 외아들로 태어났다. 그의 외조부는 모자를 만들어 파는 상인이었는데, 이는 그의 처녀작 『모자 장수의 성』을 낳게 한 동기가 되었다고 볼 수 있다.

크로닌이 일곱 살 때 보험회사 직원이었던 아버지가 결핵으로 갑자기 세상을 떠나자 어머니는 아들과 함께 친정으로 가서 여성으로서는 글래스고 지역 최초로 보건담당 감독관이 되었는데, 그녀의 활동은 어린 아들에게 깊은 영향을 주어 그 후 의사가 될 꿈을 지니게 만들었다. 하지만 외가에서 자란 크로닌은 매우 고독한 아동기를 보내야 했다.

글래스고 의대에 진학한 그는 제1차 세계대전이 발발하자 학업을 중단하고 해군에 지원해 군의관으로 종군했으며 전쟁이 끝나자 의대에 복귀해 우수한 성적으로 졸업했다. 그 후 잠시 선의로 근무하다가 같은 의대 동기인 메리 깁슨과 결혼한 크로닌은 일반의 신분으로 시골 변방의 외진 마을을 전전하며 헌신적으로 환자들을 돌봤다.

1924년 탄광지대의 의료감독관에 지명된 그는 탄진 흡입으로 인한 폐질환에 대한 연구로 인정을 받았다. 특히 수많은 광부들이 매몰되어 사망한 이스트패드 탄광 재난사고 현장을 목격하면서 광부들의 산재 위험성을 실감했는데, 이때의 경험은 그의 대표작 『성채』를 통해 상세하게 묘사되었다.

그 후 런던에 개업해 의사로 성공가도를 달리던 그는 과로에 지친 나머지 십이지장 궤양 진단을 받고 건강을 회복하기 위해 요양을 하던 중에 처음으로 소설을 쓰기 시작했는데, 그렇게 해서 나온 처녀작 『모자 장수의 성』이 폭발적인 인기를 끌게 되자 아예 작가의 길로 들어서기로 작심하고 『별들이 내려다보다』 『성채』 『천국의 열쇠』 등 대표작을 연이어 발표해 작가로서 대성공을 이루었다.

특히 1937년에 발표된 『성채』는 자전적 경향이 농후한 소설로 자신의 인도주의적 이상을 실현하기 위해 탄광촌의 냉엄한 현실과 투쟁하는 젊은 의사 맨슨은 바로 크로닌 자신이기도 하다. 그렇게 이상과 현실의 불일치 속에서 방황을 거듭하던 맨슨을 곁에서 헌신적으로 돕는 크리스틴의 모습은 크로닌의 아내 메리와도 매우 닮았다.

『성채』는 킹 비더 감독에 의해 영화로도 제작되어 큰 반향을 일으켰는데, 휴머니즘 정신에 투철한 용기 있는 의사의 감동적인 모습은 일반 대중뿐만 아니라 당시 의료계에도 상당한 영향을 주어 의사가 되겠다며 의대를 지망하는 학생들이 부쩍 늘었다고 한다.

크로닌은 80대 노년에 이르기까지 정력적으로 일하며 창작활동을 멈추지 않았는데, 그가 발표한 작품마다 대부분 베스트셀러가 되었으며, 킹 비더 감독을 비롯해 캐롤 리드, 조지 스티븐스, 어빙 래퍼, 존 스탈, 필립 리콕 등 많은 감독들이 서로 경쟁하듯 그의 작품들을 영화로 제작해 흥행에 성공하기도 했다.

제2차 세계대전 기간에 미국 캘리포니아에 머물며 할리우드 영화 제작에 동참한 그는 로렌스 올리비에, 오드리 헵번, 찰리 채플린 등의 영화인들과 친밀한 관계를 유지했던 것으로 알려져 있다. 전쟁이 끝나자 유럽으로 다시 돌아간 크로닌은 주로 스위스에 체류하며 계속해서 작품을 썼는데, 85세를 일기로 스위스 제네바 호반의 자택에서 조용히 숨을 거두었다.

혹독한 시련을 극복한
악쇼노프

소련의 작가 바실리 악쇼노프(Vasily Aksyonov, 1932~2009)는 카잔에서 태어났다. 그의 아버지는 카잔 시의 고위직 간부였으며, 어머니는 유명한 언론인이었다. 그러나 열렬한 트로츠키주의자였던 그의 부모는 그가 다섯 살 때 스탈린 당국에 체포되어 죽음의 수용소로 악명 높은 굴락에 끌려가 20년 가까운 세월을 강제노동에 동원되는 혹독한 환경에서 보내야만 했다.

카잔에 홀로 남겨져 할머니 밑에서 살던 악쇼노프는 반동분자의 자식이라는 이유로 비밀경찰에 체포되어 강제로 고아원에 맡겨졌는데, 부모의 소재를 알지도 못한 상태로 지내다가 1938년 삼촌에 의해 구출되어 가까스로 고아 신세를 면하게 되었다. 하지만 그의 이복형 알렉세이는 1941년 독일군에 포위된 레닌그라드에서 굶어 죽었다.

악쇼노프가 오랜 기간 소식이 두절되었던 부모를 다시 만난 것은 제2차 세계대전이 끝난 1947년으로 15세가 되었을 때였다. 시베리아 최북단 캄차카 반도 근처의 악명 높은 마가단 수용소에서 어머니와 상봉한 그는 그곳에서 고등학교를 졸업했으며, 부모의 강력한 권유에 따라 의사가 되기로 결심했다. 살아남기 위해서는 의사가 되는 길이 가장 안전했기 때문이다. 그렇게 해서 그는 카잔 대학교에 들어간 뒤 1956년 레닌그라드에서 의학 수련을 마쳤지만, 의대생 시절 내내 그는 KGB의 감시를 받아야 했다.

1953년 스탈린이 사망하자 일기 시작한 자유화 붐에 편승해 유입된 서구식 문화에 열광한 악쇼노프는 청바지 차림에 재즈음악과 댄스를 즐기는 등 반체제적인 성향을 보임으로써 당국의 눈총을 샀다. 의사 활동을 포기하고 오로지 창작에 몰두한 그는 1960년 자신의 의사 체험을 다룬 처녀작 『동기생』을 발표해 주목을 끌었으며, 연이어 소련의 젊은 신세대 반항아들의 세계를 묘사한 『별나라로 가는 차표』로 청년층의 열렬한 지지를 받았다. 그러나 대중적 인기에도 불구하고 그에 대한 비평가들의 반응은 냉담하기만 했다.

그는 계속해서 『모로코에서 온 오렌지』『친구여, 지금이 기회다』『체화(滯貨)된 나무통』 등을 발표해 소련에서 1960년대 저항세대를 대표하는 인물이 되었지만, 당국의 탄압은 갈수록 심해져 더 이상

소련에서 작가생활을 유지해 나가기 어렵게 되었다. 당시 그가 쓴 『화상』과 『크리미아의 섬』은 출판 금지 조치를 당했다.

소련의 어둡고 암담한 현실을 그린 반체제 작가 솔제니친과는 달리 악쇼노프는 오히려 보란 듯이 서구식 문화를 즐기며 반문화적인 저항의 몸짓을 통해 단순히 체제에 길들여진 로봇이 아님을 과시했지만 그 역시 솔제니친처럼 조국에서 추방되고 말았다.

1980년 아내 마야와 함께 소련 시민권을 박탈당한 그는 소련에서 추방되어 미국 동부에 정착한 후 조지 메이슨 대학교에서 러시아 문학을 강의하는 한편, 장편 『겨울의 세대』를 썼는데, 이 소설은 러시아 혁명에서 스탈린의 사망까지 기간 동안에 3대에 걸친 한 가족의 역사를 다룬 일대 서사시다.

2004년 미국을 떠나 프랑스에 정착한 악쇼노프는 영원한 반항아의 모습으로 자유를 만끽하며 살다가 모스크바에서 77세를 일기로 세상을 떴다. 공산당에 의해 박탈당한 그의 소련 시민권은 고르바초프 정권 시절에 다시 복원되었다.

국외자의 비애를 노래한 시인
마종기

시인이며 의사였던 마종기(馬鍾基, 1939~)는 일본 도쿄에서 태어났다. 그의 아버지는 유명한 아동문학가 마해송이며, 어머니는 무용가 박외선이다. 당시 아버지 마해송은 일본에서 활동 중이었으며, 광복 후 가족을 데리고 귀국했다. 마해송은 마종기가 도미할 무렵인 1966년에 작고했으며, 어머니 박외선은 2011년 96세로 세상을 떠났다.

부모로부터 예술적 자질을 물려받은 그는 어려서부터 글쓰기를 매우 좋아했으며, 중학생 시절에 이미 시를 발표해 문단의 주목을 끌기도 했는데, 서울고를 거쳐 연세대학교 의과대학을 졸업하고 의사가 되었지만, 의대생 시절에 시 〈해부학교실〉 등으로 박두진 시인의 추천을 받아 문단에 데뷔했다.

1960년 처녀시집 『조용한 개선』으로 연세문학상을 받은 그는 대학을 졸업한 후 공군에 입대해 군의관으로 복무하면서 시인 정현종과 친교를 맺기도 했다. 당시 그는 서울대 대학원과정을 밟는 동시에 시동인 모임 '시단'에 가입해 활동하다가 1965년 한일 회담 반대 서명운동에 가담한 사실로 인해 공군방첩대에 체포되어 잠시 구류 처분을 받기도 했다.

군에서 제대한 후 곧바로 미국으로 건너간 그는 오하이오 주립대학교 병원에서 수련을 마치고 방사선과 교수 및 방사선 동위원소 실장을 역임했으며, 동양인으로서는 최초로 의대 졸업생들로부터 그해 최고의 교수에게 수여하는 골든 애플상을 받는 영예도 안았다. 그는 미국 톨레도 아동병원 초대 부원장을 지내기도 했다.

이처럼 정력적인 의사생활을 계속하는 가운데서도 창작활동에 몰두한 그는 시집 『평균율』을 비롯해 최근 발표한 『하늘의 맨살』에 이르기까지 쉬지 않고 문제 시집을 내놓으며 동서문학상, 현대문학상, 박두진문학상 등 여러 상을 수상했다. 2002년 의사생활에서 은퇴한 후에도 그는 미국과 한국을 오가며 대학 강의와 수필집 출간 등으로 문단 활동을 꾸준히 계속하고 있다.

그의 초기 작품에서는 항상 죽음과 마주해야 하는 의사로서 의식할 수밖에 없는 삶에 대한 성찰과 의미 탐색이 주된 특징을 이루고 있는데, 〈해부학교실〉〈정신과병동〉 등의 작품이 그 대표적인 예라 할 수 있다. 특히 〈정신과병동〉은 입원한 환자의 시선을 통해 삶의 황량함과 외로움을 노래하고 있는데, 다정다감한 시인의 따스한 마음이 전편에 감돌고 있다. 이 시에 대해 당시 김수영 시인은 그해 최고의 작품이라며 칭찬을 아끼지 않았다고 한다.

그 후 미국에서 발표한 시들은 의사 체험에서 비롯된 삶과 죽음의 고통뿐 아니라 이국생활에서 얻은 이산의 비애를 손쉽게 다가오는 일상적인 언어로 노래했다. 이 시기에 나온 시집 『모여서 사는 것이 어디 갈대뿐이랴』에서 그는 상처의 치유를 위해서는 타인의 고통을 공유할 수 있는 따스한 공동체 의식을 강조하고 있다. 삶의 고통과 비애에 대한 마종기의 깊이 있는 성찰은 그 후에 나온 『파타고니아의 양』이나 『하늘의 맨살』에서도 계속 이어진다.

그는 우리 문단에서 매우 보기 드문 의사 출신 시인으로 알려져 있지만, 단순히 의사라는 직업적 배경뿐만 아니라 의사로서 겪을 수밖에 없는 삶과 죽음에 대한 철학적 사유와 통찰을 통해 삶의 고통과 상처를 극복하기 위한 따뜻한 심성의 공유를 노래했다는 점에서 매우 휴머니즘적인 안목을 지닌 시인으로 평가된다.

의학 스릴러의 귀재

로빈 쿡과 마이클 크라이턴

미국의 베스트셀러 작가 로빈 쿡(Robin Cook, 1940~)은 컬럼비아 의대를 졸업하고 하버드 대학교에서 대학원 과정을 마친 수재다. 그는 의사로 활동하는 가운데 작가로 변신해 메디컬 스릴러의 거장이 되었다. 『코마』『브레인』『죽음의 신』『돌연변이』『바이탈사인』『아웃브레이크』 등의 작품에서 보듯이 의학계의 비리와 과학만능주의로 인해 등장한 괴물을 통해 현대사회의 비극적인 문제점을 스릴러 형식으로 다루고 있다.

그 외에도 『인턴시절』『스핑크스』『피버』『갓플에이어』『마인드벤드』『모탈 피어』『블라인드사이트』『터미널』『페이탈 큐어』『컨태지언』『쇼크』『시저』『마커』『크리티칼』『포린 바디』『인터벤션』『큐어』, 그리고 최신작 『나노』에 이르기까지 해박한 과학지식과 의학지식을 동원한 그의 정력적인 글쓰기는 계속 이어지고 있는 중이다.

뉴욕에서 태어난 그는 청년 시절 프랑스 남부 해안에서 해저탐험으로 유명한 쿠스토 선장과 함께 연구원으로 근무하기도 했으며, 미 해군으로 복무할 당시에는 수중탐사대의 일원으로 일하는 등 모험심도 강했다. 폴라리스 잠수함에 근무하던 시기에 그는 처녀작 『인턴시절』을 썼는데, 그의 이름이 본격적으로 알려지기 시작한 것은 『코마』와 『스핑크스』 등을 통해서였다. 특히 『코마』는 동료 작가인 마이클 크라이턴이 감독을 맡아 영화로 제작되어 흥행에 크게 성공했다.

한편 시카고 태생인 마이클 크라이턴(Michael Crichton, 1942~2008)은 미국의 대중소설가로 하버드 의대를 졸업한 다재다능한 재주꾼이다. 의사 출신답게 그의 작품들은 공상과학소설이나 의학적인 배경을 특징으로 한 내용들이 주를 이루는데, 가장 선풍적인 인기를 끌었던 대표작은 『쥬라기 공원』으로 스필버그 감독이 영화화했다.

그 외에도 『안드로메다 성운』 『라이징 선』 『스피어』 『프레이』 『콩고』 『타임라인』 등이 있으며, 그 자신이 연출을 맡은 인기 텔레비전 시리즈 『ER』은 종합병원 응급실을 무대로 벌어지는 드라마로 선풍적인 인기를 끌기도 했다. 그는 영화 〈쥬라기 공원〉 〈트위스터〉 등의 각본도 썼다.

어려서부터 작가를 꿈꾸던 그는 하버드 대학교에서 처음에는 영문학을 전공했으나 곧 인류학으로 전공을 바꿨는데, 거기에는 그럴 만한 이유가 있었다. 자신의 글에 자신감을 지니고 있던 그는 자신에게 형편없이 낮은 학점을 준 교수를 시험해 보기 위해 조지 오웰의 글을 표절해 제출했는데, 그런 사실을 눈치 채지 못한 교수가 B 학점을 주자 크게 실망하고 전공을 바꾼 것이다.

인류학과를 우등으로 졸업한 그는 영국 케임브리지 대학교에서 인류학 강사로 일하다가 다시 하버드 의대에 진학해서 의사 자격까지 땄지만, 작가의 길을 걷기로 결심하고 오로지 소설에만 전념하기 시작했다. 의대생 시절에 이미 소설을 쓰기 시작한 크라이턴은 당시 '존 랑게'라는 필명을 사용했는데, 필명에 '길다'는 뜻을 지닌 독일어 랑게를 사용한 이유는 그의 키가 2미터가 넘는 장신이었기 때문이다.

후두암으로 갑자기 세상을 뜰 때까지 하루 4시간 정도 잠을 자면서 쉴 틈 없이 소설을 쓴 크라이턴은 엄청난 부를 얻었지만, 지칠 줄 모르는 정력가답게 결혼도 모두 다섯 차례나 했으며, 66세의 나이로 사망할 당시에도 그의 아내 셰리는 임신 중이었다. 그 아들은 현재 네 살로 셰리가 키우고 있다.

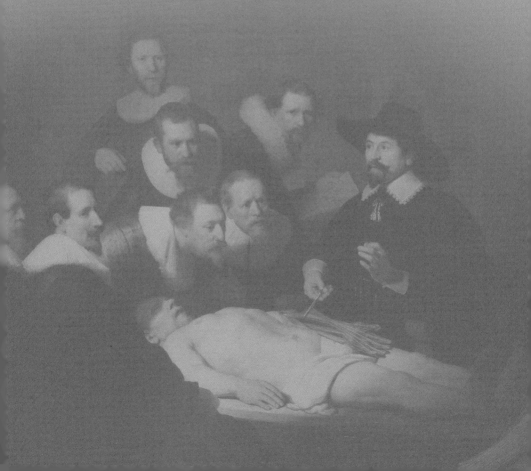

Chapter 4

정치가로 변신한 의사들

비운의 혁명가
마라

스위스 태생의 프랑스인이었던 장 폴 마라(Jean Paul Marat, 1743~ 1793)는 프랑스 혁명 당시 자코뱅파에 속해 공포정치를 추진하다가 반대파인 지롱드당의 사주를 받은 젊은 여성 샤를로트 코르데이의 칼에 찔려 자신의 욕조 안에서 암살당했다. 같은 자코뱅파에 속했던 당통은 그 이듬해 로베스피에르에 의해 단두대에서 처형당했다.

마라의 아버지는 원래 사르디니아 섬 출신의 이탈리아인으로 스위스 제네바로 종교적 망명을 시도한 칼뱅주의자였다. 16세 때 집을 떠난 마라는 프랑스 보르도 지방에서 수년간 가정교사로 일하다가 파리로 가서 의학을 공부했다. 그 후 런던으로 가서 의사생활을 계속하다가 다시 파리로 활동 무대를 옮겨 환자들을 치료했는데, 그중에는 고위 왕족들도 있었을 만큼 파리에서 용한 의사로 명성이 자자했다. 당시 그의 명성은 해외에도 널리 알려져 미국의 벤저민 프랭클린도 그를 여러 번 방문했으며, 독일의 괴테도 마라의 회원 가입을 거절한 프랑스 과학 아카데미의 결정을 맹비난할 정도였다.

당통, 로베스피에르와 함께 프랑스 혁명을 대표하는 3대 거물 가운데 한 사람으로 꼽히는 마라는 프랑스 혁명을 전후해 반체제 운동에 관여하기 시작하면서 정치에 발을 들여놓기 시작했는데, 혁명이 발발하자 정부의 과격한 정책을 비판하고 하층민을 지지하는 신문을 발행해 민중의 인기를 얻었다. 당시 의회를 장악한 지롱드파를 맹공격한 나머지 한때 체포되기도 했으나 곧 풀려났으며, 결국 뛰어난 언변과 지도력으로 파리 민중을 봉기시켜 지롱드파를 축출하고 자코뱅파의 득세를 도왔다.

한때 정치적 탄압을 피해 숨어 지내던 마라는 자신을 숨겨 주고 경제적 지원 등 물심양면으로 지원해 주던 젊은 여성 시몬느 에브라르와 결혼했지만, 불과 일 년 뒤에 암살당하고 말았다. 그가 살해당하기 6개월 전 루이 14세가 단두대의 이슬로 사라졌는데, 왕의 공개 처형은 프랑스 정국을 더욱 큰 소용돌이 속으로 이끌고 말았다. 왜냐하면 왕당파의 봉기가 더욱 거세졌기 때문이다.

더욱이 마라의 도움으로 지롱드파를 의회에서 제거하는 데 성공한 로베스피에르는 더 이상 마라의 존재가 필요 없다고 판단해 거리를 두기 시작했으며, 의회 역시 노골적으로 마라의 의견을 무시하는 태도를 보임으로써 마라는 그야말로 고립무원의 상태에 빠지고 말았다.

당시 고질적인 만성 피부병을 앓아 매일 욕조에 누워 치료를 받고 있던 마라는 아내의 만류에도 불구하고 자신을 찾아온 젊은 여성 코르데이와 단독 면담을 가졌는데, 몰락한 왕족의 일원이었던 그녀는 단숨에 마라의 심장을 칼로 찔러 살해했다. 마라를 암살한 직후 그녀는 단두대 처형을 받고 죽었지만, 법정에서 자신은 단독 범행을 저지른 것이며, 10만 명을 구하기 위해 단 한 사람을 죽였을 뿐이라고 강변했다.

마라 암살 사건은 그 후 그의 존재가 신격화되는 데 결정적 계기가 되었다. 특히 화가 자크 루이 다비드의 그림 〈마라의 죽음〉은 마라 암살 사건을 묘사한 걸작으로 손꼽히지만, 그를 지나치게 영웅시한 것으로 비난받기도 했다. 비록 마라는 많은 사람들에 의해 혁명을 위한 순교자로 신격화되기도 했지만, 실제로 그는 반대파의 숙청에 매우 잔혹했으며, 학살도 서슴지 않았던 인물이었다.

푸에르토리코의 독립운동가

베탄세스

라몬 베탄세스(Ramon Betances, 1827~1898)는 푸에르토리코의 독립운동가로 외과의사이며 작가, 외교관이기도 하다. 아버지 뜻에 따라 이른 나이에 파리 유학을 떠난 그는 그곳에서 의학을 공부하고 1856년에 의사 자격을 땄는데, 푸에르토리코 출신으로는 두 번째로 대학을 나온 지식인이 되었다. 파리 유학 당시 혁명 과정을 직접 목격한 그는 귀국한 이후로 스페인의 지배에 항거하는 독립투쟁에 모든 것을 바쳤다.

푸에르토리코에서 부유한 상인의 아들로 태어난 그는 열 살 때 어머니를 잃은 직후 아버지에 의해 프랑스로 보내졌다. 그의 아버지는 원래 도미니카 출신으로 푸에르토리코로 이주해 넓은 땅과 노예를 소유한 대지주가 되었으며, 백인과 흑인의 혼혈 가문이었음에도 불구하고 스페인 정부에 힘을 써서 서류상으로는 백인으로 등록되었다. 베탄세스는 그런 아버지의 행동을 매우 위선적인 것으로 받아들였으나 프리메이슨의 일원이었던 아버지의 영향으로 베탄세스 역시 그 후에도 계속해서 프리메이슨과 밀접한 관계를 유지했다.

프랑스에서 의학 공부를 하고 있던 시기에 아버지가 세상을 떠났는데, 의대를 졸업하자마자 귀국한 베탄세스는 때마침 푸에르토리코에 콜레라가 번지자 동료 의사 호세 바소라와 함께 환자 치료와 예방에 힘을 쏟았다. 그는 비위생적인 노예 거주지를 불태우고 임시 수용소를 지어 주민들을 도왔지만, 맹위를 떨친 역병으로 그의 계모와 이복형제들 모두가 목숨을 잃고 말았다.

콜레라 퇴치로 이름을 떨친 그는 곧 비밀 단체를 조직해 노예해방을 위한 지하활동에 들어갔으나 결국에는 그 활동이 발각되어 스페인 당국으로부터 추방당하고 말았다. 그 후 파리에서 베탄세스는 어릴 때 소꿉친구였던 리타와 결혼까지 했다. 그러나 얼마 지나지 않아 그녀가 발진티푸스에 걸려 사망하자 절망감에 빠진 나머지 모든 의욕을 잃고 한동안 그녀의 무덤만을 돌보며 지내기도 했다.

푸에르토리코로 다시 돌아온 그는 오로지 의술에만 전념해 푸에르토리코 최초로 마취제를 이용한 무균 수술에 성공하는 한편, 특히 가난한 사람들을 위해 헌신함으로써 '빈민의 아버지'로 불리며 주민들의 존경을 받았다. 하지만 도미니카 정국이 불안정해지면서 스페인 정부는 다시 베탄세스를 추방했는데, 도미니카로 피신한 그는 그곳에서 혁명군 지도자들과 교류하면서 푸에르토리코의 독립에 대한 필요성을 절감하기에 이른다.

그 후 프리메이슨 단원인 루이즈와 함께 독립운동에 동참하는 가운데 생의 오랜 반려자 지메네즈를 만나 그녀와 혼인한 베탄세스는 동지인 루이즈가 갑자기 병사하자 큰 충격을 받고 잠시 실의에 빠지기도 했다. 하지만 독립에 대한 의지를 다시 불태우기 시작한 그는 미국으로 가서 오랜 동료 바로사와 함께 미국 국회를 상대로 로비 활동을 벌이기도 했다.

비록 그는 미국의 민주주의 이념과 자유에 대한 이상을 존경했지만, 다른 한편으로는 미국의 개입을 두려워하기도 했는데, 그의 우려는 현실로 나타나고 말았다. 스페인과의 전쟁에서 승리한 미국이 결국 푸에르토리코를 합병하고 말았기 때문이다. 지메네즈와 함께 파리에서 외교적 노력을 계속하던 그는 푸에르토리코 주민들이 미국으로부터 독립을 원하지 않는다는 소식을 접하고 크게 낙담한 가운데 72세를 일기로 파리에서 눈을 감았다. 독립에 대한 그의 오랜 염원에도 불구하고 최근에 실시한 주민투표에서 푸에르토리코는 미국의 일부로 남기를 결정하고 말았다.

전쟁을 승리로 이끈

클레망소

조르주 클레망소(Georges Clemenceau, 1841~1929)는 제1차 세계대전을 승리로 이끈 프랑스 수상으로 베르사이유 조약에 프랑스 대표로 참석하기도 했다. 그의 아버지는 의사 출신이지만 무신론자로 정치 활동에 전념하다 수차례 투옥되기도 했던 인물이었으며, 클레망소 역시 아버지처럼 의사가 되었지만 의업을 포기하고 정계에 뛰어들었다.

의대생 시절 이미 정치 활동에 뛰어든 클레망소는 선전물을 붙이고 다니다 경찰에 체포되어 수개월간 감옥생활을 하기도 했으며, 의대를 졸업한 후에는 문학잡지를 창간하고 나폴레옹 3세 정부를 비방하는 글을 실어 당국의 감시를 받았다. 결국 그는 당시 프랑스 정부가 반체제 인사들에 대한 대대적인 검거에 들어가고 그들을 죽음의 섬으로 알려진 남미 적도의 기아나로 유배 보내기 시작하자 미국으로 도피해 뉴욕에 자리 잡았다.

당시 미국은 남북전쟁을 치른 직후로 사회 분위기가 아직 어수선하던 시기였다. 그는 미국에서 의사로도 활동했지만, 대부분의 시간을 정치적인 기사를 쓰는 신문기자 활동에 바쳤으며, 여학교에서 불어를 가르치기도 했다. 뉴욕에서 그는 자신의 제자였던 메리 플러머와 결혼해 세 자녀를 두었지만, 결국에는 이혼하고 말았다.

나폴레옹 3세가 몰락하고 제3공화국이 수립되자 프랑스로 귀국한 그는 파리 혁명자치정부에 동참하는 한편 파리 시의회 부의장을 거쳐 1876년에는 의장에 오르며 본격적인 정치 활동에 들어섰다. 그 후 급진 좌파로서 국민회의 일원이 되었으며, 급진적인 신문을 발간해 페리 내각의 식민 정책에 맹공을 가함으로써 명성을 날렸는데, 그 결과 페리 내각은 곧 무너지고 말았다.

한동안 저널리즘에 몰두하던 그는 드레퓌스 사건이 터지자 드레퓌스를 옹호한 에밀 졸라를 적극 지지하고 나섰으며, 반유대주의와 국수주의적 선동에 맞서 수많은 기사를 발표하기도 했다. 그 후 새로이 들어선 내각에서 내무장관을 지낸 클레망소는 공권력을 강화시키는 개혁을 통해 치안 유지에 힘썼다.

제1차 세계대전이 발발하면서 프랑스 정국이 항전파와 협상파로 갈라져 분열상을 이루게 되자 그 어떤 평화적인 협상에도 거부적인 태도를 보인 클레망소는 마침내 1917년 수상직에 올라 독일과의 결사항전을 외치며 협상파를 침묵시켰다. 당시 교착상태에 빠진 전선에서 무능한 군 지도부로 인해 수많은 병사들이 전의를 잃고 좌절에 빠져 있을 때, 그는 몸소 참호들을 직접 둘러보며 장병들의 사기를 북돋았다.

클레망소는 과감한 군 지도부 개혁으로 분위기를 일신하고 승리에 대한 확신을 전 장병들에게 심어 주며 군에 대한 강한 신뢰감을 표시했는데, 자신의 입장에 반대하는 정적들에 대해서는 가차 없는 처벌을 단행함으로써 불필요한 국론 분열을 사전에 차단시켰다.

1918년 독일군의 최후 공세가 개시되었지만, 미국의 참전으로 전세가 역전되어 마침내 독일은 항복하고 말았다. 프랑스 국민과 군인들에게 최후의 승리를 약속한 클레망소는 강력한 지도력과 카리스마로 결국 그 약속을 지켰으며, 수많은 군중들로부터 뜨거운 박수와 환호를 받았다. 그는 전후 베르사이유 조약에서도 연합국 대표끼리 서로 의견이 엇갈려 협상에 난항을 거듭하자 고성을 지르며 질책하는 등 다혈질적인 면모를 유감없이 발휘하기도 했다.

비록 파리 평화 회의 당시 괴한으로부터 저격을 당하기도 했지만, 그는 총을 맞고 쓰러지면서도 암살범이 감히 정면에서 총을 쏘지 못하고 비겁하게 등 뒤에서 자신을 쐈다고 중얼거릴 정도로 대범함을 보였다. 그는 88세를 일기로 파리에서 생을 마쳤다.

필리핀의 국부
호세 리잘

호세 리잘(José Rizal, 1861~1896)은 필리핀의 혁명가이자 국부로 추앙받는 애국자다. 의학 수업을 위해 스페인 유학을 떠난 그는 마드리드에서 학업에 몰두하는 동시에 타고난 문학적 재능을 발휘하여 스페인의 식민 정책을 날카롭게 비판하는 소설을 발표했고 이미 그때부터 스페인 당국은 그를 불온인물로 지목하고 있었다.

그 후 필리핀으로 다시 돌아온 그는 스페인 통치에 저항하는 필리핀 민족동맹을 결성해 본격적인 독립투쟁에 들어갔으나 스페인 총독부의 지시로 당국에 체포되어 수감되었다가 독립혁명의 배후자라는 죄목으로 마닐라에서 공개 총살형을 당했다. 그가 처형당한 장소는 오늘날 리잘 공원이 되어 그의 희생을 기리고 있다.

필리핀 라구나 지방의 칼람바에서 부농의 아들로 태어난 리잘은

11명의 자녀들 가운데 일곱째였다. 그의 친가 쪽 조상은 중국 광저우에서 이주한 화교였으며, 외가 쪽은 일본과 스페인 혈통의 혼혈이었다. 어려서부터 매우 총명했던 리잘은 마닐라에 위치한 예수회 소속의 아테네오 대학교에서 문학학사 학위를 받았다.

그 후 산토 토마스 대학교에서 법학을 공부하려던 그는 어머니가 점차 시력을 잃게 되자 의사가 되기로 결심하고 의학을 공부했으며, 실제로 나중에는 안과의사가 되었다. 학구열에 불탄 리잘은 스페인에 유학해 마드리드 대학교에서 의사 자격을 땄을 뿐만 아니라 파리 대학교에서도 의학 강의를 들었으며, 하이델베르크 대학교에서는 어머니의 눈을 고쳐 주기 위해 오토 베커 교수 밑에서 안과수술법을 배웠다.

의학에 그치지 않고 베를린에 가서는 인류학까지 공부한 리잘은 22개 언어를 구사하는 어학의 천재였으며, 다방면에 뛰어난 재능을 지닌 수재형 인물이었는데, 의학 외에도 회화, 조각 등 미술적 재능을 포함해 시와 소설에도 일가견을 지닌 다재다능한 지식인으로 펜싱과 사격에도 능했다. 또한 그는 프리메이슨 회원이기도 했다.

정치적으로는 스페인 통치에 맞서 싸운 독립운동가였으나 무력항쟁을 통한 혁명을 거부하고 제도적인 개혁을 통해 자치정부를 세우려는 온건노선의 평화주의자였다. 따라서 스페인 정부가 그런 리잘을 공개 처형함으로써 오히려 필리핀 민중을 격분시킨 결과 혁명의 불길을 더욱 조장했다는 지적도 있다.

그럼에도 불구하고 리잘은 간디보다 훨씬 앞선 19세기 말에 아시아에서 비폭력 독립투쟁을 전개한 가장 최초의 인물로 알려져 있으며, 실제로 간디도 그런 사실을 인정하고 있었다. 인도의 네루는 딸에게 보낸 옥중 서한에서도 자유를 쟁취하기 위한 리잘의 투쟁을 높이 평가한 적이 있다.

비록 일부 역사가들은 스페인을 물리치고 필리핀을 차지한 미국 정부가 주민들의 반발을 의식해 리잘의 비폭력주의를 더욱 미화시키고 널리 선전했다는 주장도 없는 건 아니지만, 그렇다고 해서 그의 숭고한 희생정신이 희석되는 건 물론 아닐 것이다. 그는 서구 열강의 지배에 항거한 가장 최초의 동양인이었으며, 그런 점에서 진정한 필리핀인이었다고 할 수 있다.

청조를 무너뜨린
손문

손문(孫文, 1866~1925)은 청조를 무너뜨린 중국 신해혁명의 아버지로 중국어 발음으로는 쑨원으로 불린다. 의사 출신인 그는 혁명가, 사상가이자 국민당의 창시자였다. 그가 제창한 삼민주의는 중국의 건국이념으로 받아들여져 모택동 사상을 능가하는 주요 사상으로 자리 잡고 있다.

중국 광동성에서 빈농의 아들로 태어난 그는 어려서부터 서구 열강의 침입에 흔들리는 청조에 실망하고 청나라 타도를 꿈꾸었다. 13세 무렵 단신으로 맏형이 사업을 벌이고 살고 있던 하와이 호놀룰루로 건너가 형의 도움으로 공부하며 미국의 자유민주주의 사상을 몸에 익혔다.

1892년 홍콩으로 돌아온 그는 그곳에서 의학교를 졸업했으나 재학 중에 이미 혁명 활동에 가담해 반청 운동을 전개하기 시작했다. 의사가 된 후에는 잠시 개업의로 활동하기도 했으나 갈수록 정국이 어지러워지자 흥중회를 조직해 광저우에서 무장봉기를 꾀했다가 가담자의 밀고로 사전에 발각되는 바람에 일본을 거쳐 영국으로 피신했다.

런던 체류 시절에 그는 대영박물관 도서관을 드나들며 칼 마르크스의 저술을 탐독하는 가운데 자신의 혁명이념인 삼민주의에 대한 기본적인 사상을 구상했는데, 그것은 민족주의, 민권주의, 민생주의에 기초한 구국이념이었다. 그 후 손문은 일본에서 나카야마라는 가명으로 활동하며 혁명 세력을 결집해 제2차 무장봉기를 시도하려다가 발각되어 다시 망명길에 올라야 했다.

이처럼 수많은 정적들에게 항상 쫓기며 살았던 손문은 수시로 가명을 바꿔 가며 지내야 했는데, 그 후에도 일본, 하와이, 베트남, 태국 등지를 전전하며 해외 유학생들과 화교들을 상대로 혁명 세력을 규합해 중국동맹회를 조직하고 수십 차례에 걸쳐 무장봉기를 꾀했지만 모두 실패로 끝나고 말았다. 다시 해외로 피신한 손문은 전 세계를 돌아다니며 중국혁명의 당위성을 알리는 동시에 혁명자금을 마련하며 동맹회의 활동을 뒤에서 지원했다.

그런데 혁명의 기회는 우연히 찾아왔다. 청일전쟁 이후 연이은 실정으로 민중의 원성을 산 청조는 무리한 철도 국유화 정책으로 반대 시위가 격화되자 군인들을 동원해 강제진압에 나섰는데, 이 기회를 이용해 동맹회는 우창봉기를 일으켜 청조에 대항하는 새로운 정부를 수립했으며, 이에 동조한 수십 개 성이 합세하면서 순식간에 혁명군은 남경을 함락하고 그곳에 임시정부를 세웠다.

하지만 당시 손문은 미국에 있었고 강력한 지도자를 지니지 못한 혁명군은 혼란에 빠졌으며, 게다가 청조의 요청을 받은 원세개 군대에 의해 궤멸당할 위기에 빠졌다. 우창봉기 소식을 들은 손문은 즉각 외교적 노력을 통해 청조를 압박하고 혁명정부에 대한 지지를 호소하는 한편, 황급히 귀국해 내분에 휘말린 혁명정부를 안정시키고 임시 대총통에 취임하면서 마침내 1912년 1월 중화민국을 선포했다. 동양 최초의 민주공화제가 수립된 것이다.

그러나 청조의 세력은 여전히 막강했다. 특히 원세개가 이끄는 진압군이 가장 큰 위협적인 존재였다. 결국 손문은 원세개와 협상을 벌여 그를 설득하는 데 성공했지만, 그것은 청조가 망하면 원세개에게 대총통직을 양보한다는 조건하에 이루어진 협상이었다. 권력욕에 사로잡힌 원세개는 손문의 약속을 받아들이고 마침내 청조의 마지막 황제 부의를 퇴위시키는 데 성공했다.

손문은 원세개에게 약속대로 대총통직을 인계한 뒤 중국동맹회를 국민당으로 개편하고 자신은 이사장직으로 물러났다. 하지만 권력을 차지한 원세개는 독재정치로 일관하면서 극심한 부정부패를 일삼기 시작했으며 정적들에 대한 탄압도 심해졌다. 손문 역시 일본으로 망명길에 올라야 했다.

원세개의 야심은 날이 갈수록 커져 마침내 황제의 자리에 오를 뜻을 품고 어용단체를 조직해 여론을 선동하기 시작했으며, 이에 따라 손문은 원세개를 타도할 토벌군 조직에 힘을 쏟았다. 그러나 원세계가 병으로 사망하자 골치 아픈 문제는 저절로 해결되었으며, 손문도 일본에서 안심하고 귀국할 수 있었다.

비록 중화민국은 온전히 보존될 수 있었지만, 정부의 권위를 위협하는 군벌 세력의 힘은 여전히 막강했다. 손문은 결국 군벌들에게도 쫓기는 신세가 되어야 했는데, 당시 볼셰비키 혁명에 성공한 레닌을 통해 그리고 중국에서 일어난 5·4 운동을 통해 큰 자극을 받아 자신이 원래 계획했던 '위로부터의 혁명'이 아니라 '아래로부터의 혁명' 노선이 더욱 바람직하다는 각성을 얻게 되었다.

손문의 마지막 업적은 군벌 타도를 외치며 북벌을 시도하는 과정에서 중국 공산당과 이룬 국공합작이었다. 당시 별다른 힘을 쓰지 못하고 있던 공산당은 먼저 손문에게 접근해 손을 벌렸고, 손문 역시 제국주의 타도만이 중국을 살리는 길이라고 믿었기 때문에 그들을 받아들인 것이다. 더욱이 공산당 주도하에 노동운동이 확산되는 현실을 목격한 것도 손문의 마음을 움직인 한 요인이 되었을 수 있다.

국민혁명을 완수하기 위한 목적으로 북으로 진격한 북벌군이 마침내 군벌 정부를 전복시키자 시국 수습을 위한 국민대표회의가 북경에서 개최되었는데, 손문 역시 회의 참석차 동지들과 함께 북경으로 향하던 중에 간암으로 쓰러져 59세를 일기로 북경에서 사망하고 말았다.

손문의 오랜 친구였던 송가수는 나중에 개신교 목사가 되었는데, 그의 반대에도 불구하고 둘째 딸 송경령이 손문과 결혼하는 바람에 송가수는 친구의 장인이 되었다. 손문의 부인 송경령

(1890~1981)은 중국에서 유명한 송 자매 가운데 둘째로 모택동이 이끄는 중국 공산당을 지지해 정적인 국민당의 장개석과 결혼한 동생 송미령을 중국 본토에서 대만으로 몰아낸 장본인이다. 이들 자매는 정치적 이념의 차이로 견원지간이 된 이후로 죽을 때까지 두 번 다시 상종하지 않았다.

장녀 송애령은 부유한 은행가와 결혼해 돈을 사랑한 여인으로, 둘째 송경령은 중국을 사랑한 여인으로, 그리고 막내 송미령은 권력을 사랑한 여인으로 알려져 있다. 손문과 결혼한 송경령은 계속 중국 본토에 남아 국가 부주석과 주석을 역임하다 91세로 사망했으며, 동생 송미령(1898~2003)은 장개석이 죽은 후 미국으로 이주해 살다가 105세로 사망했다.

독립문을 세운
서재필

구한말의 개혁가이자 독립운동가였던 서재필(徐載弼, 1864~1951)은 고종 때 관직에 올라 갑신정변에 동참했다가 개혁에 실패하자 일본을 거쳐 미국으로 망명한 뒤 의사가 되었으며, 한일강제병합 이후에는 재미동포 지도자로 활동하면서 조국의 독립운동을 지원했다. 그는 한국인 출신 최초의 미국 시민권자이며 의사이기도 했다.

전남 보성에서 몰락한 명문 일가의 5남 2녀 중 셋째 아들로 태어난 그는 집안이 가난하여 어린 나이에 먼 친척집에 양자로 보내졌기 때문에 부모의 정을 거의 모르고 자랐다. 18세 때 과거에 급제함으로써 일찍 출셋길에 오른 그는 본격적으로 김옥균, 박영효 등 개화파 인사들과 교류하기 시작했는데, 이 시기에 김옥균의 권유로 일본에 유학해 신문물을 배우고 접하게 되었다.

일본에서 귀국한 뒤 신식군대 훈련교관으로 근무하던 서재필은 김옥균이 이끄는 개화당과 함께 1884년 갑신정변을 일으켜 일대 개혁을 시도하려 했으나 일본군을 동원한 그 거사는 명성황후 일족의 반격에 부딪쳐 참담한 실패로 끝나 결국 삼일천하에 머물고 말았다. 역적으로 몰린 서재필은 간신히 일본으로 도피했지만, 그의 부모와 형제들, 그리고 부인과 어린 아들 모두가 비참한 최후를 맞이해야만 했다.

일본에서 자신의 일가족이 당한 비극적인 죽음 소식을 들은 서재필은 조국에 대해 극심한 분노와 환멸감을 느끼고 마침내 미국행을 결심하기에 이르렀다. 말도 통하지 않는 낯선 이국땅에 혈혈단신으로 건너간 그는 막노동으로 끼니를 이어 가면서도 밤에는 YMCA 야간학교에서 영어를 공부하며 이를 악물고 버텨 냈다.

다행히 교회를 통해 알게 된 후원자의 도움으로 1893년 컬럼비아 대학교 의학부를 졸업한 그는 필립 제이슨이라는 이름으로 미국에 귀화해 한국인 최초로 미국 시민이 되었다. 또한 그는 미국인 여성 뮤리엘 암스트롱과 결혼해 두 딸을 낳았으며, 워싱턴에 개업까지 했으나 유색인에 대한 편견으로 생계유지에는 많은 어려움을 겪어야 했다.

그 무렵 조선에 김홍집 내각이 들어서면서 개화파 인사들에 대한 복권이 이루어지자 박영효의 권유로 귀국길에 오른 서재필은 마침내 10년간의 망명생활 끝에 1895년 인천항에 도착했다. 하지만 이미 미국인이 된 서재필은 당시 조선에 대해 매우 부정적인 태도로 일관했는데, 한국어를 사용하지 않고 거의 영어로만 대화하는가 하면, 길에서 구걸하는 거지를 발로 걷어차기도 했다.

고종을 알현할 때도 그는 예를 갖추지 않고 고개를 빳빳이 든 채 악수를 청하거나 담배를 꼬나물고 팔짱을 긴 자세로 대화를 나누는 등 오만불손한 태도를 보여 조정 대신들을 경악케 만들었는데, 심지어 부모와 전처의 묘소를 한 번도 찾지 않는 그의 모습을 보고 동료인 윤치호는 크게 실망하는 글을 남기기도 했다.

그럼에도 불구하고 귀국 후 중추원 고문에 임명되면서 교육과 언론 등 청년 계몽활동에 주력한 서재필은 독립협회를 발족시켰을 뿐만 아니라 독립신문 발행과 독립문 건립 등을 통해 독립정신을 고취시키는 등 바쁜 일정을 보냈다. 하지만 고종의 아관파천 단행과 수구파의 집요한 공격에 실망한 그는 조선에 더 이상 희망이 없다고 단정 짓고 다시 미국으로 돌아갔다.

미국에서 그는 해부학 강의와 병리학 연구 등으로 바쁜 나날을 보내던 중에 한일강제병합 소식을 들었지만, 크게 놀라지는 않았다. 왜냐하면 충분히 예상된 결과였기 때문이다. 당시만 해도 그는 조선의 독립에 대해 매우 회의적인 태도를 지니고 있었다. 그러나 3·1운동이 터지자 생각이 바뀐 그는 재미 한인 모임에 적극적으로 가담하면서 이승만과 함께 독립운동 지원에 나서기 시작했다.

비록 생계의 어려움으로 고전하고 있었으나 65세라는 고령의 나이에 뒤늦게 병리학 전문의 자격을 딴 그는 어느 정도 생활의 안정을 얻게 되었지만, 아내 뮤리엘의 사망으로 큰 슬픔에 빠지기도 했다. 그 후 조국이 광복을 맞이하고 미군정을 이끌던 하지 중장이 그를 군정 고문관으로 초빙하자 서재필은 1947년 다시 인천항에 도착했다.

하지만 당시 그의 귀국을 환영했던 이승만은 얼마 지나지 않아 자신을 견제하기 위한 목적으로 하지 중장이 서재필의 귀국을 요청한 사실을 알고 적대적인 태도로 돌아섰다. 더군다나 서재필을 대통령으로 추대하려는 움직임이 일기 시작하자 이승만의 견제는 더욱 심해졌다. 결국 서재필은 고질적인 파벌 싸움에 환멸을 느낀 나머지 불출마를 선언하고 다시 미국으로 향했다.

미국에 귀환한 직후 후두암 진단을 받은 서재필은 입원 치료를 받는 가운데 한국전쟁 발발 소식을 들었으며, 휴전 소식을 듣지도 못한 상태에서 87세를 일기로 숨을 거두었다. 그의 시신은 화장되어 필라델피아 교외 납골당에 안치되었다가 1994년 서울 국립묘지로 이장되었지만, 유족들은 이장 문제에 대해 오랫동안 반대했었다.

자유민주주의 신봉자였던 서재필은 공산주의에 반대하고 경멸했으나 "인간이 자신의 권리와 자유를 지키기 위해서는 왕이나 아버지도 죽일 수 있다."는 극단적인 발언으로 파란을 일으키기도 했으며, 반외세를 외치면서도 한때 일본의 힘을 빌려 개혁을 단행하려다 실패한 점, 친일파의 핵심인물인 이완용, 박영효 등과 친밀한 관계를 유지함으로써 독립문 현판을 이완용이 직접 쓰도록 했다는 사실 등이 논란거리가 되기도 한다.

유영준과 허정숙

유영준(劉英俊, 1892~?)은 일제강점기에 활동한 독립운동가였으며, 선구적인 여성운동가인 동시에 산부인과의사이기도 했다. 사회주의자였던 그녀는 광복 후 좌익 활동으로 경찰의 탄압을 받자 자진 월북해 북한에서 요직을 두루 걸치며 정치적 활동을 벌이다가 말년에는 공직에서 물러나 요양소 생활을 보냈는데, 정확한 사망일자는 알려져 있지 않다.

평안남도 평양 출생인 그녀는 한일강제병합이 이루어지자 곧바로 중국으로 건너가 북경에서 여학교를 다녔으며, 도산 안창호 선생이 이끄는 민족운동에 참여했다. 잠시 귀국해 3·1운동에 참여한 그녀는 그 후 일본으로 건너가 동경여의전에서 의학을 공부하는 가운데 동경유학생 강연단의 일원으로 전국을 순회하며 여성의식과 위생관념에 대한 강연을 하기도 했다.

대학을 졸업한 후 1925년 귀국한 그녀는 이화여전 교의로 근무하는 동시에 산부인과의원을 개업했으며, 사회주의 단체인 일월회(一月會)에 가담해 주로 여성운동에 힘을 쏟았다. 그 후 신간회의 자매단체인 근우회(槿友會)에 참여해 요직을 맡아 활동했으며, 1934년에는 안재홍, 이종린, 여균 등과 함께 경성여의전 설립을 위한 활동에 동참하기도 했다.

다시 중국으로 가서 독립운동에 뛰어든 그녀는 광복 후 좌익 여성단체의 총책임자로서 여맹 위원장으로 활동했으며, 민주주의민

족전선 부의장을 거쳐 남로당이 결성되자 중앙위원직에 올랐다. 그러나 1947년 좌익에 대한 경찰의 탄압이 커지자 월북한 후 최고 인민회의 대의원, 조국전선의장단 의장, 적십자사 부위원장, 경공업성 부상 등을 역임하는 등 북한에서도 계속해서 요직을 맡으며 승승장구했다.

유영준은 어릴 때부터 매우 총명하고 말을 잘해서 평양에서도 이미 소문이 자자했다. 비록 그녀는 열성적인 사회주의자였지만, 성격 자체는 매우 원만하고 성숙한 면모를 보였으며, 사람들을 대하는 태도 역시 친절하고 사교적이었던 것으로 알려지고 있다. 하지만 그녀의 유창한 말솜씨는 그 누구도 당할 자가 없을 정도로 뛰어나서 특히 여성 계몽을 위한 연설과 강연에서 강력한 힘을 발휘했다.

여성의 성해방에 앞장선 그녀는 1920년대에 이미 신문지상을 통해 남성 본위의 성도덕을 강하게 비판하면서 여성의 정조문제를 제기해 다른 남성 지식인들과 뜨거운 논쟁을 벌였는데, 그런 이유 때문에 수많은 논객들로부터 공박을 당하기도 했다. 어쨌든 그녀는 우리나라 최초의 여권운동가로 기억되는 사회지도자였으나 아쉽게도 이념적인 문제로 월북하는 바람에 남한에서는 그 후 그녀의 존재가 망각되고 말았다.

일제강점기에 여성운동가로 활동하다 월북한 여성으로는 유영준 외에도 일본 유학생 출신의 허정숙(許貞淑, 1902~1991)이 있다. 중국과 일본 등지에서 유학생활을 마치고 귀국한 허정숙은 일제강점기에 동아일보 기자로 활동하면서 자유연애를 외치며 그녀 자신이 자유분방한 남성편력을 솔선수범해 보였으며, 여성의 단발을 요구하는 등 여성운동은 물론 열성적인 사회주의자로서 신간회와 근우회 조직에 참여했다.

광복 후 미군정의 탄압을 피해 월북한 허정숙은 최고인민회의 대의원, 문화선전상과 보건상, 사법상 및 최고재판소 판사 등 요직을 두루 거쳤으며, 연안파 숙청 당시에는 전 남편인 최창익을 비판하여 숙청을 겨우 면했다. 그녀는 1948년 남북협상에서 북측 여성 대표로 참여했으며, 1972년 남북적십자회담에도 참가했다.

허정숙은 함경북도 명천군의 대지주 집안의 딸로 태어나 평양 고등여학교를 졸업한 뒤 독실한 기독교 신자였던 아버지의 권유로 일본 유학을 떠나 간사이학원에서 공부했다. 하지만 학교생활에 적응하지 못한 그녀는 도중에 중퇴하고 중국 상해로 건너가 이동휘 집에 머물며 사회주의 사상에 빠져들었으며, 당시 그곳에서 만난 공산주의자 임원근과 눈이 맞아 그 후 결혼까지 했는데, 물론 부모의 허락도 받지 않고 스스로 결정한 것이었다.

귀국한 후에는 사회주의운동과 여성해방운동에 전념하면서 불온인물로 낙인 찍혀 여러 차례 일경에 체포되어 투옥되기도 했다. 특히 그녀는 유교와 기독교를 신랄하게 비판하면서 여성의 노예화에 반대하고 사랑 없이도 성관계가 가능하다는 주장으로 보수적인 지식인들로부터 맹렬한 성토의 대상이 되기도 했다.

실제로 허정숙은 인습에 얽매이지 않는 자유분방한 이성관계로 집중적인 비난을 들었는데, 단적인 예로 남편인 임원근이 조선공산당 사건에 연루되어 감옥에 있는 동안에도 북풍회의 송봉우와

연애하며 동거생활을 계속하고 아들까지 낳자 공산당원들조차 그녀를 맹렬히 비난할 정도였다. 당시 그녀의 아버지 허헌은 사위 임원근의 변론을 맡고 있었는데, 딸의 행적에 큰 충격을 받고 이를 계기로 그동안 돈독했던 부녀관계마저 몹시 소원해지게 되었다.

당시 사람들은 허송세월(許宋歲月)이라는 말로 두 남녀의 관계를 비꼬기도 했지만 송봉우가 공산당 사건으로 체포된 후 전향하자 지체 없이 그와 헤어진 허정숙은 신일룡과 사귀며 아들을 또 낳았으며, 그 후에는 다시 중국 항일단체에 있던 최창익과 결혼함으로써 세간의 조롱거리가 되었다. 보다 못한 아버지는 딸을 데리고 미국으로 외유를 떠나기까지 했다. 하지만 귀국하자마자 허정숙은 더욱 맹렬한 자세로 사회운동을 전개해 나갔으며, 결국에는 광주학생사건 이후에 벌어진 만세운동 배후인물로 지목되어 투옥되고 말았다.

당시 임신 중이었던 허정숙은 감옥에서 아기를 출산한 후 집행유예로 풀려나자 감옥에서 배운 침술 및 한방술을 토대로 한동안 태양광선치료소를 운영하며 한의사로 활동하기도 했는데, 당시만 해도 한방의는 공식적인 자격제도가 따로 없었기에 가능한 일이었다. 그러나 일제의 탄압이 더욱 심해지자 병원을 다른 의사에게 넘기고 중국으로 망명해서 독립운동에 가담하기 시작했다.

최창익과 함께 중국으로 건너간 그녀는 조선의용군에 가담해 항일투쟁을 전개했으며, 그동안에 연안에서 최창익과 결혼했다. 그후 팔로군에 들어가 공산주의 사상을 가르치며 훈련교관으로 활동하다 해방 소식을 듣고 서울로 왔다가 곧바로 월북했다. 한국전쟁이 발발하자 그녀는 문화선전상으로 서울에 내려와 언론방송을 통한 선전활동을 총지휘하기도 했다.

허정숙은 89세를 일기로 평양에서 사망했는데, 그녀의 장례식은 국장으로 치러진 후 애국열사릉에 안장됐다. 한편 그녀의 이복여동생 허근욱(1930~)은 월북한 언니와는 반대로 북한 체제에 실망한 나머지 1·4 후퇴 때 월남해서 소설가로 활동했는데, 이승만 정권시절에는 출신배경 때문에 한동안 간첩 혐의를 받고 투옥되기도 했다. 그녀의 자전적 소설『내가 설 땅은 어디냐』는 허정숙의 가족사를 소재로 쓴 작품이다.

아프리카의 독재자
반다

헤이스팅스 반다(Hastings Banda, 1898~1997)는 아프리카 동남부에 있는 말라위 공화국이 1966년 독립한 이래 1994년까지 대통령직을 맡아 장기 집권한 독재자다. 그는 집권 초기인 1971년에 이미 종신 대통령이 되어 억압적인 통치를 이어 갔으나 친서방 정책을 계속 취함으로써 서구 열강의 지원에 힘입어 자신의 권력을 유지해 나갔다.

영국령 중앙아프리카 니아살랜드의 카숭구에서 태어난 반다는 어려서 기독교 세례를 받고 이름도 서양식으로 지었다. 소년 시절 외삼촌과 함께 도보로 짐바브웨를 거쳐 남아프리카 공화국으로 간 그는 광산에서 힘겨운 노동에 종사했다. 그곳에서 만난 흑인 목사의 후원으로 미국 유학길에 오른 반다는 인디애나 대학 의예과에 입학한 후 여러 후원자들의 재정적 지원에 힘입어 테네시 주 미해리 의대에서 의학을 공부하고 1937년에 졸업했다.

그러나 대영제국 영토 내에서 의사로 활동하기 위해서는 영국 정부가 인정하는 의사 자격이 필요했기 때문에 반다는 영국으로 건너가 에든버러 의대에서 다시 의학을 공부하고 1941년에 졸업했다. 여러 후원자들로부터 장학금 지원 혜택을 받고 있던 반다는 재정적 지원이 끊길 것을 두려워한 나머지 니아살랜드로 돌아가기를 계속 회피하고 있었지만, 자신의 고향 족장과 말라위인들의 간청에 따라 비로소 모국에 대한 관심을 갖게 되면서 런던에서 정치적인 로비 활동을 벌이기 시작했다.

제2차 세계대전 기간 동안 징병을 거부한 반다는 간통 사건에 휘말려 고소까지 당했지만, 니아살랜드의 의회 지도자들이 힘을 써 그의 귀국을 도왔으며, 마침내 1958년 40여년에 걸친 오랜 해외 생활을 마치고 고향에 돌아와 국회 지도자로 선출되었다. 그는 비록 모국어를 잊어서 통역을 통해 연설을 해야 했지만, 전국을 돌며 로디지아와의 합병에 반대하는 연설로 주민들의 열렬한 지지를 받았으며, 그 결과 여기저기서 물리적 충돌이 벌어지는 사태가 발생했다.

결국 비상사태가 선포되고 로디지아 군대가 투입되어 수백 명의 지지자들과 함께 반다는 투옥되었지만, 이미 영국 정부는 골치 아픈 식민지에서 손을 떼려던 참이었다. 감옥에서 풀려난 반다는 1963년 니아살랜드의 총리가 되었으며, 농업과 교육, 법률 등 여러 개혁을 단행해 주민들로부터 인기를 끌었으며, 이듬해에는 공식적으로 말라위 공화국의 독립을 선언했다. 비록 장기집권으로 국제적인 비난여론에 시달리긴 했으나 반다에 대한 말라위 국민들의 시각은 여전히 상반된 입장에 있다.

독재자로 전락한 반다에 비해서 앙골라의 초대 대통령을 지낸 네투(Agostinho Neto, 1922~1979)는 시인이며 의사로 마르크스주의를 신봉한 지식인 출신이다. 처음에는 시인으로 출발해 민족문화 운동을 펼쳐 이름을 날렸으며, 그 후 포르투갈의 리스본에서 의학을 공부하고 의사가 되었지만, 정치 활동을 포기하지 않으면서 여러 차례 투옥되었다.

포르투갈에 억류되어 있다가 감옥에서 탈출한 네투는 모로코에서 그곳에 망명 중인 앙골라 독립운동가들과 합세해 1962년 앙골라 해방인민운동 의장에 선출되었으며, 그 후 쿠바의 지원 아래 끈질긴 내전을 벌여 마침내 1975년 앙골라 인민공화국을 선포하고 초대 대통령에 올랐다. 암 진단을 받은 네투는 소련 모스크바에서 수술 도중에 사망했다.

검은 대륙의 정신적 지주
프란츠 파농

프란츠 파농(Frantz Fanon, 1925~1961)은 프랑스의 정신과의사이자 사상가다. 파농은 알제리 해방을 위한 투쟁에 가세해 반식민주의의 사상적 토대를 이룩한 정신적 지도자로서 제3세계에 큰 영향을 주었다. 북아프리카 원주민 출신인 그는 카리브 해에 위치한 프랑스령 마르티니크 섬에서 태어났는데, 그의 아버지는 흑인 노예의 후손이며, 어머니는 혼혈 사생아로 알려져 있다.

마르티니크 섬에서 고등학교를 마친 파농은 제2차 세계대전 당시 그곳에 발이 묶인 비시 정부의 해군병사들이 원주민을 상대로 벌인 극심한 인종차별과 만행을 목격하고 일찌감치 식민주의에 대한 반감을 지니게 되었다. 섬을 몰래 탈출한 그는 드골의 자유프랑스군에 합류해 나치 독일과의 전투에 참여했다가 부상을 입고 훈장까지 받았다.

종전 후에는 리옹 대학교에서 의학을 공부하고 정신과의사가 되었으며, 자신의 전공을 바탕으로 식민주의 억압에 대한 분석을 통해 고통 받는 민중들의 편에 서서 지배계급에 대한 사상적 투쟁을 전개했다. 따라서 그는 라캉파 분석가 옥타브 마노니가 주장한 식민지 심리에 대해 지배자의 논리에 선 치졸한 작업이라고 맹공을 가하기도 했는데, 1952년에 발표한 『검은 얼굴 하얀 가면』에서는 식민지 치하의 흑인으로 대표되는 사회적, 심리적 의미에 대해 예리한 분석을 가하기도 했다. 이 책은 『자기의 땅에서 유배된 자들』이라는 제목으로 국내에 소개되었다.

그 후 알제리의 블리다 주앙빌 정신병원에 근무하며 환자치료 개혁에 전념하다가 알제리 독립전쟁이 벌어지자 알제리 민족해방전선에 적극 가담하기 시작해 대변인 역할을 맡았으며, 혁명정부의 가나 대사를 역임하기도 했다. 그러나 알제리 독립을 눈앞에 둔 시점에서 백혈병 진단을 받은 파농은 소련으로 가서 치료를 받고 잠시 호전된 상태를 보이자 대표적 저술 가운데 하나인 『대지의 저주받은 사람들』을 써서 발표하기도 했다.

사르트르가 서문을 쓴 이 책에서 파농은 계급과 인종, 문화 등과 관련된 문제들과 함께 민족해방을 위한 투쟁에서 폭력사용 문제에 대해서도 깊이 있게 다루고 있는데, 그의 사상과 철학은 사르트르, 라캉 등을 비롯해 남아공의 비코, 미국의 말콤 엑스, 쿠바의 체 게바라 등 많은 혁명 지도자들에게도 지대한 영향을 끼쳤다.

실제로 체 게바라는 파농의 아프리카 혁명론에 이끌려 카스트로와 결별한 채 콩고 내전에 뛰어들어 반군을 지도하기도 했지만, 그 결과는 참담한 실패로 끝나고 말았다. 백인에 대한 뿌리 깊은 증오심과 불신감을 이해하지 못했기 때문이다. 하지만 흑인의 정체성에 대한 각성의 필요성을 요구한 파농의 말은 미국의 오바마 대통령에게도 깊은 영감을 준 것으로 알려졌다.

자신의 죽음을 예감하면서도 병상에만 누워 있기를 거부하고 강연활동을 계속한 파농은 로마에서 사르트르와 만나 교분을 나누기도 했으나 병세가 악화되자 미국 정부의 주선으로 메릴랜드 주 베데스타 병원에 입원해 치료를 받다가 알제리의 독립을 보지도 못하고 36세라는 젊은 나이로 세상을 떠나고 말았다.

총을 든 의사
체 게바라

아르헨티나 출신의 전설적인 사회주의 혁명가 체 게바라(Ché Guevara, 1928~1967)는 카스트로와 함께 쿠바 혁명을 성공시켜 세계적인 유명인사로 떠올랐다. 아르헨티나 로사리오의 중산층 가정에서 5남매 중 장남으로 태어난 그는 어려서부터 허약한 체질로 고질적인 천식에 시달려야 했다. 그의 조상은 바스크인과 아일랜드계 혼혈 혈통이었는데 이러한 배경은 그의 타고난 반항정신에도 큰 영향을 준 듯싶다.

실제로 그는 소년 시절부터 매우 반항적인 모습을 보였는데, 산소흡입기를 사용하면서도 격렬한 몸싸움이 요구되는 스포츠를 즐겼으며, 항상 지저분한 차림을 하고 다녀 친구들로부터 돼지라는 별명으로 불렸다. 그렇게 몸을 씻지 않는 버릇은 죽을 때까지 계속되었다. 또한 수시로 엄습하는 천식 발작으로 인해 그는 항상 죽음을 의식하고 살았는데, 이는 평탄한 삶을 거부하고 평생 동안 극한적인 상황을 스스로 찾아 나선 그의 행동과도 밀접한 관련이 있을 것으로 보인다.

소년 시절부터 스페인의 정복자 피사로를 숭배했던 체 게바라는 부에노스아이레스 대학교에서 의학을 공부하던 중에 친구와 함께 오토바이로 남미 전국을 여행했는데, 그때 은광산에서 중노동으로 착취당하며 비참하게 살아가는 원주민들의 모습을 목격하고 불평등한 사회현실에 비로소 눈뜨게 되었다. 이를 계기로 그는 사회주의 혁명을 통해 세상을 바꾸고자 하는 생각에 몰두하기 시작했다.

비록 그는 의대를 졸업했지만, 환자를 치료하는 일보다 잘못된 세상을 치료하는 일이 더욱 시급한 과제임을 깨닫고 청진기 대신 총을 들고 압제자들과 투쟁할 것을 맹세했으며, 곧바로 아르헨티나를 떠나 과테말라 반군에 합류했다. 그 후 정부군에 쫓겨 멕시코로 망명한 그는 그곳에서 카스트로를 만나 쿠바 혁명에 동참했다.

쿠바 혁명군에서 그가 처음 맡은 직책은 군의관이었지만 탁월한 지도력을 인정받아 얼마 가지 않아 반군의 제2인자가 되었다. 소수의 병력을 이끌고 쿠바에 상륙해 혁명을 성공시킨 일은 그야말로 세상을 놀라게 한 획기적인 사건이었다. 31세의 나이로 쿠바 혁명정부의 요직에 오른 체 게바라는 전 세계를 순회하며 거물급 정치인들과 만나는 등 카스트로를 능가하는 인기를 얻었으나 1965년 갑자기 종적을 감추고 사라졌다가 아프리카 콩고에서 반군 지도자로 그 모습을 드러냈다.

하지만 아프리카에 사회주의 혁명의 불씨를 전파한다는 그의 야심은 초반부터 장벽에 가로막혀 쓰디쓴 좌절을 맛봐야 했다. 결국 체 게바라는 아프리카를 떠나 남미 볼리비아의 밀림 속으로 들어가 반정부 게릴라 활동을 전개하던 도중에 볼리비아 정부군에 붙들려 총살당하고 말았다. 그는 사회주의 이념에 입각한 남미 연합이라는 원대한 이상에 불타고 있었지만, 원주민은 물론 현지 공산당의 협조마저 얻지 못한 고립된 상태에서 최후를 마치고 만 것이다.

체 게바라는 사후에 오히려 더욱 유명해져 전 세계적으로 체 게바라 열풍을 일으켰으며, 그의 죽음은 예수 그리스도의 죽음처럼 순교자의 모습으로 떠올라 수많은 젊은이들의 우상이 되기도 했다. 하지만 그의 무모한 무력투쟁으로 인해 그 후 중남미 세계에 극우 군사독재정권이 들어서게 만드는 역효과를 초래하고 말았다는 비판도 만만치 않다.

아들에게 권력을 물려준 독재자
뒤발리에

아이티 대통령을 지내면서 독재자로 악명이 자자했던 프랑수아 뒤발리에(François Duvalier, 1907~1971)는 아이티의 수도인 포르토프랭스에서 출생했다. 생전에 '파파 독(Papa Doc)'이라는 애칭으로 불렸는데, 그가 의사 출신이었기 때문에 붙여진 별명이다.

그러나 그가 대통령으로 재직했던 1957년부터 1971년까지 현대사에서 보기 드물 정도로 잔악한 독재정치를 벌인 것으로 악명이 자자한데, 특히 그가 창설한 비밀경찰 '통통(Tonton Macoute)'은 아이티 국민을 오랜 기간 공포로 몰아넣은 것으로 알려져 있다. 더욱이 대통령직을 자신의 아들인 장 클로드 뒤발리에에게 물려줌으로써 세습 독재도 마다하지 않았는데, 이는 북한의 권력세습보다 수십 년 앞서 이루어진 일이다.

가난한 흑인의 아들로 태어난 그는 아이티 대학교에서 의학을 공부하고 의사가 되어 시골 병원에 근무하다가 미국에 유학해 미시건 대학교에서 공중보건학을 공부하고 귀국한 뒤 열대풍토병 퇴치에 앞장서며 빈민들을 도왔는데, 당시 환자들이 그를 '파파 독'이라 부르며 존경하고 따랐다. 그는 의술뿐 아니라 부두교에 대한 민속학 연구에도 열심이어서 대통령이 된 이후에도 상당한 예산 지원을 아끼지 않았다.

평소 소수파로 아이티의 권력을 독점하고 있던 흑백 혼혈인 물라토 계층에 적대감을 지니고 있던 뒤발리에는 쿠데타가 이어지는 정치적 혼란기에 물라토에 대항하는 흑인주의를 내세워 마침내 1957년 대통령에 당선되어 초반에는 상당히 진보적인 복지정책을 펼치며 국민들의 지지를 얻었다.

하지만 점차 독재로 흐르기 시작해 외국인 사제들을 국외추방하고 자신이 직접 성직자 임명권까지 독점하는 등 일탈된 행동을 보이기 시작했다. 더욱이 비밀경찰 조직인 '통통 마쿠트'를 창설해 전 국민을 감시했으며, 야당을 불법화하고 정부를 비판하는 모든 언행을 금지시켰다. 이를 위반하는 국민은 가차 없이 체포, 고문하고 처형시킴으로써 수많은 지식인들이 해외로 망명하는 사태까지 벌어졌다.

자신에 대한 개인숭배를 강화시키기 위해 부두교를 이용하는가 하면, 1964년에는 마침내 헌법을 정지시키고 스스로 종신 대통령을 자처했다. 국가의 모든 경제권을 독식한 뒤발리에 일가로 인해 아이티는 지구상에서 가장 가난한 최빈국으로 전락했으며, 1971년 당뇨 합병증에 의한 심장 발작으로 건강이 여의치 못하게 되자 자신의 아들인 장 클로드 뒤발리에를 후계자로 지명해 대통령 자리에 앉힌 뒤 곧바로 사망했는데, 불과 19세의 나이로 대통령직에 오른 장 클로드 뒤발리에(Jean-Claude Duvalier, 1951~)는 '베이비 독'이라는 별명으로 불리며 15년간 독재자로 군림하다가 1986년 미국의 압력으로 축출당한 후 프랑스로 망명해 지금까지 살고 있다.

영국 작가 그레이엄 그린의 소설 『코미디언』을 영화로 제작한 피터 글렌빌 감독의 1967년도 작품 〈위험한 여로〉는 리처드 버튼과 엘리자베스 테일러 부부가 공연했는데, 뒤발리에 독재정권 당시 비밀경찰 '통통'의 횡포를 묘사했다는 이유로 당시 뒤발리에 대통령은 분을 이기지 못한 나머지 두 주연배우에게 부두교에서 행하는 저주를 걸었다는 소문도 있다.

비극적인 최후를 마친
아옌데

칠레의 정치가 살바도르 아옌데(Salvador Allende, 1908~1973)는 1970년 사회주의자로서는 세계 최초로 민주적인 선거를 통해 대통령에 당선된 인물이다. 소아과의사 출신인 그는 칠레 대통령으로 재임하는 중에 사회복지 정책에 힘을 쏟았으나 1973년 피노체트 장군의 군사 쿠데타로 실각하면서 죽음을 맞이했던 비운의 정치가다.

칠레 발파라이소에서 진보적 성향을 지닌 변호사의 아들로 태어난 그는 군복무를 마친 뒤 칠레 대학교에서 의학을 공부했으나 의대생 시절부터 이미 가난과 질병에 시달리는 민중의 비참한 생활상을 목격하고 사회주의 사상에 몰두하면서 학생운동에 뛰어들었다. 그의 급진적인 성향 때문에 여러 병원들로부터 취업을 거절당한 아옌데는 병리학 조수로 근무하면서 빈민들의 시신을 부검하는 일을 하기도 했다.

급진적인 정치 활동을 벌인 아버지의 영향으로 정계에 진출한 아옌데는 사회주의 정당 연합체인 인민연합 후보로 대통령 선거에 나서 마침내 1970년 칠레 대통령에 힘겹게 당선되었으나 보수세력의 저항도 결코 만만치가 않았다. 특히 친미적인 군부의 반발이 심했다.

아옌데는 대통령이 되자 곧바로 사회주의 이념에 따른 개혁정책에 돌입했는데, 대규모 산업을 국유화하고 일부 사유재산도 몰수해 국유화하는 토지개혁을 단행함으로써 다국적 기업과 대지주들의 반발을 샀다. 그는 의료와 교육에도 개혁을 시행해 영양실조에 빠진 아동들에 대해 무상으로 우유를 배급하기도 했다.

하지만 의사 출신으로 경제에 대한 전문지식이 부족했던 아옌데는 단기간에 서두른 경제정책으로 인해 인플레를 초래하였고, 치솟는 물가와 외환보유고의 하락으로 정부 예산이 적자에 허덕이게 되는 결과를 낳고 말았다. 따라서 지주와 기업가들뿐만 아니라 생필품 부족과 고용 불안에 시달리던 국민들까지 가세해 극심한 반발을 보이기 시작했다.

더군다나 쿠바의 카스트로는 칠레를 직접 방문할 정도로 아옌데와 긴밀하게 연대했는데, 이를 못마땅하게 여긴 미국의 닉슨 행정부가 칠레의 가장 중요한 수출품인 구리 가격을 떨어트림으로써 칠레 경제는 회생불능 상태로 곤두박질치게 되었다. 결국 대대적인 파업사태가 벌어졌으며, 계층 간의 대립도 더욱 격화되었다.

마침내 미국의 지원을 받은 피노체트 장군이 군사 쿠데타를 일으켜 아옌데의 사회주의 정권은 한순간에 무너지고 말았다. 모든 국경과 공항이 폐쇄되고 정치 활동도 금지되었으며, 대대적인 검거를 통해 수많은 좌파 인사들이 체포되어 고문을 당하고 총살당했다. 실종자들이 속출하면서 공포에 사로잡힌 칠레 국민들은 숨을 죽이며 사태를 주시하고 있었다.

　　비록 아옌데는 대통령궁을 공격한 쿠데타군에 항복하지 않고 총격전을 벌이며 끝까지 저항했지만, 결국 자살로 생을 마감하고 말았다. 그는 죽기 직전 마지막 라디오 연설로 국민들에게 고별인사를 남기고 카스트로가 선물로 준 소총을 자신의 머리에 발사해 즉사했는데, 군사정부는 그의 시신마저 훼손해 목을 자르는 등 만행을 저질렀다.

　　1973년 아옌데 사회주의 정권을 무너뜨리고 대통령 권좌에 오른 피노체트는 1990년 자리에서 물러날 때까지 17년간 군부독재를 이끌었으며, 수많은 지식인과 학생들을 축구경기장에 모아 놓고 학살하는 만행을 저지른 장본인이다. 말년에 가택연금 상태에 있던 피노체트는 91세를 일기로 병사했는데, 자신의 무덤에 대한 모욕행위가 벌어질 것을 염려해 화장을 원한다는 유언을 남겼다.

대통령이 된
라틴아메리카 의사들

라틴아메리카에서 의사 출신으로 대통령의 자리에 오른 인물은 앞서 소개한 뒤발리에와 아옌데 말고도 의외로 많다. 니카라과 대통령을 지낸 미국인 의사 윌리엄 워커, 파나마의 아리아스, 아르헨티나의 일리아, 브라질의 쿠비체크, 우루과이의 바스케스 등이 바로 그런 인물들이다.

윌리엄 워커(William Walker, 1824~1860)는 미국 테네시 주 내슈빌 태생의 미국인 의사다. 워커는 유럽 각지에서 의학을 공부하고 펜실베이니아 대학교에서 의사 자격까지 땄으나 의업보다는 정치에 관심을 보여 중남미 지역을 영어권 식민지로 통합시킨다는 원대한 꿈을 안고 소수의 지원자들과 함께 멕시코를 거쳐 니카라과로 향했다.

당시 내전상태에 있던 니카라과에서 어부지리로 권력을 차지하고 그곳을 지배하게 된 워커는 자신의 애국적인 취지가 미국 정부에서도 인정을 받을 것이라는 기대는 물론 특히 흑인 노예를 부리는 남부 유지들의 지원이 있을 것이라는 과대망상을 지니고 있었지만, 곧바로 코스타리카 군대에 의해 축출당한 후 영국군에 의해 온두라스 정부에 넘겨져 36세라는 젊은 나이로 처형당했다.

페론 실각 후 아르헨티나 대통령을 지낸 아르투로 일리아(Arturo Illia, 1900~1983)는 이탈리아계 이민의 후손이다. 부에노스아이레스 대학교에서 의학을 공부한 그는 의대생 시절 대학 개혁운동에 참여

할 정도로 매우 급진적 활동을 보였으며, 그 후 공중보건 분야에 종사하다가 코르도바 주 부지사를 거쳐 국회에도 진출했다.

페론의 몰락 이후 혼란스러운 정국을 타개하기 위해 대통령 선거에 나선 그는 중도 입장을 표방하고 나섬으로써 대통령에 당선되어 1963년부터 1966년까지 대통령직을 수행했으나 페론주의자들의 공격과 군부의 압력에 굴복해 도중에 하야하고 말았다.

파나마 대통령이었던 아르눌포 아리아스(Arnulfo Arias, 1901~1988)는 미국 하버드 의대를 졸업하고 정신의학 및 산부인과 전문의로 활동했다. 그는 1930년대 초에 자신의 형이 대통령에 당선되도록 도왔으며, 그 후로는 본인도 대통령 선거에 후보로 나서 세 번이나 당선되었으나 번번이 군부의 압력으로 임기를 다 채우지 못하고 말았다.

그는 83세의 나이로 네 번째 대통령에 출마했으나 당시 실권자였던 노리에가의 방해로 무산되고 말았으며, 결국 미국 마이애미로 피신해 그곳에서 사망했다. 그의 부인 미레야 모스코소는 1999년에 여성으로서는 최초로 파나마 대통령에 당선됨으로써 남편의 한을 풀었다.

쿠비체크(Juscelino Kubitschek, 1902~1976)는 1956년에서 1961년까지 브라질 대통령으로 재직하면서 브라질리아로 수도를 이전시킨 장본인이다. 그의 조상은 체코에서 브라질로 이주한 개척민이다. 의대를 졸업한 후 프랑스 파리로 가서 외과 수련을 받은 그는 군의관 복무를 마치고 곧바로 정계에 진출해 하원의원과 주지사를 지냈다.

사회민주당 후보로 나서 대통령에 당선된 후 신행정수도 브라질리아 건설에 착수해 임기 말에는 수도 이전을 단행했으나 막대한 건설비용 등으로 인플레 사태를 초래해 그 후 일어난 군사 쿠데타에 빌미를 제공하기도 했다. 비록 그는 무리한 신수도 건설로 경제사정을 악화시켰다는 비난도 들었지만, 낙후된 브라질을 현대화시킨 공로로 브라질에서 가장 존경받는 대통령의 한 사람으로 손꼽힌다.

타바레 바스케스(Tabare Vazquez, 1940~)는 우루과이 대학교에서 의학을 공부하고 암 전문의로 활동하다 정계에 입문해 몬테비데오 시장을 역임한 후 대통령 선거에 출마했는데, 세 차례 도전 끝에 2004년 빈민층과 노동자들의 지지로 당선되었으며, 우루과이 최초의 좌파 정권을 세웠다. 그는 2005년부터 2010년까지 대통령을 지내면서 유럽식 사회민주주의 정책을 펼쳐 미국과 쿠바 등과도 우호적인 관계를 유지했다. 2008년에는 방한해 이명박 대통령과 정상회담을 갖고 양국 간의 경제협력을 다지기도 했다.

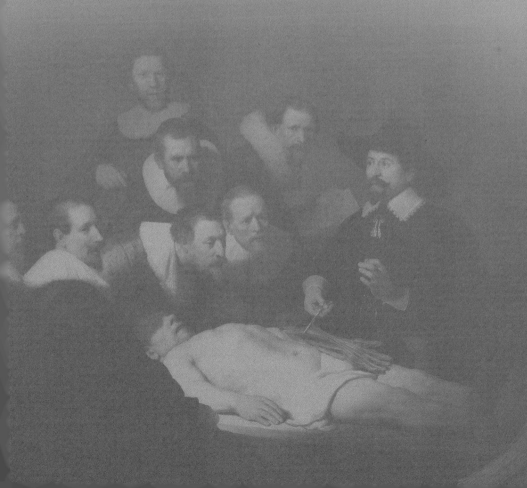

Chapter 5

오명을 남긴 의사들

메스머의 치료법

프란츠 안톤 메스머(Franz Anton Mesmer, 1734~1815)는 동물자기설을 제창한 독일의 의사다. 최면술을 의미하는 메스머리즘은 바로 그의 이름에서 따온 말이다. 독일 슈바벤 지방의 콘스탄츠 호반에서 태어난 그는 빈 의대를 졸업하고 의사가 되었지만, 점성술에 관심을 기울인 나머지 하늘에 떠 있는 별들이 지구 생명체에 영향을 주는 자기력을 이용해 환자들의 질병을 치료할 수 있다고 믿었다. 실제로 그의 박사학위 논문 제목도 「인체에 대한 유성들의 영향」이었다.

그의 특이한 동물자기설은 당대에 유행하던 생기론(生氣論, vitalism)에 큰 영향을 끼쳤다. 특히 그는 성직자가 악마 추방 의식을 통해 귀신을 쫓아내고 병을 치료하는 모습에서 힌트를 얻어 자신도 인체에 충만해 있는 우주력을 이용해 신경계를 바로잡을 수 있다고 생각했는데, 몸 안에 흐르는 유체의 흐름에 이상이 생길 경우 질병이 발생한다고 보고 이를 이용해서 모든 병을 치료할 수 있다고 주장했다.

이는 마치 동양의학에서 말하는 기의 흐름과 유사한 개념이지만, 그는 18세 한 소녀의 실명상태를 치료해 준다고 했다가 별다른 진전이 없자 도중에 치료를 중단함으로써 졸지에 사기꾼이라는 오명을 뒤집어쓰고 빈 의학계의 거센 비난과 반발을 사기도 했다.

결국 메스머는 빈을 떠나 파리로 가서 자신의 방식대로 환자들을 치료했는데, 그의 소문을 듣고 몰려든 환자들로 문전성시를 이루었다. 덕분에 그는 크게 돈을 벌었지만, 이번에는 파리의 의사들이 들고 일어나 메스머를 사기꾼으로 매도하기 시작했다.

메스머에 대한 비난이 폭주하자 마침내 프랑스 정부도 개입하기 시작해서 1784년 프랑스 왕립 과학아카데미 위원들에 의해 메스머의 치료법에 대한 조사가 이루어지게 되었으며, 그 결과 그의 방법은 대중을 현혹하는 허황된 사기술에 불과하다는 평가를 받기에 이르렀다.

당시 조사위원들로는 쟁쟁한 학자들이 포진하고 있었는데, 화학의 권위자 라부아지에, 의사 기요탱, 천문학자 바일리, 그리고 피뢰침을 발명한 미국 대사 벤저민 프랭클린 등이 조사에 참여했다. 이처럼 권위자들로부터 직격탄을 얻어맞은 메스머는 하루아침에 그 명예가 땅에 떨어지고 파리에서도 추방되어 국외로 쫓겨나고 말았다.

하지만 메스머를 추종하는 제자들은 그 후에도 그의 치료법을 계속 연구함으로써 최면술의 발전에 기초를 쌓기도 했는데, 그중에서 가장 대표적인 인물로는 메스머의 이론에서 아이디어를 얻어 1843년 최면기법을 처음으로 제안한 스코틀랜드 의사 제임스 브레이드를 꼽을 수 있다.

사실 메스머가 환자 치료에 사용한 기법은 요즘 식으로 말하자면 강한 암시에 의한 최면효과를 이용한 것으로 볼 수 있다. 무엇보다 그는 기묘한 차림새로 환자 앞에 나타나 처음부터 환자에게 강력한 카리스마적 존재로 군림했는데, 권위적인 그의 자태에 이미 주눅이 든 환자들은 그가 하는 말에 따라 고분고분 순종할 수밖에 없었다고 한다.

1785년 파리를 떠난 이후 메스머는 여기저기를 전전하며 은둔생활로 일관했으며, 그의 이론을 따르는 추종자들로부터 재기할 것을 권유받기도 했으나 더 이상 문제를 일으키지 않고 조용히 살고 싶다며 한사코 거절했다. 메스머는 그렇게 은둔상태로 말년을 보내다가 81세를 일기로 독일 메르스부르크에서 눈을 감았다.

단두대를 고안한
기요탱

프랑스 의사 기요탱(Joseph Ignace Guillotin, 1738~1814)은 프랑스 대혁명 당시 악명 높은 단두대를 고안해 숱한 원성을 들었던 인물이었다. 그러나 기요탱이 단두대를 고안한 이유는 참수형을 당하는 죄수들의 고통을 최소화시켜 주기 위해서였다. 당시 프랑스에서 사형 집행에는 주로 칼이나 도끼를 이용했지만 목숨이 얼른 끊어지지 않았으며, 더군다나 신분 차이에 따라 귀족은 참수형에 그리고 평민들은 교수형에 처해지는 등 그 절차도 번거롭기 그지없었다.

1789년 프랑스 혁명이 한창일 때 국민의회의 제안에 따라 신분 차이를 넘어서 똑같이 적용할 수 있는 새로운 사형방식의 개발에 나선 해부학 교수 기요탱은 무딘 도끼를 이용한 참수나 교수형 등의 방식이 죄수들은 물론 사형 집행자에게도 상당한 심리적 부담을 주는 비인도적인 방법이라고 결론짓고 한순간에 형을 집행할 수 있는 기구의 사용을 제안했다.

그러나 기요탱은 그런 아이디어를 제공한 것뿐이지 실제로 그 기구를 직접 설계하고 만든 장본인은 왕의 주치의였던 동료 의사 앙토안 루이 박사였다. 그래서 처음에는 그 사형기구에 루이 박사의 이름이 붙여졌으나 1789년 국민의회에서 행한 그의 경솔한 발언 때문에 기요탱의 이름이 세상에 널리 알려지게 되면서 그 후부터 사람들이 단두대를 기요탱으로 부르기 시작한 것이다.

당시 그는 의회에서 "이제 내가 당신들의 머리를 이 기구로 참수해 눈을 깜박이는 한이 있더라도 당신들은 그 고통을 전혀 느끼지 못할 것이다."라고 했는데, 이 말은 순식간에 그를 비아냥대는 노래로 만들어져 프랑스 전역에 퍼졌으며, 기요탱은 세상의 조소거리가 되고 말았다.

더욱이 로베스피에르의 공포정치를 기억하는 사람들은 무엇보다 단두대에서 목숨을 잃은 수많은 희생자들부터 떠올리기 때문에 기요탱 입장에서는 억울할 수도 있겠다. 단두대의 이슬로 사라진 인물들 중에는 루이 16세와 마리 앙투아네트 왕비, 혁명의 주체세력인 당통과 로베스피에르가 있으며, 심지어 화학자 라부아지에도 단두대에서 처형당했다.

비록 기요탱은 자신의 이름이 단두대에 붙여지는 바람에 오랜 세월 오명을 뒤집어쓰게 되었지만, 실제로 그는 사형제도의 폐기를 바랐던 인물이었다. 다만 단두대 처형이 더 이상의 잔혹한 범죄가 일어나지 않도록 예방할 수 있다는 신념에는 변함이 없었다.

그러나 공포정치가 극에 달했을 때, 기요탱에게도 위기가 닥쳐왔다. 참수형을 기다리는 한 귀족으로부터 받은 한 통의 편지가 화근이 된 것이다. 자신의 가족을 돌봐 주어 고맙다는 내용이 문제가 되어 기요탱은 곧바로 체포되어 투옥당했는데, 로베스피에르가 실각한 뒤에야 비로소 풀려날 수 있었다. 그 후 기요탱은 정치적 문제에는 일체 관여하지 않고 의사 직분에만 충실했으며, 영국의 제너가 개발한 종두법 보급에 힘쓰기도 했다.

기요탱의 이름 때문에 고초를 겪은 것은 오히려 기요탱 가문의 사람들이었다. 그들은 프랑스 정부에 단두대의 명칭을 바꿔 줄 것을 여러 차례 간청했으나 정부가 이에 불응하자 아예 자신들의 성을 바꿔 버렸다. 당시 리옹의 의사 기요탱이라는 사람이 단두대 처형을 받은 사건 때문에 한동안 기요탱이 단두대 처형으로 죽었다는 소문도 있었지만, 실제로 기요탱은 파리에서 76세를 일기로 자연사했다. 단두대 처형의 전통은 그 후에도 오랜 기간 지속되어 프랑스에서는 1977년에 가서야 폐지되었으며, 1981년에는 아예 사형제도 자체가 폐지되었다.

링컨 암살에 연루된

새뮤얼 머드

새뮤얼 머드(Samuel Mudd, 1833~1883)는 미국의 의사다. 그는 1865년 링컨 대통령을 암살한 존 부스의 공범으로 지목되어 종신형을 선고받고 투옥생활을 하던 중에 제퍼슨 감옥에 번진 황열병 퇴치에 앞장섰는데, 그 공로를 인정받아 앤드류 존슨 대통령에 의해 특별 사면되어 풀려난 후에는 고향에 돌아가 외부 접촉을 자제하고 오로지 의업에만 전념하다가 폐렴으로 사망했다.

메릴랜드 주 대농장주의 열 자녀 중 넷째로 태어난 머드는 어려서부터 그저 평범한 아이였다. 그의 아버지가 수많은 노예들을 거느린 담배 농장의 대지주였기 때문에 아무런 어려움도 모르고 자란 머드는 메릴랜드 대학교에서 의학을 공부했으며, 대학을 졸업한 후에는 고향인 찰스 카운티에 개업하고 어릴 적 소꿉친구인 사라와 결혼해 단란한 가정을 꾸리고 살았다.

그의 아버지는 결혼선물로 노예가 딸린 드넓은 농장과 집을 선사했는데, 그런 분위기에서 성장한 머드는 당연히 노예제도 역시 신의 뜻에 따른 운명으로 여겼다. 그는 모두 아홉 자녀를 두었지만, 넷은 그가 체포되기 전에 낳은 자식들이며, 나머지 다섯은 출옥한 뒤에 얻은 자식들이다.

하지만 1861년 남북전쟁이 발발하자 머드 일가도 몰락의 위기에 빠지게 되었다. 결국 머드는 의업에만 몰두하고 농장을 매각하기로 결심했는데, 마침 배우로 활동 중인 존 부스가 그의 농장을 구입할 의사가 있음을 알고 접촉을 가지게 되었다. 그러나 존 부스가 머드의 농장을 사려고 했던 것은 다른 의도가 있었기 때문이었다. 존 부스는 링컨을 납치한 후 도주할 때 퇴로를 확보하기 위한 계획이었는데 당시 머드는 이를 눈치채지 못했다. 원래 존 부스는 링컨을 납치한 후 남군 포로들과 교환할 심산이었지만, 계획을 바꿔 암살을 결심한 것이다.

1865년 존 부스가 링컨을 암살하고 도주할 때 다리 골절상을 입었는데, 머드의 농장으로 피신한 존 부스의 다리를 머드가 직접 치료해 주었으며, 그의 뒤를 추적하던 기병대에게 즉각 신고를 하지 않은 점이 의혹을 사게 된 이유가 되었다. 더욱이 법정에서도 머드는 과거에 존 부스를 만난 적이 있는 사실을 숨기고 허위 증언을 했는데, 그런 점들이 그에 대한 의혹을 더욱 증폭시키는 결과를 낳고 말았다.

문제는 머드가 존 부스의 암살 계획을 사전에 알고 있었는지 여부에 대한 의문인데, 그 부분은 끝내 밝혀지지 못했다. 존 부스는 체포된 지 얼마 가지 않아 곧바로 숨을 거두었기 때문이다. 존 부스와 연루된 다른 네 명의 공범들은 결국 교수형에 처해졌으나 머드는 다행히 종신형을 선고받고 제퍼슨 요새 감옥에 수감되었다.

머드의 변호인은 법정에서 그가 신앙심이 깊은 양심적인 시민으로 가족에 헌신적이었으며, 노예들에 대해서도 친절한 주인이었다고 주장했으나 검사는 이에 대한 반박으로 머드가 노예를 위협하고 총을 쏜 적까지 있었다고 증언함으로써 결국 재판부는 머드에게 유죄를 선고한 것이다.

제퍼슨 감옥에서 모범수로 지내던 머드는 때마침 요새를 덮친 황열병으로 요새 전담의가 목숨을 잃게 되자 그 임무를 떠맡아 환자들을 치료하고 역병의 확산을 막음으로써 많은 생명을 구했는데, 그런 모습을 보고 요새의 병사들이 대통령에게 탄원서를 제출한 사실이 그의 특별 사면에 영향을 준 것으로 보인다. 그의 후손들은 그 후에도 계속해서 머드의 선고 내용 취소를 대통령에게 청원했으나 끝내 받아들여지지 않았다.

정신질환자의 단종을 주장한
바그너 - 야우렉

오스트리아의 정신과의사 율리우스 바그너 – 야우렉(Julius Wagner-Jauregg, 1857~1940)은 발열요법을 통한 뇌매독 치료에 대한 공로로 1927년 노벨 의학상을 받은 인물이다. 아돌프 요한 바그너의 아들로 태어난 그는 빈 의대를 졸업하고 개인 정신과병원에 근무하다가 1893년 스승인 마이너트 교수의 뒤를 이어 빈 대학 정신과 교수가 되었다.

비슷한 시기에 빈 대학 교수가 되려다 유대인이라는 이유로 좌절하고 만 프로이트에 비하면 야우렉은 30대 중반의 나이로 교수직에 올라 출세 가도를 달린 셈이다. 마이너트 교수는 프로이트에게 교수직보다는 차라리 개업을 하는 게 낫겠다고 권유한 인물이다.

정신질환의 심리치료에 전념한 프로이트와는 정반대로 야우렉은 교수가 되기 이전부터 이미 정신질환을 발열요법으로 치료할 수 있다는 생각을 지니고 정신병 환자의 발열상태를 연구하기 시작했는데, 투베르쿨린을 이용한 시도는 별다른 효과를 얻지 못했다. 그러다가 1917년 뇌매독에 의한 진행성 마비 환자에게 말라리아 원충을 주입시킨 결과 고열상태가 증상완화에 도움이 된다는 사실을 발견하고 그 내용을 학계에 보고함으로써 마침내 1927년 노벨 의학상까지 받는 영예를 누렸다.

야우렉은 정신병을 앓고 있는 젊은 여성 환자들에게 갑상선 호르몬을 투여해 치료하는 한편, 자위행위가 극심한 정신분열증 환자들에게는 불임시술로 그 빈도를 낮추기도 했다. 하지만 그가 개발한 치료법들은 오늘날의 관점에서 볼 때 상당한 위험 부담을 안고 있는 방법들로서 인도적으로도 문제의 소지가 많은 것들이었다.

더욱이 그는 나치에 동조한 반유대주의자로 오명을 남겼는데, 1938년 나치가 오스트리아를 합병하자 곧바로 나치당에 가입신청을 하기도 했다. 하지만 전후 탈나치 위원회의 조사에 의하면, 그의 신청은 받아들여지지 않은 것으로 판명되었는데, 그 이유는 그의 이혼한 전처가 유대인이었기 때문이다.

비록 당원 가입이 거부되었지만, 야우렉은 나치 이념에 적극 동조해서 자신의 인종주의적 신념을 계속 밀고 나가며 정신질환자와 범죄자들에 대한 단종을 주장하는가 하면 오스트리아 인종개조협회 회장으로 활동하면서 열등인종에 대한 단종을 적극 홍보하기도 했다. 그의 신념은 제자인 알렉산더 필츠에게 영향을 주어 인종주의적 정신의학에 관한 저서를 출판하도록 이끌었는데, 유대인들이 야말로 정신질환에 특히 취약한 특성을 지니고 있다는 매우 치졸한 내용을 담은 책이었다.

야우렉은 1928년에 이미 공식적인 은퇴를 선언했지만, 그건 말뿐이었고 그 후에도 여전히 정력적인 활동을 펼치고 있었으며, 나치의 비호 아래 오스트리아 사회에 막강한 영향력을 행사하고 있었다. 1935년에는 오스트리아 인류학회의 일원으로 있으면서 계속해서 열등인에 대한 비인도적인 단종을 주장함으로써 나치에게 학문적인 정당성을 제공하기도 했다.

나치 독일은 실제로 그런 주장에 따라 수많은 정신질환자들과 동성애자를 상대로 단종뿐 아니라 독극물로 잔인하게 살해하는 만행을 저지르기도 했다. 야우렉은 런던으로 망명한 유대인 학자 프로이트가 숨을 거둔 이듬해에 빈에서 세상을 떠났다. 프로이트보다 한 살 연하였던 그는 똑같이 83세를 일기로 생을 마감했다.

우생학을 지지한
알렉시 카렐

프랑스의 외과의사 알렉시 카렐(Alexis Carrel, 1873~1944)은 혈관봉합술에 대한 신기술 개발로 장기이식 수술에 새로운 길을 열게 한 업적으로 1912년 노벨 의학상을 수상했으나 우생학을 지지하고 나치 괴뢰정권인 비시 정부에 동조함으로써 도덕적 시비의 대상이 되었다.

프랑스 남부 론 지방에서 독실한 가톨릭 가정의 아들로 태어난 카렐은 예수회 학교를 다닌 뒤 리옹 대학교에서 의학을 공부하고 외과의사가 되었다. 처음에 그는 루르드 지방의 마리 바일리라는 여성 환자의 병을 영적인 방법으로 완치시켰다고 해서 유명해졌으나 그런 사실이 오히려 그에게는 의사로서의 명성에 흠집을 가져오는 결과를 낳았다.

프랑스에서 더 이상 출세하기 어렵다는 사실을 깨닫고 카렐은 1903년 캐나다로 이주했는데, 그 후 시카고 대학교로 자리를 옮겨 그곳에서 미국인 의사 찰스 거스리와 공동연구 끝에 혈관봉합술과 장기이식법을 개발함으로써 마침내 1912년 노벨 의학상을 수상했다. 그는 장기이식을 위한 혈관냉동법도 개발했다.

제1차 세계대전이 발발하자 프랑스로 돌아간 카렐은 군의관으로 종군하면서 외상 치료에 대한 혁신적인 치료법을 개발하기도 했다. 그 후 다시 미국으로 돌아가 연구에 전념하던 그는 1935년 찰스 린드버그와 함께 공동으로 장기이식과 개심술에 필수적인 펌프 기구를 세계 최초로 발명하는 데 성공했다.

당시 대서양 단독비행으로 세계적인 명사가 된 찰스 린드버그는 심장병으로 고생하던 자신의 처제를 카렐에게 의뢰했다가 적절한 기구가 없어 수술도 제대로 받지 못하고 그녀가 세상을 떠나게 되자 카렐과 손잡고 연구에 동참하게 되었으며, 주로 기술적인 부분의 개발에 공헌했다. 그러나 일설에 의하면, 카렐이 대중홍보를 위해 린드버그의 명성을 이용했다는 주장도 있다.

그 무렵 카렐은 『미지의 사나이』라는 저서를 출판해 일약 베스트셀러 작가가 되었는데, 이 책에서 그는 노골적으로 인종적 우월주의를 찬양하고 인류는 소수의 엘리트 집단이 이끄는 강화된 우생학적 체제하에서만 보다 나은 미래를 보장받을 수 있다고 하면서 선천적으로 타고난 생물학적 귀족이 분명히 존재하며 열등한 인종은 억압되어 마땅하다고 주장했다.

더 나아가 이들에 대해 가스를 이용한 안락사 방식이 오히려 인도주의적이며 경제적으로도 매우 효율적인 처리방식이 될 것으로 보았다. 카렐은 한술 더 떠서 1936년에 간행된 독일어판 서문에서는 나치 독일에서 시행하고 있는 우생학적 정책을 찬양하고, 정신질환자와 범죄자들의 번식을 차단시키기 위한 독일 정부의 노력이야말로 가장 이상적인 해결책이라고 주장했다.

실제로 카렐은 나치 괴뢰정부인 비시 정권의 비호 아래 인간문제연구재단의 총감독직을 맡아 자신의 우생학적 신념을 계속 밀고 나가면서 결혼 전에 생물학적 검사를 통해 배우자의 유전상태를 의무적으로 입증하는 혼전 증명서 제도를 법제화하는 데 앞장서기도 했다.

1944년 8월 파리가 해방되자 프랑스 보건장관은 카렐에게 집행유예 조치를 내렸으며, 다행히 카렐은 그해 11월 세상을 떠남으로써 반역죄 처벌을 면하게 되었지만, 인간문제연구재단은 곧바로 해체되고 말았다. 그러나 카렐이 세상이 떠날 무렵 아우슈비츠에서는 수백만의 유대인들이 가스실에서 희생되고 있었으니 결국 그의 꿈은 실현되었다고 할 수 있다.

카를 융의 위험한 관계

카를 융(Carl Jung, 1875~1961)은 스위스의 정신과의사이자 분석심리학의 창시자다. 심오한 이론 정립과 정력적인 연구업적으로 세계적인 석학이 되었지만, 반유대주의적 입장으로 나치에 동조하는 행적을 보인 데다가 제자들과의 스캔들로 도덕적 시비의 대상이 되기도 했다.

카를 융은 스위스 케스빌에서 목사의 아들로 태어나 바젤 대학교에서 의학을 공부하고 정신과의사가 되어 취리히의 부르크횔츨리 병원에 근무하면서 단어연상법을 개발하고 콤플렉스라는 용어를 만들어 유명해졌으며, 정신분석에도 관심을 지녀서 프로이트와 잠시 교류하기도 했으나 성욕설에 치우친 프로이트 이론에 동조할 수 없어 결별을 선언하고 자신만의 독자적인 분석심리학을 창시했다.

부르크횔츨리 병원에 근무할 당시 융은 히스테리 증세로 입원한 러시아 출신의 유대인 여성 자비나 슈필라인(Sabina Spielrein, 1885~1942)을 치료하고 있었는데, 그녀는 스위스에 유학 중인 학생이었다. 이미 결혼한 유부남이었던 융은 자신이 치료하던 슈필라인과 곧 깊은 관계에 빠져 본인 자신도 큰 혼란을 겪게 됨으로써 프로이트에게 자문을 구하기도 했다.

다행히 이성을 되찾은 두 남녀는 다시 각자의 길을 걷기 시작했으며, 슈필라인은 그 후 취리히 의대를 졸업하고 정신분석가가 되어 소련으로 돌아갔으나 당시 소련에서는 정신분석 이론 자체가 비판의 대상이 되고 그 활동을 금지했기 때문에 별다른 역할을 하지 못하다가 스탈린그라드로 진격하던 독일군에 의해 두 딸과 함께 학살당하고 말았다.

융과 슈필라인의 스캔들은 오랜 세월 비밀에 부쳐졌다가 1977년 제네바의 한 연구소 지하실에서 그녀의 일기가 발견됨으로써 두 사람 사이에 있었던 충격적인 사건의 전모가 만천하에 드러나게 되었는데, 이들 사이에 벌어진 사건의 내막은 데이빗 크로넨버그 감독의 2011년도 영화 〈데인저러스 메소드〉에 잘 묘사되어 있다.

그러나 융은 슈필라인과의 스캔들이 마무리된 이후에도 제자였던 토니 볼프와 불륜관계에 빠져 다시 한 번 구설수에 올랐다. 융의 제자이자 비서요 연인 노릇을 동시에 수행했던 토니 볼프는 융의 집을 마음대로 드나들며 그의 아내 엠마 부인의 속을 태우기도 했다.

이처럼 제자들과 맺은 융의 위험한 관계는 나치 독일과의 관계에서도 재연되었는데, 유대인 일색인 정신분석에 대해 혐오감을 지니고 있던 융은 나치의 노골적인 반유대주의 정책에 편승하여 프로이트의 정신분석을 유대인 심리학으로 매도하는 한편, 순수 아리안 인종의 독자적인 심리학을 확립하는 일이야말로 진정한 학문적 사명이 될 것임을 설파하기도 했다.

당시 나치 지도자 괴링 원수의 친척이며 정신과의사인 마티아스 괴링이 주도한 국제정신치료학회에 적극적으로 가담한 융은 유대인에 대한 혐오적인 발언으로 물의를 빚기도 했으나 제2차 세계대전이 종식된 이후 자신에게 쏟아진 나치 동조 혐의에 대해서는 극구 부인했다.

한때 베를린 당국으로부터 히틀러의 건강상태에 대한 자문을 의뢰받기도 했던 융은 히틀러의 정신상태가 정상이 아님을 깨닫고 그 제안을 사양했는데, 당시 스위스에서 활동하고 있던 미국 정보국의 덜레스에게 히틀러와 무솔리니의 정신상태에 대한 정보를 은밀히 제공함으로써 전후 나치 동조자로서의 불이익을 모면하는 데 결정적인 역할을 하게 되었다. 자신에 대한 비난 여론을 의식한 듯 그 후 융은 자신이 직접 쌓은 볼링겐 탑 속에 은거해 지내다가 86세를 일기로 눈을 감았다.

그런데 카를 융이 자신의 환자와 벌인 위험한 관계는 현대에 이르러서도 우리의 가까운 이웃 일본에서 재연되었다. 일본의 정신과의사이자 라캉파 분석가인 오가사와라 신야(小笠原晋也 1956~)는 2002년 12월 자신의 환자이자 약혼녀인 나카지마 게이코를 목 졸라 살해한 혐의로 경찰에 체포되어 10년형을 선고받았다.

교토 의대를 졸업한 그는 정신분석 수련을 위해 일찌감치 런던과 파리로 유학을 떠났으나 현지 적응에 애를 먹다가 라캉의 사위인 자크 알랭 밀레르의 밑에서 정신분석을 배우고 귀국해 개업한 정신과의사다. 그는 일본에 라캉 정신분석을 최초로 소개한 선도적인 인물로 저술활동도 활발히 펼치는 등 장래가 매우 촉망되는 인물이었지만, 어처구니없는 살인사건으로 완전 재기불능의 상태로 전락하고 말았다.

오가사와라 사건은 20년 전 파리에서 벌어진 알튀세르의 살인사건을 떠올리게 하는데 마르크스주의 철학자로 세계적인 명성을 지녔던 알튀세르는 자신의 아내를 목 졸라 살해한 뒤 정신병원에 보내졌다가 그곳에서 세상을 떠났다. 알튀세르 역시 라캉파 분석가에게 오랜 기간 정신분석을 받았다는 점에서 두 사람은 묘한 인연을 맺은 셈이다.

마약중독자로 전락한
오토 그로스

오스트리아의 정신과의사 오토 그로스(Otto Gross, 1877~1920)는 정신분석 초창기에 프로이트와 카를 융과 교류하면서 한때는 유능한 정신분석가로서 큰 기대를 모으기도 했으나 극단적인 무정부주의 사상 및 성해방 이론에 빠져 스스로 몰락의 길을 자초하고 말았다. 그는 무절제한 여성관계는 물론 심각한 마약중독으로 여러 차례 정신병원에 입원해 치료를 받기도 했는데, 결국에는 정신적 파탄상태로 여기저기를 전전하다가 베를린 거리에서 얼어 죽은 시신으로 발견되었다.

그런데 사실 오토 그로스는 오스트리아에서 저명한 범죄학 교수의 아들로 태어나 어려서부터 개인교사를 두고 공부할 정도로 매우 윤택한 가정에서 성장한 인물이었다. 하지만 의대를 졸업한 후 해군 군의관으로 복무할 때 남미에서 처음으로 마약에 손을 대기 시작하면서 그의 삶은 점차 혼란의 늪에 빠져들었다. 그런 아들의 모습에 몹시 화가 난 아버지는 수시로 그를 정신병원에 입원시켰는데, 스위스의 부르크횔즐리 병원에서 카를 융을 만난 것도 바로 그때였다.

당시 그는 이미 무정부주의적 성해방론자로서 일부다처제를 신봉하고 있었는데, 그것은 단순한 신념에 그친 게 아니라 실제로 무절제한 여성편력을 통해 충분히 입증되고도 남을 정도로 그는 숱한 여성들과 관계를 맺고 자식들까지 낳았다.

그와 관계를 맺은 여성들의 명단을 보자면, 프리다 슐로퍼, 엘제 야페, 프리다 위클리(엘제의 동생으로 나중에 영국 작가 D. H. 로렌스와 결혼함), 레기나 울만(시인 릴케와 절친했던 스위스 작가), 마리안네 쿠와 그녀의 자매인 니나와 마르가레테 등 실로 다양하다.

오토 그로스는 정신병원에 입원해 있는 동안 카를 융의 분석을 받으면서 동시에 그 자신이 융을 분석하기도 했는데, 오히려 치료자인 융이 자신의 환자였던 오토 그로스에게서 더 큰 영향을 받았다. 특히 일부다처제에 대한 그로스의 신념은 융에게 결정적인 영향을 주어 그 후 융이 벌인 제자들과의 스캔들에 직접적인 원인을 제공한 것으로 보인다.

어쨌든 그는 막강한 힘을 지닌 아버지의 그늘에서 벗어나지 못하고 수차례 정신병원 신세를 진 뒤에 프로이트의 제자였던 빌헬름 슈테켈에게 분석을 받고 자신이 완전히 회복되었다고 아버지에게 큰소리를 쳤으나 그에 대한 아버지의 감시는 그 후에도 계속되었다. 그러다가 아버지가 세상을 뜨게 되자 그는 다시 마약에 손을 대기 시작해 정신병원에 수용되었으며, 이번에는 아버지가 아니라 당국의 감시를 받는 신세가 되고 말았다.

오토 그로스는 정신분석 초창기에 잠시 프로이트의 조수 노릇을 한 일 외에는 사실 정신분석과 전혀 무관한 인물이다. 물론 그는 정신과의사로 활동하기도 했지만, 급진적 사상과 무절제한 사생활, 그리고 심각한 약물중독으로 정상적인 업무를 수행하기는 매우 어려웠다. 하지만 오늘날에 이르러 그의 존재는 시대를 앞선 성해방 운동 및 반문화운동의 선구자인 동시에 모든 권위와 권력에 반항했던 반정신의학의 선구자로도 재평가되고 있으니 세상일은 참으로 알다가도 모를 일이다.

거짓으로 밝혀진
노구치 히데요의 업적

일본의 세균학자 노구치 히데요(野口 英世, 1876~1928)는 매독 병원체를 발견해 세계적인 명성을 얻었으며, 아홉 차례나 노벨 의학상 후보에 올랐으나 끝내 수상에는 실패했다. 그는 자신이 소아마비, 광견병, 트라코마, 황열병의 병원체도 발견했다고 주장했지만, 그것은 사실이 아닌 것으로 판명되었다. 그러나 어쨌든 일본에서 그는 일본의 슈바이처로 불리며 존경을 한 몸에 받았던 인물이다.

일본의 후쿠시마 현에서 태어난 노구치는 출생 직후 난로에 떨어져 왼손에 심한 화상을 입고 조막손을 지니게 되었는데, 그 후로 평생 동안 왼손을 자유롭게 쓰지 못하는 불구로 살았다. 비록 소학교 시절에 스승의 도움으로 수술을 받아 부분적인 기능 회복이 가능하게 되었지만, 불구자로서 사회적 멸시를 받으며 지내야 했다.

그런 장애를 극복하고 의사가 되기로 결심한 노구치는 자기를 수술해 준 와타나베 박사의 제자가 되어 의술을 익혔으며, 제생학사^(濟生學舍)에 입학해 의학을 공부하고 졸업과 동시에 의사 자격을 땄다. 하지만 한 손이 부자유스러운 입장에서 취직에 어려움을 느낀 노구치는 그 후 미국으로 건너가 펜실베이니아 대학교의 플렉스너 교수 밑에서 조수로 일하며 연구에 전념했다. 당시 그와 함께 일하던 동료들 가운데는 1912년 노벨 의학상을 수상한 알렉시 카렐도 있었다.

1913년 록펠러 연구소에 근무할 당시 노구치는 진행성 마비 환자의 뇌에서 매독을 일으키는 병원체를 발견하고 그 학명에 자신의 이름까지 붙여 명명했으나 인체실험 과정에서 문제가 생겨 학계의 비난과 동시에 실험대상인 아동들의 부모에게 고소까지 당했다. 그것은 노구치가 고아들을 비롯한 어린 피실험자의 팔에 자신이 추출한 매독균을 직접 주사해 연구함으로써 환자들의 인권을 침해했기 때문이다.

그 후 노구치는 황열병과 소아마비, 트라코마 백신을 연구하기 위해 중남미를 여행했으며, 특히 황열병의 원인균이 바이러스가 아니라 매독균에 의한 것이라는 자신의 주장을 입증하기 위해 아프리카로 갔다가 현지에서 그 자신이 황열병에 걸려 52세의 나이로 숨지고 말았다.

미국에서 노구치는 전염병에 관한 수백 편의 논문을 쓰고 여러 차례 노벨상 후보에도 올라 이름을 날렸지만, 학계의 반응은 냉담하기만 했다. 왜냐하면 그의 생존 시에는 전자현미경이 발명되기 전이었으며, 노구치가 발견했다고 주장한 수많은 병원체들은 대부분 바이러스로 판명되어 전자현미경으로만 볼 수 있는 것이었기 때문이다. 다시 말해 노구치는 확실히 입증되지 않은 사실을 마치 자신이 입증한 것처럼 거짓 주장을 내세운 셈이며, 실제로 그의 주장은 오늘날 대부분 허구로 간주되고 있다.

비록 그는 자신의 발견을 오판했지만, 그에 대한 일본인의 자부심은 실로 대단하다. 당시 일본인들은 독일에 슈바이처가 있다면, 일본에는 노구치 히데요가 있다고 하면서 자랑했지만, 그를 슈바이처에 비유한 것은 아무래도 좀 어색하다. 슈바이처가 백인이 지배하는 식민치하의 비참한 흑인들을 위해 일생을 바친 것과는 달리 노구치는 식민치하의 조선인을 위해 한 일이 아무것도 없기 때문이다. 하지만 불구의 몸으로 개인적인 역경을 딛고 일어서 세계적인 의학자가 된 사실만큼은 높이 평가할 만하다.

나치를 찬양한
고트프리트 벤

고트프리트 벤(Gottfried Benn, 1886~1956)은 독일의 피부과의사이자 저명한 시인이다. 한때는 표현주의를 대표하는 시인으로 주목을 끌었으나 제2차 세계대전 이후에는 나치 동조 혐의로 연합군에 의해 그의 작품들이 한때 출판 금지 조치를 당하는 등 수모를 겪기도 했다.

그는 독일 동부의 브란덴부르크 지방 만스펠트에서 목사의 아들로 태어났다. 아버지의 영향으로 마르부르크 대학교에서 신학을 공부한 그는 도중에 전공을 의학으로 바꿔 베를린의 카이저 빌헬름 아카데미에서 군의교육을 받고 졸업해 군의관으로 복무했으나 평발 때문에 제대했다.

그 후 베를린 대학교에서 의학박사 학위를 받은 그는 1912년 처녀시집 『시체공시장』을 발표했으나 피와 오물, 질병과 죽음 등 의학용어로 뒤범벅이 된 그의 시들은 비평가들과 대중으로부터 역겹고 혐오스럽다는 반응을 얻었다. 표현주의적 수법으로 쓴 그의 시들은 일종의 실존적 허무주의를 드러낸 것으로 평가되기도 했다.

그의 초기 시의 하나인 〈해산부의 방〉 일부를 보면 그 음산한 분위기를 엿볼 수 있다. "당신은 쉬기 위해 거기 있는 게 아니오./ 스스로 생기는 일이란 없소. 당신은 뭔가를 해야 하오./ 마침내 나온다. 창백하고 작은 것이/ 오줌과 똥을 바른다.// 눈물과 피로 얼룩진 열 한 개의 침대에서/ 신음소리가 인사를 드린다./ 다만 두 개의 눈동자에서만/ 하늘로 향한 축제의 합창이 터져나올 뿐// 이 작은 몸뚱이를 통해/ 모든 게 생겨날 것이오. 고통도 행복도/ 그리고 언젠가는 가래를 끓이며 괴로워하면서 죽어 가고/ 이 방에는 또 다른 열두 명이 누워 있으리./"

제1차 세계대전이 터지자 군의관으로 징집된 그는 잠시 벨기에 전선에 배치되었다가 종전 후에는 베를린에서 피부과의사로 개업해 성병전문의로 일했다. 전후 바이마르 공화국에 적대적이었던 벤은 공산주의와 미국을 동시에 혐오했으며, 그런 입장 때문에 당시 급부상하던 나치를 지지해 히틀러에게 충성 서약을 하고 라디오 방송을 통해서도 독일 노동자들은 나치 정부를 통해 보다 나은 삶을 누릴 수 있다고 호소했다. 이 라디오 방송은 나중에 그에게 돌이킬 수 없는 족쇄가 되고 말았다.

하지만 나치를 통해 표현주의 예술 발전을 기대했던 것과는 달리 나치의 문화정책이 오히려 반대방향으로 치닫게 되자 벤은 크게 실망하고 점차 입을 다물기 시작했다. 파시즘 사회의 한가운데 고립된 그는 마침내 나치에 의해서도 타락하고 퇴폐적인 시인으로 공격을 받기에 이르렀지만, 다행히 친위대장 히믈러가 그를 변호해 줌으로써 위기를 넘기기도 했다. 히믈러의 비호를 받은 이 사건 역시 벤에게는 나중에 불리하게 작용했다.

그러나 1938년 나치작가연맹은 벤의 모든 창작활동을 금지시키는 조치를 내리고 말았는데, 제2차 세계대전 기간 중에는 군의관으로 징집되어 동부 전선에서 복무하다가 종전 후에는 베를린으로 다시 돌아와 개업의로 일했다. 설상가상으로 이번에는 연합군 측이 과거 나치 동조 혐의를 문제 삼아 그의 활동을 금지시켰으니 벤은 그야말로 사면초가 상태에 몰리고 말았다. 하지만 의사가 태부족이었던 당시 사정 때문에 처벌만큼은 면할 수 있었다. 말년에 이르러 비로소 뷔흐너 상을 받고 문학적 인정을 받은 그는 70세를 일기로 베를린에서 생을 마감했다.

전범 작가
셀린

반유대주의 및 친나치 행보를 보였던 프랑스의 소설가 루이 - 페르디낭 셀린(Louis-Ferdinand Céline, 1894~1961)은 종전이 이루어지자

전범 작가로 지목되어 덴마크로 망명했다가 특별 사면되어 간신히 귀국했다. 하지만 그는 20세기 문학사에 새로운 지평을 연 작가였으며 특히 속어와 비속어를 섞어 사용한 독특한 문체는 그의 허무주의적 성향과 맞물려 세계적인 반향을 불러일으키기도 했다.

파리 근교의 가난한 집안에서 태어난 그는 원래는 데투슈라는 성을 지니고 있었으나 나중에 할머니의 성인 셀린을 자신의 필명으로 삼았다. 그의 아버지는 보험회사 말단 직원이었고, 어머니는 레이스를 만들어 파는 여성이었다. 빈한한 가정형편으로 어려서부터 안 해 본 일이 없을 정도로 고생이 많았던 셀린은 부모에 대한 반항심으로 18세 때 프랑스 육군에 자원입대해 나중에는 상사 직급에까지 올랐다.

제1차 세계대전이 발발하자 그는 가장 위험한 임무도 자청해서 떠맡아 수행함으로써 다른 장병들의 귀감이 되었으며, 쏟아지는 포연 속을 헤치고 임무를 수행하다 부상을 입고 훈장까지 받았으나 더 이상 전투에 임할 수 없게 되어 제대하고 말았다. 종전 이후 셀린은 여러 직업을 전전하다 브르타뉴 지방의 렌 의대에서 의학을 공부하고 파리 모자병원에서 인턴을 마쳤다. 그 후 몽마르트에 산부인과 의원을 개업해 진료하다가 1931년에는 문을 닫고 본격적인 작가의 길로 들어서기 시작했다.

1932년 발표한 자전적인 소설 『밤의 끝으로의 여행』은 속어와 비속어를 뒤섞은 노골적인 문체로 독자들을 놀라게 하면서 베스트셀러가 되었으며, 가장 유력한 공쿠르상 후보자로 떠올랐으나 상을 받지는 못했다. 그가 남긴 『밤의 끝으로의 여행』『까닭 없는 죽음』『기뇨르즈 밴드』『전쟁』『성에서 성으로』『북부』등의 소설은 그 독특한 문체로 인해 사르트르의 극찬을 받았으며, 그 후에도 사무엘 베케트, 장 쥬네, 로브 – 그리에, 그리고 미국의 헨리 밀러와 잭 케루악, 독일의 귄터그라스 등에게도 많은 영향을 끼쳤다.

하지만 1930년대 무렵 셀린은 반체제주의와 반유대주의에 입각한 극단적인 언행을 일삼기 시작했는데, 나치 독일을 찬양하는 가운데 프랑스는 히틀러와 손잡고 협력해야만 한다고 선전하는가 하면, 파시즘이야말로 민중의 편이며, 노동자를 구할 수 있는 것은 공산주의가 아니라 히틀러라고 단언했다.

유대인에 대한 그의 혐오감은 특히 노골적이고도 극렬한 내용들이어서 나치 당국자들조차도 셀린이 오히려 역효과를 내고 있다며 불만을 터뜨릴 정도였다. 독일이 항복하자 셀린은 곧바로 덴마크에 망명했는데, 프랑스 정부는 셀린을 국가적 불명예를 저지른 전범 작가로 규정하고 유죄선고를 내렸으며, 그가 쓴 모든 반유대적 작품들은 출판 금지되었다.

1951년 특사로 힘겹게 귀국한 셀린이었지만, 그는 여전히 자신의 반유대주의가 정당했음을 강변하면서 유대인은 착취자들이며 백인 아리안족의 기독교 문명은 스탈린그라드에서 종말을 고했다고 단언하기까지 했다. 한 술 더 떠서 셀린은 홀로코스트의 존재조차 부정했다. 말년에 이른 셀린은 주위의 따가운 눈총 속에서 동맥류 파열로 급사했는데, 그가 세상을 떠난 뒤 셀린의 집은 누군가의 방화로 인해 전소되고 말았다.

춘원 이광수의 변절에 연루된 것으로 알려진

허영숙

일제강점기에 유영준과 마찬가지로 일본에서 의학을 공부한 허영숙(許英肅, 1895~1975)은 우리나라 최초로 의사면허를 딴 여의사이며 산부인과 개업의였으며, 1920년 서울 서대문에 『영혜의원』을 개업한 후 1925년 『한성의원』을 거쳐 1938년에는 효자동에 산부인과 전문인 『허영숙 산원』으로 이름을 바꿔 이전했다.

허영숙은 경성의 부잣집 딸로 태어나 당시 양반집 자제들이나 다니던 진명소학교와 경기여중을 거쳐 일본에 유학, 동경여의전을 졸업하고 1918년 조선총독부가 시행한 의사시험에 여성의 몸으로는 가장 최초로 합격한 인물이 되었다. 그녀의 부모는 의사 신랑감을 원했지만, 허영숙은 부모의 뜻을 물리치고 결국 춘원 이광수의 재취로 들어갔다.

비록 그녀의 행적은 분명치 않으나 이미 의대생 시절인 1917년 가을에 당시 일본에 유학 중이던 춘원 이광수와 운명적인 만남을 갖고 곧바로 로맨스에 빠지고 말았는데, 당시 춘원은 폐결핵 증세의 악화로 그녀가 실습하던 병원을 찾았다가 처음으로 허영숙을 알게 되었던 것이다. 그 후 허영숙은 본부인 백혜순과 이혼한 춘원과 함께 1918년 중국 북경으로 애정의 도피행각을 벌여 세간의 지탄을 받기도 했지만, 자유연애를 신봉한 두 남녀는 그런 세간의 비난 따위는 아랑곳하지 않았다.

더욱이 그녀는 느닷없이 1920년 중국 상해에서 독립운동에 몰두하고 있던 이광수를 찾았는데, 그녀의 예고 없는 방문은 당시 독립운동가들 사이에서 큰 파문을 일으켰다. 왜냐하면 그녀가 조선총독부의 사주를 받고 이광수의 마음을 흔들어 놓은 게 아니냐는 의혹을 샀기 때문이다. 실제로 이광수는 그 후 귀국 의사를 밝히고 도산 안창호가 극구 만류하는데도 불구하고 허영숙의 뒤를 따라 귀국을 강행하고 말았다.

귀국 즉시 이광수는 예상한 대로 일경에 체포되었지만, 의외로 곧 풀려났는데, 이런 점이 더욱 큰 의혹을 불러일으키는 결과를 낳았다. 허영숙이 전달한 조선총독부의 신분보장을 믿고 춘원이 귀국한 것이라는 소문이 파다하게 퍼졌기 때문이다. 석방과정의 의혹으로 변절자라는 비난을 얻게 된 이광수는 1921년 5월에 허영숙과 정식 결혼하고 집안에 은둔한 채 두문불출하게 되었다.

이광수는 그해 9월에 사이토 총독과 면담한 후 그야말로 출세가도를 달리기 시작했는데, 동아일보사에 입사해 그가 받은 보수는 부장급의 3배나 되는 파격적인 대우였으니 주위에서 그를 바라보는 눈총이 따가울 수밖에 없었을 것이다. 더욱이 허영숙의 전폭적인 지원 아래 춘원은 아무런 거리낌 없이 친일행각을 계속했으니 월탄 박종화뿐만 아니라 원로 언론인 송건호조차도 이광수의 친일 변절의 배후인물로 허영숙을 지목한 것이 당연한 결과였는지도 모른다. 하지만 그 진위 여부는 지금까지도 알 길이 없다.

비록 허영숙은 상해 임시정부로부터 숱한 의혹의 대상이 되기도 했지만, 남편인 이광수의 후견인 노릇을 도맡으며 헌신적으로 그를 돌보았는데, 건강문제로 춘원이 동아일보사를 잠시 쉬게 되자 그의 뒤를 이어 여성으로서는 최초로 신문기자가 되어 학예부장 자리에까지 올랐다. 그녀는 1927년 퇴사한 후 의사의 본업으로 돌아갔지만, 그 후에도 신문 지상을 통해 여성의 지위에 대한 문제 제기로 치열한 지상 논쟁을 벌였던 여성운동가이기도 했다.

사기 혐의로 감옥에서 죽은
빌헬름 라이히

빌헬름 라이히(Wilhelm Reich, 1897~1957)는 오스트리아 출신의 정신과의사이자 정신분석가다. 천재적인 두뇌의 소유자였던 라이히는 좌충우돌적인 괴팍한 성격을 지녔던 인물이기도 했다. 그는 처음에는 공산주의자를 자처하다가 나치 독일의 등장으로 생명의 위협을 느끼고 노르웨이를 거쳐 미국으로 도피해 활동하면서 반공주의자로 선회했다. 그러나 말년에는 편집증 증세를 보이는 등 정신적으로 문제가 생겼으며, 오르곤 상자를 발명해 암을 고친다고 선전함으로써 미 식품의약국의 제소에 따라 미 연방교도소에 수감 중에 있다가 사망했다.

그는 오스트리아 제국의 영토였던 갈리시아 지방 출신으로 그의 부모는 모두 유대인이다. 하지만 라이히가 열두 살이었을 무렵에 그의 가정교사와 눈이 맞은 어머니의 불륜사실을 아버지에게 고자질한 것이 화근이 되어 어머니가 자살하는 사건이 벌어졌으며, 그 후 아버지마저 세상을 떠나 버리자 라이히는 졸지에 고아 신세가 되고 말았다.

그렇게 해서 어머니의 죽음에 대한 죄의식과 성 문제에 대한 수수께끼는 라이히가 일생을 통해 풀어야 할 숙제가 되었으며, 그런 이유 때문에 그는 성인이 되자 공산주의와 정신분석에 더욱 이끌렸는지도 모른다. 어쨌든 불행했던 아동기를 보낸 라이히는 빈 의대를 졸업하고 인종차별주의자로 유명한 바그너-야우렉의 밑에서 정신과 수련을 받는 동시에 프로이트를 만나 정신분석에도 관여하게 되었다.

그러나 라이히의 급진적 사상에 거부감을 지녔던 프로이트는 그와 거리를 두기 시작했으며, 실제로 라이히는 사회주의 노선에 따른 성해방 운동을 벌여 정통 분석학계로부터 경원시되기에 이르렀다. 더욱이 1933년에 출간한 그의 저서 『파시즘의 대중심리』로 인해 라이히는 나치 독일뿐 아니라 공산당으로부터도 위험분자로 간주되었다.

결국 설 자리를 잃게 된 라이히는 나치의 유대인 박해를 피해 노르웨이로 망명했으나 충동적인 성향 때문에 그곳에서도 무분별한 여성편력과 스캔들을 일으킴으로써 말썽이 일자 미국으로 이주했다. 그는 미국에서 오르곤 연구소를 세우고 후학들을 양성하는 데 힘을 쏟는 가운데 인공강우를 연구하기도 하고 성격무장 이론을 내세워 정신분석 이론의 발전에 공헌을 하기도 했다.

하지만 언제 어디로 튈지 모르는 그의 돌출적인 삶의 방식은 정신분석학계나 공산당, 더 나아가 미국 정부조차도 당혹스럽게 만들기 일쑤였다. 따라서 그는 자신의 주위에 항상 수많은 적들만을 양산하는 결과를 초래하고 말았는데, 라이히는 자신을 비방하는 정신분석가들, 소비에트 정부, 파시스트들을 상대로 거침없는 험담을 토해 냈으며, 심지어는 자신을 받아들여 준 미국 정부까지 싸잡아 비난함으로써 철저한 고립을 자초했다.

이처럼 기이한 행적 때문에 그는 가는 곳마다 기피인물로 낙인찍혔지만, 라이히의 성해방 논리가 미국 사회에 상당한 영향을 끼친 것만큼은 사실이다. 특히 그가 이룩한 성치료 분야는 미국 의학계에서도 독보적인 위치를 점하고 있었다. 하지만 그가 만병통치기구라고 선전했던 오르곤 상자에 대해 미국 행정부가 사이비 의료행위로 규정하자 자신의 획기적인 발명품을 가로채기 위한 조직적인 음모가 있다고 여긴 라이히는 극심한 편집증세에 빠진 나머지 미 식품의약국의 제소에 따른 법정출두 명령에도 불응함으로써 결국 감옥에서 생을 마감하는 비운을 겪고 말았다.

마릴린 먼로의 죽음으로 곤욕을 치른
랠프 그린슨

랠프 그린슨(Ralph Greenson, 1911~1979)은 미국 로스앤젤레스에서 활동한 정신과의사이며 정신분석가다. 그린슨은 섹스 심벌로 유명한 여배우 마릴린 먼로를 분석한 인물로 알려져 있다. 그는 마릴린 먼로 외에도 비비안 리, 프랭크 시나트라, 토니 커티스 등 많은 할리우드 영화인들을 치료하기도 했는데, 그런 배경 때문에 할리우드 사교계에서 유명인사로 통했다.

그는 원래 스위스 베른에서 태어난 유대인으로 본명은 로메오

사무엘 그린쉬푼이었지만 어릴 때 가족이 미국으로 이주하면서 성을 바꿨다. 뉴욕에서 고등학교를 졸업한 그는 의대 진학을 원했으나 당시만 해도 유대인의 입학을 꺼리는 대학이 많아 어쩔 수 없이 스위스로 유학해 베른 대학교에서 의학을 공부했다. 당시 그는 한때 프로이트의 제자였던 빌헬름 슈테켈에게 분석을 받았지만, 이미 국제정신분석학회를 탈퇴한 상태에 있던 슈테켈이었기 때문에 공식적인 인정을 받지는 못하고 미국으로 귀환한 뒤 오토 페니켈에게 다시 분석을 받고서야 비로소 정신분석가 자격을 얻게 되었다.

제2차 세계대전 기간 중에는 미 육군 항공대 소속 정신과 군의관으로 복무하면서 전쟁 후유증에 시달리는 많은 장병들을 치료했는데, 그는 데이빗 밀러 감독의 1963년도 영화 〈뉴먼 대위〉에서 인기 배우 그레고리 펙이 주역을 맡아 연기한 뉴먼 대위의 실제 모델이기도 했다. 이 영화의 원작은 작가 레오 로스텐이 친구였던 랠프 그린슨의 실제 경험담을 토대로 쓴 소설이었다.

이처럼 랠프 그린슨은 할리우드에서 유명세를 얻었지만, 인기에만 연연하지 않고 UCLA 대학교에서 정신과 교수로 일하면서 학생들을 가르치고 지도하는 한편 많은 논문과 정신분석 기법에 관한 저술을 발표해 학문적으로도 이름을 떨쳤다. 그러나 명성을 날릴수록 사람들의 구설수에 휘말리기 쉬운 법인데, 가장 대표적인 경우가 바로 그가 치료하던 마릴린 먼로의 자살 사건이었다.

1962년 마릴린 먼로의 죽음을 처음 발견하고 경찰에 신고한 사람은 바로 그녀의 치료자였던 랠프 그린슨이었다. 물론 그녀의 사망원인은 수면제 과용으로 판명됐지만, 예기치 못한 그녀의 죽음으로 최초의 목격자였던 그린슨은 그야말로 온갖 억측과 루머의 대상이 되고 말았다. 더욱이 경찰과 FBI로부터 그에 대한 집중적인 조사가 이루어지자 세상의 이목이 모두 그에게 쏠리게 되었으니 그린슨의 체면이 말이 아니게 되었다.

물론 그린슨에 대한 의혹은 조사 결과 아무런 혐의도 없는 것으로 드러났지만, 그럼에도 불구하고 그녀의 죽음이 자살이냐 타살이냐 하는 의혹은 그 후에도 계속되었으며, 케네디 형제와의 은밀한 관계, CIA 또는 마피아와의 연루 혐의 등 그녀의 죽음에 대한 의혹은 식을 줄 몰랐다. 그리고 사실 그녀의 사생활은 매우 복잡하기 그지없었음에 틀림없다.

그러나 그린슨에게 가장 큰 부담을 준 부분은 역시 치료자였던 그가 마릴린 먼로를 죽음으로 몰고 가게 한 책임이 있는 게 아니냐는 의심이었으며, 더 나아가 분석과정에서 발생할 수 있는 전이와 역전이 관계에서 빚어진 불미스러운 사고가 아니었을까 하는 의구심이었다. 또한 분석가에게 모든 사실을 털어놓을 수밖에 없다는 치료과정의 특성상 그 누구보다 먼로의 주변 정황을 소상히 알고 있었을 것이라는 사람들의 인식 때문에 그 어떤 압력에도 불구하고 환자의 비밀을 지켜야 했던 그린슨의 입장은 실로 난처했을 것이다. 어쨌든 그린슨은 68세를 일기로 세상을 뜰 때까지 굳게 입을 다물고 침묵을 지켰다.

생체실험으로 밝혀진

김봉한의 학설

　북한의 의사였던 김봉한(金鳳漢, 1916~1966)은 1960년대에 산알 이론을 중심으로 한 혁명적인 봉한학설을 내세워 전 세계 의학계의 주목을 받았다. 그러나 그 후 생체실험을 통한 연구결과라는 사실이 밝혀지면서 정통학설로 인정받지 못하는 수모를 겪어야 했으며, 결국 북한 당국에 의해 비밀리에 숙청되고 말았다.

　원래 김봉한은 일제강점기에 서울대학교 전신인 경성제대 의학부를 졸업한 수재로 현 고려대 의대 전신인 경성여자의과 대학 교수로 재직하고 있었다. 그는 한국전쟁 당시 월북해 평양의과대학 생물학 교수로 근무하면서 인체에 존재하는 경락의 실체를 밝히는 연구에 몰두했는데, 동물실험을 통해 체내에 존재하는 산알의 실체를 밝혀내고 그것을 산알 이론으로 정리해 1961년 공식적으로 자신이 경락을 최초로 발견했다고 주장함으로써 세계 의학계를 놀라게 했다.

　당시 그의 연구결과는 특히 동구권과 일본의 과학자들 사이에서 폭발적인 관심을 이끌었는데, 북한 사회의 우수성을 널리 과시했다는 점에서 처음에는 북한 당국도 김봉한을 세계과학사에 금자탑을 이룬 영웅으로 치켜세웠으며, 따라서 북한 사회에서 그의 입지도 수직상승하기 시작했다.

　하지만 얼마 지나지 않아 그의 실험이 동물실험이 아니라 인체실험을 통해 이루어진 비인도적인 연구였다는 사실이 알려지면서 국제적으로 의혹이 일기 시작하자 입장이 난처해진 북한 당국은 더 이상의 논란을 잠재우기 위해 김봉한을 숙청하고 그의 학설 자체도 아예 폐기해 버렸다. 물론 당시 북한 사회에 불어닥친 갑산파 숙청사건에 연루되어 희생되었다는 주장도 없는 건 아니지만, 그 정확한 진상을 알 수는 없다.

일설에 의하면 그는 인민군을 상대로 생체실험을 한 것으로 알려지기도 했다. 더군다나 생체 내에서만 확인이 가능한 기의 존재를 규명하기 위해서는 주위 조직과 구분할 수 있는 특별한 염색법이 필요한 것인데, 김봉한은 자신이 사용한 약품의 이름을 분명히 밝히지 않고 애매모호하게 언급하고 넘어갔을 뿐이다. 과학자의 양심에 어긋난 태도를 보인 셈이다.

그동안 남한에서는 김봉한의 존재와 그의 학설 자체에 대해 전혀 알지 못하고 있다가 1970년대 후반에 가서야 비로소 일본 학자들의 입을 통해 국내에 알려지게 되었으며, 그 후 작가 공동철이 일본에서 출판된 서적 등을 참조해 김봉한을 본격적으로 국내에 소개하는 저서를 발간함으로써 그에 대한 관심을 증폭시켰다.

그런데 봉한학설이 사실로 입증된다면 그것은 기존의 서양의학에서 비롯된 해부학적, 생리학적 기초를 뿌리부터 뒤흔드는 그야말로 대단한 과학혁명이 될 것이 분명하다. 하지만 아직까지 국내 한의학계에서는 그의 학설을 입증할 수 있는 연구가 이루어진 적이 없으며, 중국이나 일본에서도 그런 비슷한 연구는 나온 적이 없다.

그러나 봉한학설이 지하에 묻힌 지 40년이 지난 최근에 이르러 서울대 소광섭 연구팀이 새로운 염색법을 개발해 김봉한의 이론을 뒷받침하는 봉한소체의 존재를 실험동물의 혈관 내에서 발견했다는 연구결과를 발표함으로써 한의학계의 기대를 모으고 있기는 하다. 그럼에도 불구하고 논란의 여지는 여전히 남아 있다고 볼 수 있다.

논문을 조작한
황우석 박사

황우석(黃禹錫, 1953~)은 서울대 수의과 교수로 재직하면서 혁신적인 줄기세포 연구로 수많은 난치병 환자들의 기대를 한 몸에 받으며 세계적인 학자로 떠올랐으나 논문조작 사실이 드러나면서 일순간에 몰락하고 말았다. 그의 놀라운 업적으로 한때는 노벨 의학상에 대한 기대까지 얻으며 국민적 영웅으로 떠올라 수많은 지지자들을 낳기도 했지만, 논문 조작 사건에 휘말려 전국을 들끓게 만들었다.

충남 부여에서 태어난 그는 1977년 서울대 수의대를 졸업하고 1986년부터 모교의 교수로 재직하면서 1993년 한국 최초로 체외수정을 통한 시험관 송아지를 생산해 세상에 알려지기 시작했다. 1999년에는 국내 최초의 체세포 복제에 성공하고 젖소 영롱이와 한우 진이를 생산했다고 발표했으나 이를 입증할 증거는 현재 남아 있지 않다.

2004년 세계 최초로 체세포 복제를 통한 인간 배아줄기세포 배양에 성공했다는 내용의 논문을 세계적으로 권위 있는 학술지『사이언스』에 발표함으로써 전 세계의 이목을 끈 뒤 이듬해에는 세계 최초의 환자 맞춤형 배아줄기세포 배양에 성공해 난치병 치료에 큰 기대를 걸게 했다. 당시 그는 세계 최초로 복제견 스너피도 생산해 언론의 화려한 조명을 받는 한편, 노무현 대통령이 그의 연구실을 직접 방문해 격려하는 등 그야말로 승승장구하며 사기충천해 있었다.

한국을 대표하는 세계적인 과학자로 떠오른 황우석은 노벨상도 바라볼 수 있다는 희망을 전 국민들에게 심어 줄 정도로 일약 슈퍼스타가 되었다. 더군다나 수많은 난치병 환자들은 황우석을 사랑하는 모임인 황사모를 통해 그에게 열렬한 지지와 성원을 보내기도 했다. 그는 단순한 과학자이기 이전에 국위를 선양한 애국자의 이미지가 더 강했다. 황우석의 인기에 편승해 수의대 지망생들이 대폭 늘기도 했다.

하지만 2005년 말 그에 대한 논문조작 의혹이 제기되면서 황우석은 곤경에 처하기 시작했다. 그동안 마치 전투에 임하는 장군처럼 연구팀을 독려하며 불철주야 줄기세포 연구에 박차를 가하고 있던 그로서는 전혀 예기치 못한 사태를 맞이하면서 오로지 의혹 해명에 모든 정력을 허비해야만 했으니 국가적으로도 엄청난 손실이요 국제적으로는 더욱 큰 망신이었다.

결국 그가 국제 학술지에 발표한 줄기세포 배양에 관한 논문이 허위로 조작되었다는 사실이 서울대 조사위원회의 최종심의를 통해 밝혀지면서 『사이언스』지는 황우석의 논문을 취소한다고 발표했으며, 그는 서울대 교수직에서도 파면당하고 말았다.

황우석은 마지못해 조작 사실을 시인하기는 했으나 자신이 줄기세포를 만든 것은 사실이라고 주장했다. 하지만 조사위원회는 그가 줄기세포를 만들었다는 증거를 찾지 못했다고 최종결론을 내렸다. 이로써 그의 줄기세포 연구팀은 사실상 해체된 것이나 다름없게 되었으며, 논문 조작 사건의 불똥은 황우석뿐만 아니라 공동 연구자들에게까지 튀어 숱한 시비를 낳았다.

황우석 사건으로 인해 심각한 도덕적 타격을 입은 한국의 줄기세포 연구는 그 이후로 극심한 침체기로 접어들어 그 선두주자의 자리를 미국과 일본, 중국 등에 넘겨주고 말았으며, 결국 2013년 5월 미국 오리건 대학교 연구팀이 세계 최초로 배아 줄기세포 배양에 성공했다고 발표함으로써 우리는 씁쓸한 뒷맛을 곱씹어야만 했다. 하지만 이 발표 역시 논문조작 의혹에 휩싸이면서 앞으로 그 귀추가 주목된다.

어쨌든 황우석 사건이 우리에게 남겨 준 교훈이라고 한다면 과학자의 공명심과 윤리 문제뿐 아니라 대중매체의 자극적인 선동성과 참고 기다릴 줄 모르는 대중들의 조급성 또한 우리 사회가 지닌 고질적인 병폐라는 점이다. 그런 문제는 그 후 2008년 전국을 쑥대밭으로 만들었던 미국산 쇠고기 파동을 통해 충분히 입증된 사실이기도 하다.

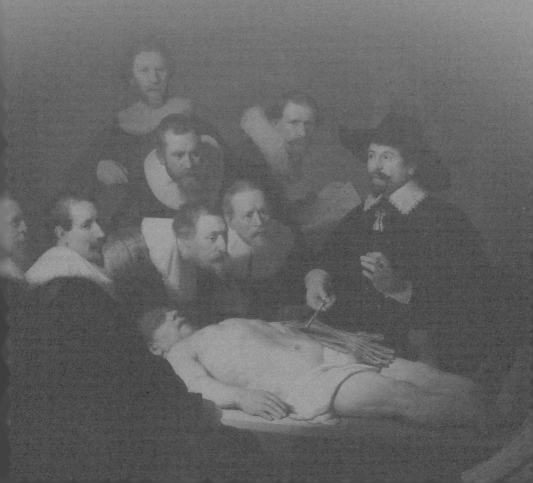

Chapter **6**

악명을 떨친 의사들

독살의 제왕들

프랑스 의사 카스탱(Edme Castaing, 1796~1823)은 모르핀을 사용해
살인을 저지른 최초의 인물로 기록된다. 그는 모르핀 과다 투여로
자신의 부유한 환자를 살해하고 그 돈을 가로챈 죄목으로 체포되
어 베르사이유 감옥에 갇히는 신세가 되었는데, 처음에는 미친 척
가장했다가 들통이 나자 친구를 통해 몰래 반입한 독극물로 자살
까지 기도했지만 실패한 뒤 사형이 집행되어 27세라는 젊은 나이
로 생을 마감했다.

산림청 감시관의 아들로 태어난 그는 어린 시절 학교를 다닐 때
상도 여러 번 탄 적이 있는 착실한 모범생이었다. 파리 대학교에서
의학을 공부하고 1821년 의사 자격을 딴 카스탱은 판사 미망인과
결혼해 두 아이까지 두었으나 친구에게 진 빚을 갚기 위해 결국 살
인을 저지르고 말았다. 그는 자신의 환자였던 발레 형제를 독살하
고 유언장을 파기해 돈을 가로챈 죄목으로 사형선고를 받았다.

하지만 진정한 독살의 제왕은 영국인 의사 윌리엄 팔머(William Palmer, 1824~1856)라 할 수 있다. 19세기 최대의 악랄한 살인마로 악명이 자자했던 그는 자신의 친구인 존 쿡을 독살한 죄목으로 수만 명의 군중이 지켜보는 가운데 교수대 위에서 공개 처형을 당했다.

그는 런던에서 의학을 공부한 후 고향으로 돌아와 개업하고 군인의 딸과 결혼해서 다섯 자녀를 두었지만, 빚에 쪼들린 나머지 자신의 형제와 장모를 포함해 네 명의 어린 자녀들까지 독살한 것으로 알려져 있다. 그의 네 자녀는 모두 세 살 미만의 아기들로 심한 경련 발작을 일으키며 숨지고 말았다. 팔머는 부인이 죽자 보험금을 가로챘을 뿐만 아니라 어머니의 서명을 위조해 돈을 빼돌린 후 경마 도박으로 탕진하기도 했다.

윌리엄 팔머의 대를 잇는 살인마가 또 있다. 폴란드 출신의 연쇄살인범으로 알려진 조지 채프먼(George Chapman, 1865~1903)이 바로 그 주인공이다. 그는 3명의 여성을 독살한 죄목으로 교수형에 처해졌는데, 오늘날에 이르기까지 많은 사람들이 그의 정체를 19세기 말 런던 시민들을 공포의 도가니로 몰아넣은 살인광 잭으로 굳게 믿고 있다.

하지만 채프먼은 자신과 매우 가까운 인물들만 살해했기 때문에 그럴 가능성은 매우 희박하다. 왜냐하면 살인마 잭은 자신이 알지 못하는 사람들을 상대로 살인을 저질렀기 때문이다. 원래 클로소프스키의 성을 가진 그는 바르샤바에서 외과 수련을 받았으나 의사 자격을 얻지는 못한 상태로 폴란드를 떠나 런던으로 이주했는데, 영국에서 그가 무엇을 하고 다녔는지 그 행적에 대해서는 알려진 사실이 거의 없다.

닥터 크림으로 불리던 연쇄살인범 토마스 닐 크림(Thomas Neill Cream, 1850~1892)은 스코틀랜드 글래스고 태생이지만 어릴 때 가족이 캐나다로 이주하는 바람에 퀘벡 주에서 자랐으며, 맥길 대학교에 다니다가 런던의 세인트 토마스 병원 의대에서 의학을 공부하고 캐나다로 돌아와 개업했다. 그런데 그는 임신 중인 아내 플로라를 독살하고 역시 임신 중인 내연녀 케이트마저 독살한 후 미국으로 도주했다.

시카고 홍등가 부근에 개업한 그는 창녀들을 상대로 한 불법 낙태시술로 돈을 벌다가 스코트 부인 독살 혐의로 종신형을 선고받고 복역 중에 운 좋게 풀려나자 영국으로 건너갔다. 하지만 그곳에서도 수많은 창녀들을 상대로 독약을 먹이고 고통스럽게 죽어 가는 모습을 바라보며 즐기는 사디즘적 살인행각을 벌이다가 경찰에 체포되어 결국 교수형에 처해졌다. 그는 형 집행 직전에 자신이 살인마 잭이라고 주장했지만, 입증된 사실은 아니다.

하얀 가운의 악마로 불리는 미국의 마이클 스왕고(Michael Swango, 1954~)는 병원에 근무하는 의사 신분으로 수많은 환자들과 동료들을 독살했는데, 그 숫자는 무려 60여 명에 이른다. 그는 종신형을 언도받고 현재까지 미 연방 교도소에 복역 중에 있으며 가석방될 가능성은 전혀 없어 보인다.

사우스 일리노이 의대 재학 시절부터 죽어 가는 환자들에 유독 많은 관심을 보였던 그는 이미 그때부터 동료들로부터 그의 이상한 행동 때문에 따돌림을 당하고 있었는데, 졸업 후 오하이오 주립

메디컬 센터에서 신경외과 전공의로 근무하면서 그의 병적인 살인 행각이 서서히 드러나기 시작했다. 당시 몇몇 간호사들은 환자에게 이상한 주사를 놓는 그의 모습을 발견하고 상부에 즉각 보고했으나 불필요한 의심으로 간주되어 무시당했다.

그러나 결국 그는 1985년 경찰에 체포되어 5년형에 처해졌다. 형기를 마치고 출옥한 뒤에는 자신의 이름을 다니엘 애덤스로 바꾸고 뉴욕 주립대학교 병원에서 정신과 수련을 받던 중에 다시 그의 환자들이 의문사하는 일들이 벌어지게 되자 FBI의 추적을 피해 아프리카 짐바브웨로 도주했다. 하지만 그곳에서도 환자들을 살해하다가 꼬리가 잡혀 마침내는 경찰에 체포되고 말았다.

미국 최초의 연쇄살인범
헨리 홈즈

본명이 허만 머젯인 헨리 홈즈(Henry Holmes, 1861~1896)는 미국 최초의 연쇄살인범으로 알려진 인물이다. 1884년 미시건 의대를 졸업한 뒤 시카고로 가서 의업과는 동떨어진 부동산 사업에 관여하면서 헨리 홈즈라는 가명을 사용하기 시작한 그는 1893년 시카고 세계 박람회에 때맞춰 자신이 설계한 호텔을 세우고 그곳을 아지트로 삼아 무려 200명 이상에 달하는 사람들을 살해한 것으로 추정된다.

뉴햄프셔 주 길맨턴에서 태어난 그는 폭력적인 주정뱅이 아버지와 독실한 신앙심을 지닌 어머니 밑에서 자랐는데, 그의 어머니는 아들에게 항상 성경책을 읽어 주었다고 한다. 어려서부터 소심하고 겁이 많았던 그는 심술궂은 친구들로부터 놀림의 대상이 되었다. 친구들은 의사를 특히 무서워하는 그를 골려 주기 위해 강제로 사람의 해골을 만지게 했는데, 그는 오히려 해골에 매력을 느끼고 그 후로 계속해서 시체에 집착하게 되었다.

17세 때 이미 클라라와 결혼해 아들까지 낳은 홈즈는 그 후 미시건 의대에 입학했는데, 당시 그는 실험실에서 시체를 훔쳐 훼손시키는 이상한 행동을 보이기 시작했다. 의대를 졸업한 뒤 시카고로 간 홈즈는 여러 사업에 손을 대면서 처자식이 있는 몸으로 머타와 결혼해 딸까지 낳았다.

이처럼 이중생활을 하면서 홈즈는 대부분의 시간을 시카고의 부동산 사업에 바치고 있었는데, 그 후 다시 덴버에서 조지아나와 결혼해 삼중생활을 동시에 이어 갔다. 뿐만 아니라 자신이 고용했던 종업원의 부인 줄리아와도 관계를 맺었는데, 그녀는 나중에 홈즈에게 살해당하고 말았다.

홈즈는 이웃에 사는 늙은 과부의 약국을 감언이설로 속여 빼앗고 그녀를 살해했으며, 길 건너편의 땅을 매입해 3층 건물을 지었는데, 그것은 물론 살인 계획을 염두에 두고 용의주도하게 설계한 호텔이었다. 그래서 그 호텔은 나중에 '죽음의 성'으로 불리기도 했다. 홈즈는 수시로 건축업자를 바꿈으로써 내부 구조를 그 누구도 알지 못하게 하는 용의주도함을 보였으며, 따라서 호텔 구조를 아는 사람은 홈즈 한 사람뿐이었다.

호텔 객실은 모두 방음장치가 설치된 창문이 없는 방들로 미로와 같은 구조로 되어 있었으며, 방문은 오로지 밖에서만 열게 만들어졌다. 호텔이 완공되자 홈즈는 주로 여성들로 이루어진 희생자 물색에 들어갔는데, 그 대상은 자신이 고용한 직원과 투숙객, 그리고 자신의 애인이었다.

그는 희생자들을 객실에 가두고 고문하다가 결국에는 살해했으며, 가스관을 통해 질식사시키기도 했다. 살해한 시체들은 지하실로 연결된 비밀 낙하 통로를 이용해 떨어트렸는데, 일부 시신은 절개하거나 깨끗이 씻어서 의과대학 해부 실험용으로 팔아넘기기까지 했다. 그는 거대한 소각로도 설치해서 그것을 통해 시신들을 화장시켰다.

자신을 도운 목수와 그의 세 아이들까지 살해한 홈즈는 결국 1894년 꼬리가 잡혀 보스턴에서 경찰에 체포되었다. 목격자들의 증언에 의하면, 그와 동행해 호텔로 들어간 젊은 여성들 치고 밖으로 나온 사람은 단 한 명도 없었다고 한다. 이처럼 끔찍한 범죄를 저지른 홈즈는 필라델피아 감옥에서 교수형이 집행되었을 당시 매우 담담한 표정으로 아무런 동요의 빛도 보이지 않았다고 한다.

마루타 실험을 자행한
이시이 시로

일본 관동군 731 부대 사령관이었던 이시이 시로(石井 四郎, 1892~1959) 중장은 악명 높은 마루타 실험을 자행한 인물이다. 통나무를 뜻하는 마루타는 생체실험의 대상이 되었던 포로들을 지칭하는 은 어였다. 교토 제국 대학교에서 의학을 공부하며 전체 수석을 차지할 정도로 뛰어난 머리의 소유자였던 그는 일본제국 군대 의무장교로 배속되어 도쿄의 군의학교에 근무했다.

대학원 과정을 마친 후 2년간 유럽 각지를 여행하면서 제1차 세계대전 이래 발전을 거듭한 화학무기와 생물학적 무기에 대한 정보를 두루 섭렵하고 귀국한 그는 중일전쟁 이래 일본 관동군이 점령하고 있던 만주 하얼빈 외곽 지역에 세균전에 대비한 천황 직속의 비밀 부대를 창설해 본격적인 생체실험에 들어갔다. 당시 이시이의 조카 이시이 나가데는 마루타를 공급하는 직책을 수행했는데, 히로히토 천황의 막내 동생도 이 부대의 고등관으로 복무했다.

150개의 건물이 세워진 방대한 규모의 비밀 요새에서 자행된 각종 실험에는 중국인, 조선인, 몽골인, 러시아인 등이 강제로 동원되었는데, 그 수효는 만여 명에 이르렀으며, 일본군은 이들을 짐승만도 못한 존재로 취급하며 잔혹하게 다루었다. 수용자들을 인간으로 보지 않도록 하기 위해 새로 전입한 신병이 도착하면 의무적으로 수용자 한 사람을 골라 때려죽이도록 지시했으며, 일부 군인들은 원판에 묶인 수용자를 상대로 단검을 던지는 게임을 즐기거나 여성 수용자를 강간하기도 했다.

731 부대에서 이루어진 실험은 크게 3가지로 구분되는데, 생체해부실험과 세균전 실험, 그리고 무기성능 실험으로 분류될 수 있다. 생체해부실험은 대부분 마취 없는 상태에서 시행된 것으로, 예를 들어 위를 절제한 뒤 식도와 장을 연결하기, 팔다리를 절단한 후 출혈 상태를 조사하고 반대편에 붙여 봉합하기, 장기의 일부를 제

거하기, 산 채로 피부 벗겨내기, 남녀 생식기를 잘라내어 상대방의 국부에 이식하는 성전환수술 등 실로 인간으로서 할 수 없는 끔찍스러운 잔악행위들이었다.

이 외에도 목을 매달아 질식시간을 측정하기, 동물의 혈액이나 소변을 주입하기, 혈관에 공기나 바닷물 주입하기, 굶겨 죽이기, 화학무기를 이용한 가스실 실험, 고압실 실험, 화상 실험, 원심분리기 실험, 진공실험, 그리고 주로 여성들을 대상으로 한 동상 실험 등이 자행됐다. 무기 성능을 알아보기 위해서는 사람들을 말뚝에 묶어 놓고 소총이나 수류탄, 화염방사기 등을 시험했으며, 세균폭탄이나 화학무기의 성능도 시험했다.

세균전 실험은 더욱 끔찍했다. 예방접종이라고 속여 페스트균, 콜레라균 등의 세균을 직접 인체에 주입하고, 전염 속도를 측정하기 위해 세균을 넣은 만두를 먹게 했으며, 남녀 수용자들을 상대로 임질, 매독 등의 성병을 고의적으로 감염시키기도 했다. 이시이가 직접 개발한 도자기 폭탄에는 각종 전염병 세균이 내장되었는데, 인근 지역에 투하함으로써 수십만 명의 중국인들이 죽게 한 것으로 추정되기도 한다.

일본이 패전하자 이시이는 증거 인멸 차원에서 모든 시설을 파괴했으며, 살아남은 포로들마저 모조리 처형했다. 비록 이시이를 포함한 731 부대원들은 미군에 체포되어 조사를 받았지만 강력한 처벌을 원하는 소련 당국의 주장에도 불구하고 이들 전원은 결코 전범재판에 회부되지 않았다. 미군 당국과의 은밀한 거래에서 결국 이시이가 승리한 셈이다. 그동안의 극비실험 정보를 제공하는 대가로 가볍게 풀려난 이시이는 그 후에도 군복무를 계속했으며, 한국전쟁 시에는 군의관 신분으로 잠시 한국을 다녀가기도 했다.

군에서 제대한 이후로는 미국을 방문해 세균전에 대한 정보를 제공했으며, 귀국해서는 무료 진료소를 차리고 환자들을 치료하기도 했다. 이처럼 그는 아무런 제재도 받지 않고 자유롭게 여생을 보냈는데, 수많은 인명을 잔혹하게 살상했던 그가 일본녹십자 활동에도 관여하고 더 나아가 도쿄올림픽 조직위원장까지 맡아 활동했다는 사실은 실로 파렴치한 모습이 아닐 수 없다. 그렇게 천수를 누리고 살던 그는 말년에 이르러 기독교로 귀의했으며 인후암에 걸려 67세를 일기로 사망했다.

죽음의 천사
멩겔레

나치 독일의 친위대 장교이자 내과의사였던 요제프 멩겔레(Josef Mengele, 1911~1979)는 아우슈비츠 수용소에서 유대인 수용자들을 상대로 잔혹한 생체실험을 자행한 것으로 악명이 자자했던 인물이다. 그의 손가락 움직임 하나에 사람들의 생명이 좌우되었기 때문에 당시 수용소 내에서는 그를 가리켜 죽음의 천사라고 불렀다.

바바리아 지방의 귄츠부르크에서 농기구 제조 사업가의 아들로 태어난 그는 원래 뮌헨 대학교에서 인류학을 공부하고 유대인의 인종적 차이점을 연구한 우생학적 논문으로 인류학 박사학위를 받았으며, 그 후 다시 프랑크푸르트 대학교에서 의사 자격까지 따낼 정도로 뛰어난 두뇌의 소유자였지만, 백인우월주의에 가득 찬 매우 냉혹한 인간이었다.

1937년 나치당에 가입하고 그 이듬해에 친위대에 들어간 그는 결혼도 하고 아들까지 낳았으며, 그 후에는 러시아 전선에서 죽음을 무릅쓰고 3명의 병사들을 구해 내는 영웅적인 행위로 철십자 훈장을 받았다. 그렇게 승승장구하던 그는 1943년 비르케나우 수용소를 거쳐 아우슈비츠 수용소의 의료업무 책임자로 발령받았다.

당시 멩겔레 대위는 유대인을 상대로 가스실로 보낼지 아니면 강제노역을 시킬 것인지 여부를 선별하는 임무를 수행하는 동시에 유전학에 대한 연구도 병행해 나갔다. 수용자들이 새로 역에 도착하면 그는 항상 흰색 코트를 걸치고 죽음의 선별작업을 했기 때문에 처음에는 사람들이 그를 가리켜 '하얀 천사'라고 부르기도 했다.

그는 수용자들을 대상으로 자신의 연구실험을 시행했는데, 그중에는 아이들과 여성들도 포함되었다. 특히 아이들의 눈에 염색약을 주입해 동공 색깔의 변화를 관찰하고, 마취 없이 장기를 제거하는 외과적 수술을 자행했으며, 희생자들이 죽으면 그 눈알을 적출해 개인 소장품으로 보관하기도 했다. 여성들을 대상으로도 강제로 불임수술 등 잔인한 실험을 계속했는데, 대부분의 여성들이 합병증으로 숨을 거두었다. 일부 여성들은 가스실로 보내기 전에 생체실험의 대상이 되기도 했다.

독일이 항복하자 멩겔레는 남미 아르헨티나로 도주했으며, 죽은 남동생 칼의 아내와 재혼해 숨어 살았다. 나치 사냥꾼의 집요한 추적을 피해 용케 자신의 신분을 숨기고 살던 그는 동료였던 아이히만이 이스라엘 정보기관에 의해 납치되자 신변의 위협을 느끼고 브라질로 도피해 살다가 1979년 사망했다. 그는 죽을 때까지도 자신의 행위에 대해 전혀 죄의식을 느끼지 않았다고 한다.

멩겔레는 운 좋게 도주했지만, 히틀러의 주치의를 지냈던 카를 브란트(Karl Brandt, 1904~1948)는 연합군에 체포되어 뉘른베르크 전범 재판에서 사형을 언도받고 교수형에 처해졌다. 나치에 의해 자행된 악명 높은 단종법의 주도자로 알려진 그는 수많은 수용소 내에서 자행된 잔혹한 생체실험에도 깊이 관여한 사실이 밝혀짐으로써 더 이상의 정상 참작이 허용되지 않았다.

반면에 라벤스브뤼크 수용소에서 폴란드 정치범들을 대상으로 소름 끼치는 생체실험을 자행했던 여의사 헤르타 오베르호이저(Herta Oberheuser, 1911~1978)는 전범 재판에서 20년형을 선고받았으나 1952년 모범수로 곧 풀려나 은둔생활을 보내다가 1978년에 사망했다. 그녀는 심지어 건강한 아이들을 대상으로 사지를 절단하고 장기를 꺼내는 실험을 자행했으며, 상처 내부에 톱밥이나 먼지 등의 이물질을 넣어 관찰하기도 했다.

두 얼굴의 야누스
코넬리어스 로즈

하버드 의대 출신의 미국인 의사 코넬리어스 로즈(Cornelius Rhoads, 1898~1959)는 암 치료의 권위자로 세계적인 명성을 누린 인물이다. 암 환자를 위한 화학요법과 방사선치료에 대한 그의 업적을 기려 미국 암 협회는 코넬리어스 로즈상을 제정해서 매년 수상자를 선정해 오다가 2002년 느닷없이 상의 명칭에서 로즈의 이름을 아예 삭제해 버리는 조치를 내리고 말았는데, 그것은 그의 노골적인 인종차별주의에 대해 거센 비난을 퍼붓는 푸에르토리코인들의 반발 때문에 취한 불가피한 조치였다.

그렇다면 도대체 로즈가 무슨 일을 저질렀기에 그토록 심한 반발을 불러일으킨 것일까 궁금해질 수밖에 없는데, 그 이유는 다음과 같다. 1930년대 초 열대풍토병 연구조사차 푸에르토리코에 파견되어 근무했던 로즈는 원래 그에게 주어진 임무 외에 현지인 환자들을 상대로 본인들 모르게 암세포를 주입시켜 고의적으로 암을 발병시키는 악랄한 실험을 자행한 것으로 소문이 나기 시작했는데, 그의 행적이 알려지면서 로즈는 푸에르토리코 현지인들로부터 엄청난 분노를 사게 되었던 것이다.

비록 엄밀한 조사 끝에 증거 불충분으로 그에 대한 혐의가 풀렸다고는 하지만, 현지인들은 그 조사결과를 아직도 믿지 못하겠다는 분위기다. 미국인들에 의해 일방적으로 이루어진 조사였으니 당연히 로즈에게 유리한 결론을 내릴 수밖에 없었을 것이라는 주장이다.

특히 로즈의 비행을 가장 먼저 세상에 폭로한 푸에르토리코 민족주의자 캄포스는 조사결과에 승복할 수 없다며 계속해서 미 제국주의자들이 꾸민 음모의 일환이라는 주장을 폈다. 심지어 1950년 당시 트루먼 대통령을 암살하려다 체포된 푸에르토리코 독립운동가 코잘로와 토레솔라는 자신들의 암살 동기가 로즈의 만행에서 비롯되었음을 털어놓기도 했으니 그 파급효과는 실로 엄청난 것이었다.

그런데 문제의 발단은 당시 푸에르토리코의 한 병원에 근무하던 로즈가 현지인 강도에게 자동차를 털리는 사고를 당한 후 홧김에 쓴 편지들에서 비롯되었다. 그는 미국의 동료에게 보낸 그 서한들에서 현지인들을 실험동물에 비유하고 그들을 상대로 고의적으로 질병을 일으키는 비밀실험을 자행했음을 고백한 것이다. 물론 로즈는 그런 실험 자체를 부인하고 자신은 단지 홧김에 쓴 것이라고 변명했지만, 푸에르토리코 현지인들은 로즈를 '푸에르토리코의 멩겔레'라 부르며 계속 성토해 왔다.

그 후 미국으로 돌아간 로즈는 암 센터 소장으로 근무하면서 백혈병을 비롯한 암 치료 연구에 몰두했는데, 화학요법 및 방사선치료 등 그가 이룬 업적은 실로 화려하기 그지없다. 제2차 세계대전 기간 중에는 미 육군의 화학무기 개발에 참여하면서 독가스를 이용한 암 치료법을 개발하기도 했다. 그러나 한편으로는 전쟁포로들을 대상으로 방사선 노출 실험을 멋대로 자행했다는 비난을 듣기도 했다.

이처럼 천사와 악마의 두 얼굴을 지녔던 로즈는 1949년도 타임지 표지인물로 선정될 만큼 암 치료 권위자로 국제적인 명성을 계속 누리다가 61세를 일기로 세상을 떴지만, 그 뒷맛은 영 씁쓸하기만 하다. 2006년 푸에르토리코의 한 코미디 그룹은 로즈를 광기에 사로잡힌 프랑켄슈타인에 비유해 패러디할 정도로 그에 대한 분노는 아직도 식을 줄 모르고 있다. 하지만 대다수의 미국인들은 시골 변방에서 일어난 일종의 해프닝 정도로 여기고 있는 실정이다.

파리의 백정

마르셀 페티오

마르셀 페티오(Marcel Petiot, 1897~1946)는 제2차 세계대전 당시 독일군 점령하의 파리에서 활동하던 개업의였는데, 그의 집 지하실에서 23구의 시체가 발견되자 사형을 선고받고 단두대 처형으로 생을 마감한 연쇄살인범이기도 했다. 그러나 실제로는 피해자가 60명 이상이 될 것으로 추정되기도 한다.

페티오는 어린 시절부터 숱한 비행과 범죄 행각으로 말썽을 부렸는데, 다니던 학교에서도 여러 차례 퇴학을 당했으며, 17세 때 이미 정신과의사로부터 정상이 아니라는 진단을 받았다. 제1차 세계대전 당시 프랑스 육군에 자원입대해 복무했으나 전투 중 독일군이 쏜 독가스에 노출된 그는 정신이상 증세를 보여 후송되었으며 그 후에도 계속해서 절도 행각을 벌여 결국에는 오를레앙 감옥으로 보내졌다가 정신병원에서 치료를 받고 다시 최전선에 투입되었다.

종전 후 퇴역군인을 대상으로 한 의학교육 프로그램에 참여한 페티오는 에브뢰 병원에서 인턴 근무를 마치고 마침내 1921년에 의사 자격을 땄다. 그 후 부르군디 지방에서 의사로 활동하면서 그는 온갖 비리를 저질렀는데, 마약 제공 및 불법 낙태, 절도행각 등으로 악명이 자자했다.

1926년 페티오는 자신이 치료하던 환자의 딸 루이즈 들라보를 살해하고 암매장시켰는데, 그녀는 페티오의 첫 번째 희생자로 기록된다. 당시 들라보의 실종사건을 수사하던 경찰은 단순 가출로 결론짓고 말았다. 그해 페티오는 뻔뻔스럽게도 마을 시장선거에 출마해 당선된 후 막대한 공금을 횡령했으며, 부유한 지주의 딸과 결혼해 아들까지 낳았다.

페티오의 공금횡령으로 민원이 잦아지자 결국 1931년 시장 자리에서 물러난 그는 파리로 이주해 그곳에 자신의 병원을 세우고 불법 낙태와 마약 처방 등으로 돈을 벌면서 탈세를 일삼았다. 제2차 세계대전이 발발하고 프랑스가 독일군에 패하게 되면서 파리 시민들은 독일군에 의해 강제징용을 당하기 시작했는데, 이 틈을 노려 페티오는 허위진단서를 남발해 짭짤한 재미를 봤다. 1942년 과도한 마약 처방으로 기소된 페티오는 비록 벌금형을 받는 데 그쳤지만, 법정에서 그에 대한 불리한 증언을 했던 두 환자들은 그 후 실종되고 말았다.

비록 페티오는 자신이 독일군 점령하의 파리에서 레지스탕스 활동에 가담한 것이라는 억지 주장을 폈지만, 이는 사실무근인 것으로 판명됐다. 심지어 그는 자신이 독일군을 몰래 살해했으며, 파리시 전역에 폭탄을 설치하고, 연합군 측 고위 당국자와 비밀 회담까지 개최했다고 주장했으나 이 모든 내용은 당연히 새빨간 거짓이었다.

하지만 다른 무엇보다 당시 그가 저지른 가장 악랄한 비행 가운데 하나는 해외로 도피하려는 사람들을 상대로 도주로를 제공해준다면서 벌인 사기 및 살인 행각이었는데, 대부분 유대인, 레지스탕스 요원, 범죄자를 상대로 페티오는 도피시켜 주는 대가로 거액을 뜯어낸 뒤 청산가리를 주사해 살해하고 쥐도 새도 모르게 암매장해 버린 것이다.

　당시 희생자들은 아무런 의심 없이 주사를 맞았는데, 그것은 페티오가 아르헨티나에 입국하려면 검역통과를 위해 사전에 예방접종을 해야만 한다고 둘러댔기 때문이다. 처음에는 희생자들의 시체를 센 강에 몰래 버렸으나 발각될 위험이 커지자 나중에는 소각해 버렸다. 그러나 레지스탕스의 행방을 쫓던 게슈타포의 끈질긴 추적에 의해 페티오의 정체가 드러나고 말았다. 하지만 그때는 이미 페티오가 지하로 잠적한 후였다.

　1944년 봄, 페티오의 이웃들은 그의 집 굴뚝 연기에서 나오는 심한 악취 때문에 경찰에 신고했는데, 출동한 소방관들이 화염에 휩싸인 그의 지하실에서 발견한 것은 사방에 흩어져 있는 사람들의 시신이었다. 파리가 해방되자 앙리 발레리라는 가명으로 숨어 지내던 페티오는 마침내 꼬리가 잡혀 경찰에 체포되고 말았지만 그는 계속해서 자신의 무죄를 주장하다가 결국에는 자신의 집에서 발견된 시신 중 19명을 살해한 사실을 인정하고 단두대의 이슬로 사라졌다.

안락사의 황제들

　존 보드킨 애덤스(John Bodkin Adams, 1899~1983)는 영국 서섹스 주 이스트본에서 일반 개업의로 환자를 진료하면서 수많은 환자들을 살해한 것으로 알려졌는데, 제2차 세계대전 직후부터 10년간에 걸쳐 무려 160명 이상의 환자들이 그의 손에 의해 죽임을 당했다. 하지만 그는 1957년에 개최된 법정에서 무죄 판결을 받고 풀려나 그 후에도 계속해서 환자들을 진료했다.

애덤스는 신앙심이 매우 깊은 시계제조공의 아들로 태어나 어려서 일찍 아버지와 남동생을 여의고 오랜 기간 어머니와 함께 살았다. 그는 비록 의사가 되었지만 미심쩍은 행적들을 많이 남겼는데, 특히 환자들의 유언장을 통해 값비싼 물건들을 상속받은 사실이 그런 의혹을 더욱 크게 만들었다. 그러나 당시 수에즈 운하사건으로 정국이 불안정하던 시기에 더 이상의 사건 확대를 원하지 않았던 고위층의 압력 때문에 무죄 방면되었다는 주장도 있다.

어쨌든 애덤스 사건은 영국에서도 의도적인 살인이냐 아니면 의사의 고유권한인 의료적 판단의 결과로 볼 것이냐 등으로 의견이 엇갈려 숱한 논쟁을 불러일으켰다. 비록 애덤스 자신은 운 좋게도 무죄 방면되긴 했으나 그와 비슷한 사건은 그 후에도 계속 이어졌는데, 안락사 문제는 오늘날에 와서도 여전히 골치 아픈 난제로 남아 있다.

해럴드 시프먼(Harold Shipman, 1946~2004)은 200명 이상의 환자들을 죽게 만든 장본인이었다. 그는 끝까지 자신의 무죄를 주장하며 오로지 환자들의 고통을 줄여 주기 위한 행위였다고 강변했지만, 법정은 안락사를 인정하지 않고 애덤스와 달리 그에게 15명의 여성들에 대한 살인죄를 인정해 유죄선고를 내리고 종신형에 처했다. 그러나 시프먼은 웨이크필드 감옥에 복역하던 중 자신의 58회 생일을 맞이한 날 스스로 목숨을 끊고 말았다.

영국 노팅엄에서 트럭 운전사의 아들로 태어나 의사가 된 시프먼은 독실한 감리교 신자인 어머니와 매우 밀착된 관계를 유지한 것으로 알려져 있다. 어머니가 암으로 사망할 때 아직 어린 나이였던 그는 임종 직전까지 모르핀 주사를 맞으며 고통스러워하던 어머니의 모습에서 큰 상처를 받은 것으로 보이는데, 이런 기억은 그 후 그가 저지른 행위와 결코 무관치 않아 보인다. 시프먼은 자신의 여성 환자들에게 모르핀 과다 투여로 사망에 이르게 했으며, 대부분 나이가 든 여성들이었다.

하지만 진정한 안락사의 황제는 영국의 의사 데이빗 무어(David Moor, 1947~)라 할 수 있겠다. 그는 개업의로 일하면서 무려 300여 명에 달하는 불치병 환자들을 안락사시킨 것으로 알려져 세상을 놀라게 했는데, 1997년 암 말기 환자인 85세 노인에게 모르핀과 클로르프로마진을 다량 주사해 사망하도록 함으로써 법정에 서게 되었다.

그는 비록 무죄 선고를 받았지만, 기자와의 인터뷰에서 자신이 수백 명의 환자들을 안락사시킨 사실을 인정함으로써 격렬한 찬반 논쟁을 불러일으켰으며, 언론에서는 그런 그를 두고 영국의 가장 위대한 연쇄살인범이라고 부르기도 했다. 무어는 1999년 법정에 서기 직전에 은퇴했다.

그러나 1992년 안락사 문제로 법정에 선 나이젤 콕스(Nigel Cox, 1945~)는 유죄선고를 받았다. 영국에서 안락사 문제로 유일하게 유죄 선고를 받은 그는 고질적인 만성 류머티즘으로 고생하던 노인 환자의 요청에 따라 염화칼슘을 주사해 심장마비에 이르도록 함으로써 살인 혐의로 1992년 법정에 섰으며, 비록 유죄선고를 받기는 했으나 집행유예로 풀려나 진료활동을 계속했다.

발칸의 도살자

카라지치

세르비아의 시인이며 정신과의사였던 라도반 카라지치(Radovan Karadžić, 1945~)는 일찍이 정계에 뛰어들어 스르프스카 공화국의 대통령직에까지 오른 인물이다. 하지만 그는 보스니아 내전 당시 잔혹한 인종청소를 자행함으로써 국제사법재판소에서 전범으로 규정되어 현상수배 대상이 되었으며, 10년 넘게 도피생활을 하던 중에 2008년 여름 베오그라드에서 체포되어 네덜란드로 후송되었다.

유고슬라비아 몬테네그로 출신인 그는 사라예보 의대를 졸업한 후 정신과의사가 되었으며, 덴마크와 미국 등지에서 유학 시절을 보냈던 지식인으로 여러 권의 시집을 내어 문학상까지 받은 시인이기도 하다. 그의 아버지는 유고왕국을 위해 독일군과 공산주의자들을 상대로 투쟁을 벌였던 민족주의자였으나 종전 이후 공산주의자들에 의해 투옥되고 말았다. 홀어머니 밑에서 아버지 없이 성장한 그는 비록 전후 세대이긴 하지만, 광적인 세르비아 민족주의 신봉자가 됨으로써 이미 대학살극을 예고하고 있었다.

세르비아인 작가 도브리차 초시치의 권유로 정계에 입문한 그는 세르비아 민주당 설립에 참여했다. 그러나 1992년 보스니아 헤르체고비나가 주민투표를 통해 유고연방에서 탈퇴하고 독립을 선언하자 이에 반대한 그는 따로 스르프스카 공화국을 선포하고 대통령직에 오름으로써 보스니아 전쟁의 도화선이 되었다.

당시 그는 사라예보 공격에서 1만 2천 명을 학살했으며, 스레브

레니차에서는 8천 명의 이슬람인들을 무차별 학살했는데, 이는 제2차 세계대전 시 나치 독일의 인종청소와 크로아티아의 파벨리치에 의해 이루어진 대대적인 학살 이후로 유럽대륙에서 벌어진 가장 잔인한 참극으로 남녀노소를 가리지 않는 대학살이었다. 이때 수많은 이슬람 여성들이 무자비하게 강간당했으며 남자들은 모두 살육되었다. 국제적 여론이 악화일로를 겪게 되자 결국 카라지치는 정치적인 고립상태에 빠지게 되었으며, 결국 권좌에서 밀려나고 말았다.

그는 권좌에서 쫓겨난 뒤 곧바로 잠적하고 말았는데, 그를 여전히 비호하는 세력들에 의해 삼엄한 경비 속에서 보호를 받았다. 이처럼 세르비아인들의 지지에 힘입어 안전하게 신변을 보장받을 수 있게 된 카라지치는 다비치라는 가명을 사용하며 베오그라드 시내에 병원을 차리고 버젓이 환자들을 진료하며 지낼 수 있었다.

그러다가 드디어 그는 2008년 7월 베오그라드에서 체포되어 전범재판에 회부되었다. 카라지치가 체포되던 바로 그 시기에 그토록 악명 높던 우스타시의 마지막 생존자 딩코 사키치가 크로아티아 자그레브의 한 병원에서 86세를 일기로 생을 마쳤다. 사키치는 1944년 당시 약관 21세의 나이로 발칸의 아우슈비츠로 불리는 야세노바치 수용소 소장으로 있으면서 수많은 세르비아 민간인을 잔혹한 방법으로 고문하고 살인했던 장본인이었다는 점에서 실로 역사의 아이러니가 아닐 수 없다.

하지만 카라지치를 지지하고 영웅시하는 세르비아인들의 시위는 지금도 계속되고 있다. 물론 제2차 세계대전 당시 크로아티아의 지도자 파벨리치가 이끄는 우스타시에 의해 70만 이상의 희생자를 냈던 뼈아픈 기억을 안고 있는 세르비아인들로서는 카라지치가 자행한 학살극에 대해 국제사회가 그토록 난리법석을 치르는 모습에 오히려 코웃음을 칠지도 모른다. 그러나 민족적, 인종적 보복의 악순환에 빠진 만행은 오늘날에 와서 더욱 용납하기 어렵다.

아랍 테러 지도자

하바시와 알자와히리

팔레스타인 해방전선의 창설자 조지 하바시(Georges Habash, 1926~2008)는 팔레스타인 해방의 아버지로 불린다. 고대 도시 롯에서 동방정교를 믿는 팔레스타인 가정에서 태어난 그는 어릴 때 성가대 활동도 하던 기독교인이었지만, 베이루트의 아메리칸 대학교에서 의학을 공부하고 있던 시절에 일어난 제1차 중동전쟁으로 그의 가족이 졸지에 난민 신세로 전락하게 되자 이스라엘에 대한 무력 투쟁을 다짐하고 팔레스타인 해방운동에 뛰어들게 되었다.

의대를 졸업한 하바시는 요르단에 있는 난민 수용소에서 환자들을 돌보는 가운데 나세르의 아랍 민족주의 이념에 따른 해방운동 단체를 결성했다. 하지만 1957년 요르단에서 벌어진 쿠데타 시도에 연루되었다는 의혹을 받고 실형선고를 받게 되자 지하로 잠적한 하바시는 시리아로 달아났다. 당시 후세인 왕은 계엄령을 선포하고 모든 정치적 활동을 금지시켰던 터였다.

시리아 정부와 마찰을 빚은 그는 다시 베이루트로 활동무대를 옮기고 팔레스타인 해방기구를 이끌었다. 그 후 아라파트에 의해 지도자의 위치에서 밀려난 하바시는 별도로 팔레스타인 해방전선을 창설해 반이스라엘 무력투쟁을 계속해 나가면서 범아랍주의 대신에 마르크스 – 레닌주의 노선을 따르기로 방침을 바꾸었다.

하바시가 이끌던 팔레스타인 해방전선은 가장 과격하고도 급진적인 투쟁을 전개함으로써 전 세계적으로 악명이 자자했는데, 비행기 납치와 이스라엘 대사관 공격 등 수단과 방법을 가리지 않고 테러를 자행했다. 엔테베 공항 납치사건이 대표적인 사례였지만, 이스라엘의 기습작전 성공으로 무산되고 말았다. 하지만 건강이 점차 악화되면서 무스타파에게 의장직을 물려주고 은퇴한 하바시는 결국 요르단의 수도 암만에서 암으로 사망했다.

하바시에 이어 무자비한 테러로 악명 높은 알자와히리(Ayman al-Zawahiri, 1951~)는 이슬람 무장단체 알카에다의 지도자로 2011년 오사마 빈 라덴이 죽은 이후에도 계속해서 알카에다를 이끌며 전 세계를 상대로 테러를 획책하고 있는 중이며, 실제로 9·11 테러를 배후 조종한 인물로 알려져 있다.

이집트의 명문가 출신인 그는 외과의사이며 카이로 의대 교수인 아버지와 부유한 집안 출신의 어머니 사이에서 태어나 아무런 어려움 없이 자랐다. 그는 일찍이 카이로 대학교에서 의학을 공부해 외과의사가 되었으며, 그의 누이동생 역시 의사가 되어 카이로 대학 국립 암 연구소에 근무하기도 했다.

하지만 소년 시절부터 이미 무슬림 형제단에 가입해 종교적 사명감에 불타고 있던 알자와히리는 사우디아라비아의 제다에 머물며 외과의사로 일하던 중에 오사마 빈 라덴을 만나 그의 개인 주치의가 되면서 인생진로가 뒤바뀌고 말았다.

그는 빈 라덴의 수석 참모로 알카에다의 2인자가 되어 숱한 테러를 자행했으며, 특히 1998년 탄자니아와 케냐 등지에서 수백 명의 목숨을 앗아간 미 대사관 폭파사건을 일으킴으로써 이들의 존재가 전 세계적으로 알려지게 되었다. 그러나 무엇보다 가장 끔찍한 사고는 수천 명의 인명이 희생된 2001년 9월 뉴욕 시 세계무역센터에 대한 자살 테러였다. 현재 미국 정부는 2,500만 달러의 현상금을 내걸고 그를 추적하고 있지만, 여전히 체포되지 않고 건재함을 과시하고 있다.

하바시와 알자와히리가 아랍인의 생존을 위해 중동에서 유대인을 몰아내고 기독교를 믿는 백인 사회를 상대로 소위 성전을 선포한 극렬분자들이었던 반면에, 거꾸로 유대인을 대표하여 아랍인 상대로 무자비한 살인극을 벌인 인물로는 헤브론의 학살자 바루크 골드스타인(1956~1994)을 들 수 있다. 뉴욕 태생의 유대계 미국인이었던 그는 아인슈타인 대학교에서 의학을 공부한 뒤 이스라엘에 이주해 이스라엘 방위군에서 응급의학 담당의로 활동하던 중에 단독으로 헤브론 동굴사원에 난입해 무차별적인 살상을 벌인 인물이다. 그는 예배 중이던 무슬림을 상대로 총기를 난사해 29명의 팔레스타인인을 사살하고 125명에게 부상을 입히는 학살극을 벌인 끝에 현장에 있던 나머지 생존자들에 붙들려 매 맞아 죽었다.

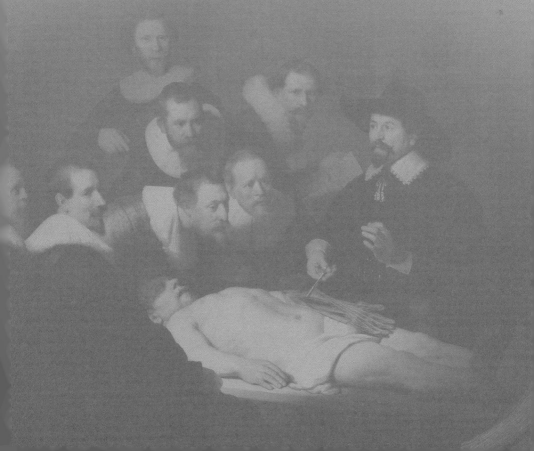

Chapter *7*

특이한 경력을 지닌
의사들

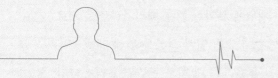

바티칸에 입성한 의사
교황 요한 21세

교황 요한 21세(Joannes XXI, 1215~1277)는 포르투갈 리스본 태생으로 세속명은 페드로 훌리아다. 의사의 아들로 태어난 그는 파리에서 문학을 공부했으며, 아버지의 뒤를 이어 그 자신도 의사가 된 후로는 이탈리아의 시에나 대학교에서 학생들에게 의학을 가르쳤다. 대학 교수로 명성을 날린 그는 리스본으로 돌아가 포르투갈 왕 알폰소 3세의 대변인과 고문 역할을 맡았으며, 리스본의 주교가 되기를 원했으나 뜻을 이루지 못하고 학교 운영에만 전념했다.

그 후 교황 그레고리오 10세의 주치의를 맡기도 했던 그는 성직의 길로 들어서 브라가의 대주교를 거쳐 1273년 추기경이 되었으며, 1276년 교황 하드리아노 5세가 영면하자 그 뒤를 이어 교황에 선출되었다. 포르투갈 출신으로 교황이 된 유일한 인물이며, 의사 출신으로서도 유일한 교황인 셈이다.

교황 요한 21세는 단지 8개월에 불과한 짧은 재위기간을 끝으로 세상을 뜨고 말았지만, 재위 중에 교회 일치 회복을 위해 애썼으며, 특히 동방정교회와의 통합을 추진하는 데 힘쓰는 한편 팔레스타인의 성지 탈환에도 의욕을 보여 십자군 운동 재개에 착수하기도 했다.

철학에도 조예가 깊어 아리스토텔레스, 성 아우구스티누스, 아비켄나 등의 영향을 많이 받았다. 그의 저서『논리학 개요(Summulae Logicales)』는 300년 이상 여러 대학교에서 논리학 교과서로 애용되기도 했으며, 의학에 관한 저서도 많이 남겼다.

의학에 관해서는 특히 요한 21세의 세속명으로 남겨진 저술 가운데 성 문제에 관한 여러 비법들이 소개되고 있다. 그중의 하나는 성교 전후의 피임법을 포함해 출산 조절 및 월경 촉진법 등에 관한 내용으로 오늘날 발전된 의학적 연구조사 결과에 의해서도 그 효과가 입증된 사실이라 할 수 있지만, 그 저술을 교황이 직접 쓴 것인지 여부는 확실치가 않다.

그는 틈틈이 시간을 내어 의학 연구에 몰두하기도 했는데, 연구하는 데 방해받지 않기 위해 별도의 개인 연구실에 홀로 있다가 갑자기 천정이 무너지는 사고로 즉사하고 말았다. 그 연구실은 교황청 집무실 외에 비테르보에 있는 전용 아파트를 빌려 사용한 것으로 그는 그곳에 머물며 연구에 전념하던 도중에 사고를 당한 것이다.

이 때문에 한동안 교황에 대해 이상한 루머가 나돌기도 했는데, 그 내용은 그가 사실은 마법사였으며, 이단적인 논문을 집필 중에 사고를 당한 것이라는 소문이었다. 하지만 그런 괴소문이 나돌게 된 배경에는 신의 대리자로서 만인의 추앙을 받는 교황의 신분으로 그런 불길한 사고를 당해 죽었다는 사실이 일반신도들에게는 선뜻 받아들이기 어려웠기 때문일 것이다.

하지만 단테가 그의 대표작 『신곡』에서 요한 21세를 가장 위대한 종교학자 가운데 한 사람으로 평가한 것에서 알 수 있듯이 신학과 철학, 논리학, 물리학, 의학에 통달했던 그는 역대 교황으로서는 매우 보기 드문 지식인이었다고 할 수 있다. 그는 요한 19세에 이어 요한 20세가 되었어야 마땅하지만 무슨 이유에서인지 20이라는 숫자를 건너뛰고 21세가 되었다.

지동설을 주장한
코페르니쿠스

폴란드의 천문학자, 수학자, 의사였던 코페르니쿠스(Nicolaus Copernicus, 1473~1543)는 한자동맹 도시인 토룬에서 부유한 상인의 막내아들로 태어났다. 일찍 아버지를 여윈 그는 외삼촌의 도움으로 크라카우에서 대학을 다니며 수학과 천문학을 공부했다. 그 후 외삼촌의 뒤를 이어 성직자가 되기 위해 이탈리아의 볼로냐로 가서 신학과 교회법을 공부하고 파도바 대학 의학부에 등록해 의학수업도 받았는데, 그의 형과 누이도 나중에 성직자가 되었다.

이 모든 학업을 마치고 1503년 귀국한 코페르니쿠스는 교회 참사관으로 일하면서 천문학 연구도 계속해 나갔다. 그는 바쁜 일정 속에서도 행성들의 움직임을 꼼꼼하게 관찰하고 기록해 두었는데, 자신의 태양중심설을 골자로 하는 『짧은 해설서』의 복사본을 소수의 동료들에게 돌려 알리기도 했다.

그리고 오랜 기간 서구 사회에 군림했던 프톨레마이오스의 천동설 이론을 뒤집을 수 있는 혁명적인 지동설의 주된 내용은 1529년에 집필을 시작해 1543년에 가서야 비로소 인쇄가 완료된 『천체의 회전에 관하여(On the Revolutions of the Celestial Spheres)』에 모두 집약되어 있었다.

이 한 권의 저서로 인해 천년 동안 서구 기독교 사회에 군림했던 천동설은 완전히 무너지고 지동설이 천문학의 기둥으로 자리 잡으면서 그야말로 코페르니쿠스적인 인식론적 혁명이 이루어지게 된 것이다. 하지만 정작 코페르니쿠스 자신은 바로 그해에 뇌출혈로 쓰러져 세상을 뜨고 말았다. 향년 70세였다. 그는 결혼하지 않고 독신으로 생을 마쳤다.

일반적으로 알려진 것과 달리 코페르니쿠스가 자신의 이론으로 인해 교회의 박해를 받을 것에 대해 두려워했다는 증거는 거의 보이지 않는다. 오히려 당시 교황 클레멘스 7세와 그 측근들은 코페르니쿠스의 새로운 이론에 많은 관심을 지니고 있었으며, 쇤베르크 추기경은 코페르니쿠스에게 그 책의 출판을 독려하는 서한을 보내기까지 했기 때문이다. 하지만 그의 지동설은 17세기 초에 이르러 로마 교황청에 의해 금서목록으로 지정되는 운명을 겪어야 했다.

그가 내세운 새로운 이론의 핵심은 결국 지구가 우주의 중심이 아니라는 것이며, 오히려 우주의 중심은 태양 근처에 있고, 육안으로 관찰되는 천체의 움직임은 실제 운동이 아니라 고정된 회전축을 따라 자전하는 지구운동의 결과로 그렇게 보일 뿐이라는 것이었다. 따라서 지구는 다른 행성들과 마찬가지로 태양을 중심으로 회전한다는 게 그의 주장이었다.

그런데 코페르니쿠스가 죽은 후 태어난 덴마크의 천문학자 튀코 브라헤(Tycho Brahe, 1546~1601)는 코페르니쿠스의 지동설과 프톨레마이오스의 천동설을 결합시켜 태양이 지구 둘레를 도는 동시에 다른 행성들이 태양 둘레를 돈다는 기묘한 절충설을 내세우기도 했으며, 그 후 이탈리아의 천문학자 갈릴레이(Galileo Galilei, 1564~1642)는 코테르니쿠스의 지동설을 지지하는 발언으로 1633년 종교재판에 회부되어 가택연금 조치를 당했는데, 그가 재판정을 나서면서 "그래도 지구는 돈다."라는 말을 했다는 유명한 일화는 사실 그 근거가 매우 희박하다. 당시 그 재판은 궐석재판으로 이루어졌기 때문이다.

코페르니쿠스가 세상을 떠난 뒤 그의 유해는 어디론가 자취를 감추고 말았는데, 2005년 프롬보르크 성당 제단 밑에서 그의 것으로 추정되는 유골이 발견되었으며, 2008년에 이르러 비로소 DNA 유전자 감식 결과 그의 유골임이 확인되었다. 2010년 폴란드에서 치러진 그의 장례식에는 수많은 시민들이 참가해 자신들의 국민적 영웅을 기리기도 했다.

지구 종말을 예언한
노스트라다무스

노스트라다무스(Nostradamus, 1503~1566)는 중세 프랑스의 유대계 의사로 본명은 미셸 드 노스트르담이다. 지구 멸망에 관한 예언시를 남김으로써 가장 오랜 기간 동안 전 세계적인 관심을 끌어 온 장본인이기도 하다. 프로방스 지방의 생레미에서 유대인 세리의 아들로 태어난 그는 몽펠리에 대학교에서 의학을 공부했는데, 페스트가 창궐했을 때 환자들을 돌보며 치료해 유명해졌다. 당시 그는 자신의 아내와 두 아이를 페스트로 잃었다.

그런 악몽을 겪은 경험 때문인지 그는 1550년부터 의술을 중단하고 오컬트 신비주의에 기울어졌으며, 오로지 집필활동에 주력함으로써 더욱 큰 명성을 날리고 돈도 벌었다. 특히 1555년에 발표한 4행시로 이루어진 『예언록』은 앙리 2세의 낙마사고, 프랑스 대혁명과 나폴레옹의 출현, 두 차례의 세계대전과 히틀러(Hitler)의 등장, 자동차의 출현, 달 착륙과 9·11 테러 등을 예언한 것으로 알려져 있지만, 그중에서도 가장 충격적인 사실은 혜성과 충돌할 때 적그리스도가 나타나 지구를 멸망시킨다는 내용일 것이다.

하지만 그가 지구 종말의 날로 예언했던 1999년 7월이 아무 일 없이 지나가자 그에 대한 관심은 잠시 주춤했다가 2001년 9·11 테러가 일어나자 다시 사람들 입에 오르내리게 되었다. 그가 말한 공포의 대왕이 나폴레옹과 히틀러에서 이번에는 오사마 빈 라덴으로 바뀌게 된 것이다. 그러나 오사마 빈 라덴이 죽자 노스트라다무스의 예언은 더 이상 사람들의 관심을 끌지 못하게 되었다.

그럼에도 불구하고 그의 예언시는 오랜 기간 성경, 셰익스피어 작품과 더불어 가장 많은 독자층을 확보한 베스트셀러가 되어 온 게 사실이다. 물론 애매모호한 표현 때문에 코에 걸면 코걸이 식으로 그 해석이 천차만별이 될 수밖에 없겠지만, 자동차에 대한 묘사만큼은 놀랄 정도로 정확하게 카로(Carro)라고 언급함으로써 많은 사람들로 하여금 그의 예언을 더욱 믿고 싶게 만든다. 심지어 그는 자동차에 열광하는 사람들을 카로마니(Carromanie)라고도 불렀는데, 오늘날 자동차 수집광을 생각하면 절로 고개가 끄덕여진다.

노스트라다무스는 수년간에 걸쳐 일종의 최면상태에서 하루도 쉬지 않고 예언시를 써 내려간 것으로 알려져 있는데, 정확한 날짜나 시간을 언급하지는 않았다. 특히 그의 예언은 제2차 세계대전이 끝나고 핵무기 경쟁이 치열해지면서 더욱 세인들의 관심을 끌기 시작했다. 그것은 하늘에서 내려오는 공포의 대왕이 핵무기를 상징하기에 충분했기 때문이다.

하지만 그가 생존했던 당시에 사람들을 가장 두렵게 만든 일은 흑사병의 만연과 마녀사냥, 그리고 사라센 제국의 침입이었으며, 더욱이 그는 박해받는 유대인 신분이었기 때문에 한시라도 마음을 놓을 수 없는 상황이었을 것으로 보인다. 비록 그는 기독교로 개종한 인물이었지만, 그래도 안심할 수 없는 처지였음에 틀림없다.

노스트라다무스는 살롱드 프로방스에 정착한 이후 돈 많은 과부와 재혼해서 6남매를 낳고 살았는데, 그 집 다락방에 틀어박혀 오로지 저술활동에만 몰두했다. 말년에 이른 그는 통풍으로 몹시 고생했으며, 보행에 큰 불편을 겪었는데, 어느 날 갑자기 마룻바닥에 누운 상태로 숨진 채 발견되었다. 당시 그의 나이 63세였다.

칼뱅에 맞서다 화형대에서 죽은
세르베투스

의사 출신으로 종교인이 된 인물 가운데는 교황 요한 21세 말고도 중세 스페인의 신학자 미카엘 세르베투스(Michael Servetus, 1511~1553)가 있다. 그는 스위스의 제네바에서 종교 활동을 펼치다 칼뱅주의자들이 주도한 제네바 시의회로부터 이단자로 정죄되어 화형을 당했는데, 천문학과 약학, 지리학 등에도 조예가 깊었던 엘리트 지식인이었다.

프랑스 몽펠리에 대학교에서 의사 자격을 얻은 그는 피에르 팔미에 대주교의 개인 주치의 노릇도 했으며, 유럽 최초로 혈액의 폐순환에 대한 원리를 언급한 인물일 뿐만 아니라 약제 사용에 대한 저서를 출간해 약리학 분야의 선구자로도 꼽힌다. 하지만 그의 출세를 시기한 어떤 의사의 사주로 세르베투스는 괴한들의 습격을 당하기도 했는데 그중 한 명에게 부상을 입히고 투옥되었다가 정당방위로 인정되어 풀려난 적도 있었다.

어쨌든 그는 당시 스페인 당국이 10만여 명에 달하는 유대인을 강제 추방하고 수많은 이슬람교도들을 화형시키는 등 이교도 탄압이 극심한 현실을 목격하면서 중세교회의 타락과 부패상을 비판하는 가운데 삼위일체론의 오류를 지적함으로써 기독교계 전체로부터 거센 반발을 샀으며, 결국에는 산 채로 묶여 화형에 처해지고 말았다. 그는 칼뱅에게 가장 큰 위협이 되었던 적수인 동시에 개신교 사회에서 화형당한 유일한 희생자이기도 했다.

세르베투스는 제네바 법정에서 자신은 유대인과 아무런 관련이 없다고 주장했지만, 실제로 그는 기독교로 개종한 유대인의 후손으로 스페인의 한 작은 마을에서 태어났다. 어려서부터 매우 총명했던 그는 라틴어, 그리스어, 히브리어 등 언어에 정통했으며, 프랑스의 툴루즈 대학교에서 법학을 공부하며 성서를 처음으로 접하게 되었는데, 당시에는 성서 읽기가 엄격히 금지되어 있었기 때문에 남몰래 성서를 독파했다.

이때부터 성서의 해석에 대한 자신만의 생각을 갖게 된 그는 스페인에서 벌어지는 이교도 탄압과 성직자들의 타락상을 목격하고 가톨릭에 대한 믿음이 흔들리기 시작했으며, 게다가 신성로마제국의 황제가 된 카를 5세의 대관식에서 왕이 교황 앞에 무릎을 꿇고 그의 발에 입을 맞추는 모습을 본 후부터 교황청의 사치와 허세에 완전히 실망하고 개신교로 돌아서게 되었다.

정통 가톨릭 교리와 다른 입장을 보였던 그는 이미 20세 때 『삼위일체의 오류에 대하여(On the Errors of the Trinity)』라는 저서를 출간해 가톨릭계의 반발을 샀으며, 그 후 이탈리아로 가는 도중에 들린 스위스 제네바에서 종교개혁가 칼뱅과 격렬한 신학적 논쟁으로 대립해 그의 적이 되고 말았다. 당시 칼뱅은 스위스에서 종교개혁의 지도자로 군림하며 그의 말이 곧 법이 될 정도로 강력한 영향력을 행사하고 있었다.

뿐만 아니라 마르틴 루터의 종교개혁으로 인해 신교와 구교가 서로 첨예하게 대립하고 있던 시기에 공교롭게도 세르베투스는 기독교의 근본교리인 삼위일체론을 부정함으로써 가톨릭계뿐 아니라 개신교로부터도 배척을 받기에 이르렀다. 그러나 성서 해석의 자유마저 인정하지 못하고 그를 화형에 처해 버린 칼뱅의 행동은 자가당착에 빠진 모습이 아닐 수 없다. 개신교의 탄생 자체가 자유로운 성서 해석에 기반을 두고 있기 때문에 더욱 그렇다.

세르베투스 자신도 이르기를, "성경 해석상의 문제로 그 어떤 오류에 빠졌다 하더라도 사람을 죽이는 일이 있어서는 안 되며, 신에게 선택받은 사람들조차 오류에 빠질 수 있다."고 말한 적이 있는데, 그의 지적은 오늘날에 와서도 여전히 종교적 독단에 빠져 있는 수많은 사람들에게 타산지석이 될 수 있는 내용이라 할 수 있다.

어쨌든 칼뱅은 위대한 종교개혁가임에 틀림없지만, 자신의 적수인 세르베투스를 제거함으로써 도덕적 권위에 심각한 타격을 입은 것만큼은 확실하다. 다만 칼뱅이 자비심을 베푼 게 한 가지 있다면, 세르베투스를 화형이 아니라 참수형에 처할 것을 권유했다는 점이겠다. 그러나 그의 제안은 받아들여지지 않았다.

국회 의사당을 설계한
윌리엄 손턴

윌리엄 손턴(William Thornton, 1759~1828)은 미국의 의사이며 화가, 건축가로 서인도 제도의 영국령 버진 군도에서 퀘이커 교도 공동체 마을에서 태어났다. 교육 때문에 어린 나이에 부모 곁을 떠나 영국으로 보내진 그는 일찍부터 미술에 흥미를 느껴 스코틀랜드 고지대를 돌아다니며 고성들을 스케치하곤 했으며, 에든버러 의대 재학 중에도 강의 노트를 온갖 그림들로 채울 정도로 미술에 몰두하는 모습을 보였다. 그 후 런던으로 옮겨 애버딘 대학교에서 의학 공부를 마치고 의사 자격을 딴 그는 고향으로 돌아가기 전에 파리에 머물며 고색창연한 건물들에 매료되기도 했다.

1786년 고향을 방문해 모처럼 가족과 상봉했지만, 대규모의 설탕농장과 70명에 이르는 흑인노예들을 상속받은 손턴의 마음은 무겁기만 했다. 왜냐하면 그는 노예제도를 찬성하지 않았기 때문이다. 결국 그는 정신적 부담을 이기지 못하고 서인도 제도를 떠나 미국으로 이주해 미국 시민이 되었으며 그곳에서 결혼까지 했다. 비록 성공하진 못했지만 그는 미국의 노예 출신 흑인들을 아프리카 시에라리온 강 입구에 자리 잡은 정착촌과 연결시켜 주려는 노력을 기울이기도 했다.

하지만 무엇보다 손턴의 업적은 전문적인 건축 수업을 받지 않은 아마추어 설계사로는 이례적으로 미국 국회 의사당 건물을 최초로 설계했다는 사실에 있다. 특히 파리의 루브르 궁전의 동궁과 고대 로마의 판테온 신전에서 영감을 얻어 설계된 의사당 건물은 자유의 여신상과 더불어 오늘날에 이르기까지 미국을 상징하는 대표적인 구조물로 손꼽힌다. 손턴의 의사당 건물 디자인은 조지 워싱턴 대통령과 토마스 제퍼슨 등 유력인사들의 찬사를 받았는데, 그의 명성이 알려지자 미국 각지에서 설계 주문이 쇄도했다.

그 후 손턴의 설계로 세워진 건축물 대다수는 미국 정부에 의해 역사적 건물로 지정되어 지금까지 잘 보존되고 있는데, 1800년에 완공된 워싱턴 시의 옥타곤 하우스가 대표적인 예에 속한다. 옥타곤 하우스는 1814년 백악관이 불에 타 소실되자 잠시 대통령 관저로 사용되기도 했으며, 상당 기간 미 건축 연구소 본부로 이용되다가 현재는 기념관으로 보존되고 있다. 손턴은 자식이 없었으며, 그의 아내는 손턴이 세상을 떠난 뒤에도 40년 가까이 더 살다가 남북전쟁이 끝날 무렵인 1865년 90세를 일기로 사망했다.

우연의 일치겠지만, 손턴에게 큰 영감을 주었던 파리 루브르 궁전 동궁의 설계자 역시 의사 출신의 17세기 프랑스 건축가 클로드 페로(Claude Perrault, 1613~1688)로 알려져 있는데, 역학과 광학에도 일가견을 지니고 있던 그는 파리 대학교에서 의학을 공부하고 내과 의사 자격을 취득했으며, 1666년에 설립된 프랑스 최초의 과학 아카데미 회원 중의 한 사람으로 건축학뿐 아니라 물리학과 자연철학에 대한 저서를 남기기도 했다. 페로는 동물원에서 낙타를 해부하던 중에 병균에 감염되어 세상을 떠났다. 그의 동생 샤를르 페로는 『신데렐라』로 유명한 동화작가이기도 하다.

노예해방을 외친
새뮤얼 하우

새뮤얼 하우(Samuel Howe, 1801~1876)는 미국의 의사이며 노예폐지론자로 일생 동안 맹인교육에 헌신하기도 했던 휴머니스트다. 보스턴에서 부유한 선주이자 로프 제조업자의 아들로 태어난 그는 하버드 의대를 졸업했으나 의업을 마다하고 그리스로 떠나 혁명운동에 가담해 싸웠다.

그리스 독립전쟁에 참여해 싸우다 병사한 시인 바이런을 몹시 흠모했던 그는 바이런처럼 그리스 군대에 자원입대해 군의관으로 복무했는데, 부상병 치료뿐 아니라 전투에도 직접 참가해 용맹을 떨치기도 했다. 그래서 그에게는 '그리스 혁명의 라파예트'라는 별명이 붙여졌는데, 라파예트는 프랑스의 군인으로 미 독립전쟁에 참여해 워싱턴 장군을 도왔던 인물이다.

그리스에서 귀국한 후 그는 맹인 보호시설의 설립을 위한 조사 목적으로 다시 유럽으로 건너갔지만, 이번에는 폴란드 혁명에 가담했다가 투옥되기도 했다. 보스턴에 돌아온 뒤 퍼킨스 맹인학교를 세우고 초대 교장이 되었으며, 장애아 및 정신박약아를 위한 복지정책에 주력해 적극적인 활동을 벌였다. 당시 그는 도로시아 딕스 여사와 함께 저능아를 위한 학교를 세우기도 했으며, 저능아를 사회에서 격리시켜 따로 수용시설에 가두는 정책에도 강력히 반대했다.

그는 미국 최초로 점자책을 발행해 보급했을 뿐만 아니라 맹인이며 귀머거리인 어린 소녀 로라 브리지먼을 지도해 맹인학교 교사로 만드는 데 성공함으로써 더욱 유명해졌다. 로라 브리지먼은 적어도 헬렌 켈러가 등장할 때까지는 미국에서 가장 유명한 인간 승리의 표본으로 명성을 날렸다.

나이 40이 넘어 뒤늦게 줄리아 워드와 결혼한 그는 아내와 함께 노예제 폐지운동에도 뛰어들어 노예사냥꾼들에게 쫓기는 흑인들을 안전하게 보호하고 국외로 탈출시키기도 했는데, 그런 행위는 법으로 금지되었기 때문에 한때는 캐나다로 피신하기도 했다. 남 북전쟁이 발발하자 그는 북군 진영에 가담해 전염병 예방에 노력 했으며, 종전 이후에는 노예에서 해방된 흑인들의 복지 개선 및 이 산가족 재회를 위해 전념했다.

하지만 이처럼 사회정의를 위해 일생을 바친 휴머니스트요 진보 적 지식인이었음에도 불구하고 그는 여성의 권리에 대해서만큼은 일체 관심을 보이지 않았으며, 오히려 매우 보수적인 태도를 취했 는데, 결혼한 여성들은 집과 가정을 떠나 그 어떤 일에도 관여해서 는 안 된다고 믿었으며, 그런 이유 때문에 자신의 아내와도 항상 불 화를 일으키기도 했다.

그의 아내 줄리아 워드는 남북전쟁 당시 '공화국 군가'를 작곡할 정도로 남다른 재능을 지닌 여성이었지만, 남편의 반대로 사회활 동에 큰 제약을 받자 강한 불만을 드러냈으며, 결국 나중에는 여성 참정권 운동에 뛰어들어 맹활약을 펼치기도 했다.

이들 부부는 모두 6남매를 두었는데, 그중에서 세 딸 플로렌스와 로라, 모드는 작가로 성공했으며, 특히 로라와 모드는 퓰리처상까 지 받았다. 아버지와 친밀한 관계를 유지했던 플로렌스와 로라는 어머니의 사회활동에 반대한 아버지의 입장을 지지했으나 그럼에 도 불구하고 플로렌스는 나중에 어머니 줄리아의 여권운동을 옹호 하며 그녀의 활동에 대한 저서를 출간하기도 했다.

발명의 귀재
데이비드 올터

미국의 의사이며 발명가인 데이비드 올터(David Alter, 1807~1881)는
전신기, 전화, 전기시계 및 전기 유모차 등을 발명하고 석탄에서 기
름을 빼내는 추출법까지 개발했다. 비록 그의 명성은 전구를 발명
한 에디슨이나 전화기의 발명가 벨, 장거리 무선전신기를 발명한
마르코니의 빛에 가려 그다지 각광을 받지는 못했지만, 19세기 중
반 무렵 전기를 이용한 다양한 발명품을 개발한 미국 최초의 발명
가로 손꼽힌다.

펜실베이니아 주 웨스트모얼랜드 출신인 그는 독일계 이민의 후
손으로 뉴욕 대학과 신시내티 의대에서 의학을 공부하고 의사 자
격을 획득했으며, 로라 로울리와 결혼해 엘버턴에 정착했다. 그곳
에서 그는 1836년에 가장 최초로 전기를 이용한 송신장치를 발명
해 냈는데, 이는 모르스가 발명한 전신기보다 1년이나 앞선 것이다.
에디슨이 전구를 발명한 것은 1879년이며, 벨의 자석식 전화기는
1875년에, 마르코니의 무선기는 1895년에 등장했으니 올터의 전
신기 발명은 이들보다 수십 년이나 앞선 것이다.

그 후 프리포트로 이사한 그는 아내 로라가 일찍 세상을 뜨자 그
녀의 동생인 아만다와 재혼했으며, 모두 13명의 자녀를 두었다. 프
리포트에서 올터는 스펙트럼 연구에 몰두하는 한편 산화제로 쓰이
는 브롬을 생산하기 시작했다. 이때 그는 소금에서 브롬을 추출해
내는 새로운 방법을 개발했는데, 이러한 방법은 1853년 뉴욕 산업

박람회에도 소개되었으며, 이후 철강산업에서 매우 유용한 기술로 애용되었다. 그는 브롬을 이용한 감광제로 은판사진을 찍기도 했다.

그가 발명한 전기 유모차는 자동차의 전신이라 할 수 있으며, 벨이 전화기를 발명하기 훨씬 이전에 초기 형태의 전화를 고안해 내기도 했다. 더 나아가 1858년에는 석탄과 바위에서 기름을 추출하는 방법을 개발해 미국의 산업화에 크게 기여했다. 그는 세계 최초로 전기시계를 발명한 장본인이기도 하다.

한편 간호사 출신의 여의사 준 맥캐롤(June MaCarroll, 1867~1954)은 도로차선 제도를 처음으로 고안해 보급함으로써 교통사고율을 최소화시킨 것으로 알려져 있다. 시카고 의대를 졸업한 그녀는 결핵에 걸린 남편의 건강 때문에 캘리포니아로 이주했으나 그가 세상을 떠나자 철도회사 직원인 프랭크 맥캐롤과 재혼했으며, 그 후로는 광대한 사막지대를 오가며 환자들을 치료하는 가운데 인디언 보호구역의 원주민 치료에도 힘썼다.

20세기 초 서부 사막지대에 근무하는 의사로서는 그녀가 유일한 인물이었는데, 자동차를 이용한 장거리 진료라 체력적으로도 힘겨웠지만, 무엇보다도 그녀를 두렵게 만든 것은 고속도로를 질주하는 화물트럭이었다. 교통사고의 위험을 절감한 그녀는 마침내 1917년 고속도로 한가운데 안전선을 표시하면 사고방지에 큰 도움이 되리라 생각하고 당국에 여러 차례 건의했으나 아무런 응답이 없자 그녀 스스로 도로에 흰색 페인트칠을 하기 시작했다. 그렇게 해서 마침내 1924년 캘리포니아 고속도로 위원회가 그녀의 의견을 받아들여 수천 마일에 달하는 고속도로에 안전선이 표시되었으며, 그 후 전 세계로 확산되어 오늘에 이르고 있다.

아프리카를 탐험한
리빙스턴

영국의 탐험가 데이비드 리빙스턴(David Livingstone, 1813~1873)은 의료선교를 위해 의학을 공부하고 아프리카로 건너가 선교사업을 벌이며 나일 강의 수원지를 찾으려다 소식이 끊겼으나 그의 행방을 추적한 미국의 헨리 스탠리와 탕가니카 호반 우지지 마을에서 극적인 상봉을 한 것으로 유명하다. 그 후 리빙스턴은 스탠리와 헤어져 탐험을 계속했으나 극도로 쇠약해진 나머지 뱅웨루 호반에서 원주민들의 간호를 받다가 세상을 떠났다.

스코틀랜드에서 노동자 계급의 아들로 태어난 그는 소년 시절에 고된 공장 일에 종사하면서도 돈독한 신앙심으로 중국 선교사를 꿈꾸며 독학을 거듭한 결과 글래스고의 앤더슨 대학교에 들어가 신학과 의학을 공부했다. 하지만 공교롭게도 아편전쟁이 발발해 중국 선교를 포기하고 대신에 아프리카로 목적지를 바꿨다.

1840년 런던 전도협회 소속의 의료선교사로 마침내 장도에 오른 그는 남아프리카 보츠와나의 원주민 마을에 머무르며 복음전도에 들어갔으며, 오랜 준비기간을 거쳐 제1차 탐험에 돌입하여 칼라하리 사막을 횡단하고 1851년에는 잠베지 강을 발견한 후 1855년에는 빅토리아 폭포를 발견하기에 이르렀다.

아프리카 횡단에 성공한 후 그는 귀국해서 자신의 탐험기록을 여행기로 써서 발표했으며, 1858년에는 켈리마네 주재 영국대사로 임명되어 중앙아프리카 탐험에 들어갔다. 그 과정에서 포르투갈인들의 노예매매 현장을 목격하고 수백 명의 흑인노예들을 풀어 줌으로써 양국 간에 분쟁이 발생하자 영국 정부는 그에게 즉각 탐험 중지 명령을 내리고 귀국하도록 했다.

1866년 왕립 지리학회의 의뢰로 다시 아프리카로 떠난 그는 탕가니카 호수 근처의 우지지 마을에서 심한 열병에 걸려 몸져누웠으나 그를 찾아 나선 스탠리 일행에 의해 극적으로 구조되었다. 그후 스탠리 일행과 함께 탕가니카 호 북부지역을 탐험하다 헤어졌으며, 혼자 힘으로 탐험을 계속하던 중에 병으로 쓰러져 세상을 떠났다. 그를 극진히 돌보던 원주민들은 리빙스턴이 죽자 그 시신을 동부해안까지 운구하는 장거리 여행도 마다하지 않았는데, 미라 상태로 만들었기에 가능한 일이었다. 그의 장례식은 런던의 웨스트민스터 사원에서 국장으로 치러져 수많은 영국시민들이 애도를 표시했다.

그러나 그에 대한 비판도 없는 게 아니다. 그가 그토록 꿈꾸었던 의료선교의 목적이 결국은 제국주의 식민지 확보에 이용당한 결과를 낳았으며, 실제로 리빙스턴의 발길이 닿았던 지역들은 모두 영국 식민지가 되었기 때문이다. 그리고 리빙스턴 역시 열등한 흑인 원주민의 문명화를 위해서는 기독교 정신에 입각한 식민통치가 불가피하다고 여겼는데, 어찌 보면 매우 이율배반적인 주장이기도 하다.

리빙스턴은 분명 의료봉사보다는 복음전도와 탐험에 주력한 것으로 보인다. 병마에 쓰러진 그는 오히려 원주민의 보살핌을 받는 처지가 되었다. 그와 동시대에 활동한 의료선교사로는 중국에서 활동한 허드슨 테일러와 일본에서 활동한 헨리 폴즈를 들 수 있는데, 이들은 전도 사업뿐 아니라 현지인들을 위한 의료봉사에도 헌신적인 모습을 보여 주었다고 할 수 있다. 이들과는 달리 뉴욕 태생의 미국인 의사 라파예트 버넬(Lafayette Bunnell, 1824~1903)은 요세미티 계곡을 처음으로 발견하고 탐험한 인물로 알려져 있지만, 개척민을 습격한 인디언 추장을 추적하던 중에 우연히 발견한 것이었을 뿐 원주민에 대한 관심이나 애정을 보인 적은 없다.

러시아의 작곡가
보로딘

19세기 러시아 국민악파 5인조에 속하는 작곡가 알렉산더 보로딘(Alexander Borodin, 1833~1887)은 〈중앙아시아의 초원에서〉라는 작품으로 유명하다. 제정 러시아의 수도 상트페테르부르크에서 그루지야 출신 귀족의 사생아로 태어난 그는 아버지의 성을 따르지 못하고 대신 아버지의 농노였던 포르피리 보로딘의 아들로 입적되어 양부의 성을 갖게 되었다.

이처럼 출생 배경부터 불행한 운명을 타고난 보로딘이었지만, 남부럽지 않게 좋은 교육을 받고 자랐으며, 이른 나이부터 피아노를 배워 음악적 재능도 키워 나갔다. 비록 그는 어릴 때부터 음악을 좋아했지만 상트페테르부르크 의대에 진학해 의사가 되었는데, 작곡은 나이 30에 이르러 발라키레프에게 사사했다.

의대를 졸업한 후에는 군의관으로 복무했으며, 군에서 제대한 뒤 의대 교수로 재직하면서 의학을 가르치는 동시에 생화학 연구에 몰두하는 한편 틈틈이 짬을 내어 작곡도 했다. 그런 이유 때문에 보로딘의 작품은 그 수가 그리 많지 않다.

그의 1번 교향곡은 발라키레프의 지휘로 초연되었으나 반응은 신통치가 않았고, 그 후 2번 교향곡 역시 큰 호응을 얻지 못했다. 그러나 그의 재능을 인정한 리스트의 주선으로 독일에서 공연된 이래 러시아보다는 오히려 외국에서 호평을 받았다. 3번 교향곡은 미완성작으로 끝났지만 동료 작곡가 글라주노프가 대신 완성시켰다.

1869년에 착수한 오페라 〈이고르 공〉 역시 과도한 업무와 건강 때문에 진척이 느려져 결국 완성을 보지 못하고 유작으로 남겨지고 말았는데, 동료인 림스키코르사코프와 글라주노프가 손질해 완성시켰다. 하지만 그중에서 〈폴로베치안 댄스〉는 오늘날에도 자주 연주되는 명곡에 속한다. 보로딘의 특이한 이국적인 화음은 그 후 프랑스 작곡가 드뷔시와 라벨 등에게도 많은 영향을 끼쳤다.

바쁜 일정 때문에 시간이 없어 일요일에만 작곡을 했기 때문에 그의 작품이 많지는 않지만 그럼에도 불구하고 교향시 〈중앙아시아의 초원에서〉는 지금도 대중적인 인기를 얻고 있다. 그 외에도 가곡과 피아노곡, 현악사중주곡 등을 남겼으며, 보로딘 자신이 뛰어난 첼로 연주 솜씨를 지녔던 것으로 알려져 있다.

보로딘은 작곡가로서만 알려져 있으나 실은 생화학 연구에 많은 업적을 쌓은 인물이다. 특히 알데하이드 연구에 일가견이 있었다. 그 분야에서 그는 당대에 벤젠 고리의 발견으로 유명한 독일의 화학자 케쿨레와 어깨를 나란히 하며 서로 경쟁할 정도로 러시아 의학계에서는 명성이 자자했던 인물이었다.

더욱이 그는 의학과 음악뿐 아니라 제정 러시아 치하의 여권신장에도 크게 기여했으며, 그런 노력의 일환으로 상트페테르부르크에 여자의과대학을 세우기도 했다. 피아니스트였던 에카테리나 프로토포포바와 결혼한 그는 딸 하나를 두었는데, 그의 사위는 나중에 보로딘의 뒤를 이어 의대 생화학 과장을 역임했다. 하지만 콜레라 후유증과 심장병에 시달리는 등 평소에도 건강이 여의치 못했던 보로딘은 1887년 한 무도회에 참석했다가 쓰러져 향년 57세를 일기로 사망하고 말았다.

지문을 이용한 범죄수사의 선구자
헨리 폴즈

영국의 의사이자 선교사였던 헨리 폴즈(Henry Faulds, 1843~1930)는 지문 연구의 개척자이기도 했다. 스코틀랜드 출신인 그는 글래스고 대학교에서 수학과 논리학을 공부하다 나중에는 앤더슨 대학으로 옮겨 의학을 배우고 의사 자격을 얻었다. 신앙심이 깊었던 그는 의료선교에 뜻을 두고 1871년 인도로 가서 2년간 가난한 주민들을 위한 의료봉사에 힘썼다.

1873년 결혼한 그는 아내와 함께 일본에 파견되었는데, 그곳에서 의대생 교육은 물론 현지인 외과의사들에게 조지프 리스터의 소독법을 가르치기도 했다. 뿐만 아니라 일본 최초의 맹인학교를 설립하고, 광견병과 콜레라, 페스트 예방에도 힘썼으며, 도쿄에서는 매년 1만 5천 명에 달하는 환자들을 치료했다.

그가 지문에 관심을 기울이게 된 것은 일본인들이 신분 확인의 수단으로 지장을 사용하는 습관을 목격하고부터였는데, 때마침 당시 그와 교류했던 미국의 고고학자 에드워드 모스와 함께 고고학 발굴현장에 동참했던 폴즈는 고분에서 발굴된 옛 토기에 매우 정교하게 새겨진 지문에서 깊은 인상을 받았다.

결국 그는 자신의 지문과 다른 동료들의 지문을 비교한 결과 사람마다 제각기 독특한 지문 형태를 지니고 있다는 사실을 발견하고 그 점에 착안해 본격적으로 지문 연구에 착수하기 시작했다. 공교롭게도 당시 폴즈가 근무하던 병원의 한 직원이 일본 경찰에 체포되는 일이 벌어졌는데, 그의 무고함을 믿고 있던 폴즈는 범죄 현장에 남아 있던 지문과 그 직원의 지문이 일치하지 않음을 입증함으로써 무사히 풀려나도록 도왔다.

폴즈는 자신의 지문 식별에 대한 연구를 진척시키기 위해 찰스 다윈에게 도움을 청했지만, 다윈은 별다른 관심을 보이지 않고 대신 그 아이디어를 자신의 친척인 프랜시스 갈톤에게 제공했다. 이를 토대로 갈톤은 그 후 지문에 관한 저서를 출간했으나 폴즈의 업적에 대해서는 특별히 언급하지 않았다.

폴즈는 1880년 자신의 연구 결과를 영국의 과학잡지 『네이처』

에 발표했는데, 얼마 후 인도에 근무하던 관리 출신의 윌리엄 허셸이 자신은 이미 1860년부터 인도에서 범인 식별을 위해 지문을 사용하고 있었다고 주장함으로써 두 사람 사이에 논쟁이 벌어지기도 했다. 하지만 허셸은 명확한 증거를 제시하지 못했다.

선교회와 불화가 생겨 1886년에 영국으로 영구 귀국한 폴즈는 경시청 의사로 근무하면서 런던 경찰에 범죄수사를 위한 지문 사용을 요청했으나 확실한 증거가 없다는 이유로 거부되었다. 결국 폴즈는 자신의 연구 업적을 제대로 인정받지도 못한 채 1930년 86세를 일기로 세상을 떠나고 말았다.

그러나 1892년에 출간된 갈톤의 책 『지문』을 읽고 힌트를 얻은 아르헨티나의 경찰관 후안 부체티크는 범인이 남긴 지문을 이용해 최초로 두 아들을 살해한 범인 검거에 성공함으로써 범죄수사에 신기원을 이루게 되었다.

그 후 1897년 영국령 인도의 캘커타에 지문국이 처음으로 설치되었으며, 1901년에는 영국 최초의 지문국이 스코틀랜드에 설립되고, 이듬해에는 미국에도 도입되기에 이르렀다. 그리고 1911년에는 일본 경찰도 공식적으로 지문 사용을 채택하게 되었다. 하지만 여전히 폴즈의 업적은 주목받지 못한 상태였다.

전설적인 무술인
황비홍

청조 말기에 활동한 중국의 한의사 황비홍(黃飛鴻, 1847~1924)은 항일 독립운동가인 동시에 전설적인 무술인이기도 했다. 중국인들에게는 손문보다 더 유명한 민족적 영웅으로 추앙받는 존재여서 황비홍을 모르면 중국인이 아니라는 말까지 있을 정도다. 소림 계통에 속하는 홍가권법의 완성자로 힘없는 민중들 편에 서서 불의에 맞선 의로운 협객의 대명사로 통한다.

그의 본명은 황석상으로 광동성 남해현 출신이다. 그의 아버지 황기영은 광동지역에서 이름을 떨친 10대 무림고수의 한 사람으로 황비홍은 어릴 때부터 아버지에게서 집안 대대로 전해진 의술과 무예를 배워 익혔다. 이들 부자는 거리에서 무술시범을 보이고 약을 팔면서 생계를 이어 갔는데, 아버지 외에도 임복성, 송휘당, 소걸아 등 당대의 무술 달인들로부터 다양한 무예 비법을 전수받았다.

소년 시절부터 뛰어난 무술 솜씨로 사람들을 놀라게 했던 그는 17세 때 이미 광주에 자신의 독자적인 무도관을 세워 제자를 양성하기 시작했는데, 그의 이름이 전국적으로 알려지게 된 결정적인 계기는 20세 때 벌어진 에피소드를 통해서였다. 한 영국인이 자신의 독일산 셰퍼드로 하여금 중국의 무술가들과 결투를 벌이게 했는데, 많은 사상자들이 생겨나게 되자 이를 보다 못한 황비홍이 나서 단 한 번의 발차기로 그 개를 즉사시켜 버린 것이다.

그러나 그는 무술뿐만 아니라 의술로도 명성이 자자했는데, 26세

때는 광주에 보지림이라는 이름의 의원을 차려 많은 사람들의 생명을 구하기도 했다. 1888년에는 흑기군 대장 유영복의 다리를 고쳐 준 대가로 흑기군 의관에 임명되어 타이완에서 일본군대와 맞서 싸우기도 했으며, 오전미 제독 밑에서 무술 교련을 맡아 활동하기도 했다. 나중에는 광동 민단에서 무술을 지도하며 쇠퇴한 국력을 회복시키는 일에 매진하는 가운데 단신으로 마적 떼의 습격을 물리치기도 했다.

황비홍은 모두 4번 결혼했지만, 3명의 처는 병으로 일찍 세상을 떴으며, 마지막 4번째 부인 막계란은 원래 그의 제자였다가 부인이 된 여성으로 황비홍이 죽은 이후에는 홍콩으로 이주해 무예를 가르치다가 1982년에 사망했다. 그녀는 황비홍보다 45년이나 연하였다. 황비홍은 모두 4남 2녀의 자식들을 두었는데, 그중에서 가장 무예가 뛰어난 차남 황한삼이 독살당해 죽는 일이 발생하자 크게 상심한 나머지 그 후로는 더 이상 자식들에게 무술을 가르치지 않았다고 한다. 황한삼은 무술시합에서 자신에게 패한 뒤 앙심을 품은 자의 손에 의해 독살된 것이다.

차남의 억울한 죽음뿐 아니라 1923년 발생한 광주 폭동의 여파로 화재가 일어나 황비홍의 의원 건물도 불타 버렸는데, 그 결과 황비홍은 무일푼 신세로 전락하고 말았다. 게다가 3남 황한업마저 불의의 사고로 죽게 되자 몸져누워 버린 황비홍은 더 이상 일어서지 못하고 그대로 세상을 뜨고 말았다. 황비홍이 죽자 그 유족들은 관을 살 경비조차 없을 정도로 완전히 파산상태에 있었지만, 그를 흠모한 많은 사람들이 성금을 모아 성대한 장례식을 치러 주었다고 한다.

황비홍의 수제자 임세영은 스승이 죽은 후 홍콩으로 이주해 홍가권을 전수했으며, 영화 제작에도 관여해 1970년대 홍콩 무협영화의 전성기를 이루는 데 크게 기여하기도 했다. 유명한 무술감독 유가량도 임세영 문하 출신이다. 이처럼 파란만장한 생애를 살았던 황비홍이었으니 중국에서 그를 주제로 한 영화가 100여 편 넘게 쏟아져 나온 것은 어쩌면 당연한 일인지도 모르겠다. 황비홍을 연기한 배우로는 유가휘, 관덕흥, 성룡, 백옥당 등이 있지만, 가장 인기를 얻은 배우는 이연걸이다. 영화 황비홍 시리즈의 테마곡으로 유명한 〈남아당자강(男兒當自强)〉이라는 곡은 원래 중국 강소 지방의 민요에서 따온 것으로 지금에 이르러서는 불후의 명곡으로 남게 되었다.

콘플레이크를 개발한 금욕주의자
존 켈로그

미국의 의사 존 하비 켈로그(John Harvey Kellogg, 1852~1943)는 콘플레이크를 처음으로 고안해 보급한 채식주의자요 금욕주의자다. 오늘날 세계적인 식품회사로 성장한 켈로그 사는 그의 동생 윌 켈로그가 1906년에 설립한 회사로 우리나라에서는 합작 투자 형태의 농심켈로그가 제품을 생산하고 있지만, 원래 그 뿌리는 1897년 켈로그 형제가 설립한 새니터스 식품회사에서 비롯된 것이다.

그런데 사실 콘플레이크는 아주 우연한 기회에 세상에 나오게 되었다. 1894년 미시간 주 배틀 크리크 요양원 감독으로 근무하던 존 켈로그는 독실한 제7일 안식교 신자로 환자들에게 채식 위주의 식이요법을 시행하면서 술, 담배, 커피 등을 엄격히 금하고 있었다. 그는 단맛과 양념이 성적 충동을 일으키는 주범이라 보고 동생인 윌과 함께 성욕을 억제시키는 곡물 위주의 음식 개발에 몰두하고 있었다.

그러던 어느 날 갑자기 요양원 압출기의 고장으로 밀반죽이 모두 끊어져 나와 조각난 상태가 되고 말았는데, 이들 형제는 그 조각들을 그대로 구워 환자들에게 공급했으며, 반응이 좋자 그레노즈라는 이름으로 상품 특허를 내고 형제가 공동으로 회사를 설립해 운영하기에 이르렀다.

처음에는 형제가 사이좋게 회사를 설립했지만 판매고가 급격히 늘게 되자 욕심이 생긴 동생 윌은 사람들의 구미를 더욱 당길 수 있는 설탕을 가미한 제품을 개발했는데, 철저한 금욕주의자인 형 존 켈로그가 극구 반대함으로써 형제간에 불화가 생기기 시작했다. 물론 존 켈로그는 당분이 정욕을 자극한다는 이유로 반대한 것이다. 결국 윌은 따로 회사를 설립해 독립했으며, 형의 제품을 능가하는 인기를 끌고 상업적으로도 대성공을 거두었다.

그런데 또 다른 문제가 생겼다. 존 켈로그의 환자였던 찰스 포스트가 독자적으로 회사를 차려 콘플레이크에 맞서기 시작한 것이다. 존 켈로그는 포스트가 자신의 사무실 금고에서 제품 생산 기밀을 훔친 것이라 주장하며 맹비난했다. 하지만 결국 오늘날 곡물 시리얼 다이어트 식품계를 양분하고 있는 켈로그 사와 포스트 사에 밀려 존 켈로그의 존재가치는 그만큼 상대적으로 미미해지고 말았다.

그것은 존 켈로그의 철저한 금욕주의 때문이라 할 수 있겠는데, 성에 대한 그의 특이한 신념은 매우 극단적인 형태를 취하고 있었다. 그는 자위행위를 포함한 모든 성적 활동이 만병의 근원이라 믿고 건강을 유지하기 위해서는 성적인 자제가 필요하다고 주장하면서 성욕을 자극할 수 있는 모든 음식과 육식을 피하도록 요구했다.

물론 그의 금욕주의는 자신이 믿고 있던 신앙심에 근거한 것이었지만, 타협을 모르는 그의 극단적인 주장은 오히려 역효과를 낳기도 했다. 자위행위를 금지하는 캠페인에 온갖 심혈을 기울인 그는 자위행위가 목숨을 갉아먹는 자살행위나 다름없으며, 자궁암과 간질병, 더 나아가 정신병까지 초래한다고 대중들에게 겁을 주었다. 그는 말로만 겁을 준 게 아니라 실제 행동으로 옮기기도 했는데, 아동들의 손을 묶고 성기에 덮개를 씌우는 조치 등에 머물지 않고 심지어는 성기에 전기충격을 가하거나 클리토리스를 제거하는 수술까지 했다.

존 켈로그의 명성은 1906년 인종차별적인 인종개량재단(the Race Betterment Foundation)을 설립하면서 더욱 악화되었다. 미국 최초의 우생학적 운동에 앞장선 존 켈로그는 이민자들과 유색인종이 미국인의 유전자를 파괴시킨다는 믿음을 지니고 그런 열등한 인종들은 따로 격리시켜야 한다고 주장했기 때문이다. 물론 그의 주장은 격렬한 찬반 논쟁을 불러일으켰다.

그럼에도 불구하고 유능한 외과의사였던 그에게 치료받은 인물들 가운데에는 저명인사들이 즐비한데, 대표적인 인물들로는 태프트 대통령, 발명왕 토마스 에디슨, 자동차왕 헨리 포드, 작곡가 퍼시 그레인저, 극지 탐험가 아문젠, 노벨 문학상 수상자 버나드 쇼, 여배 우 사라 베른하르트 등 실로 화려하다.

오늘날 대중적 인기를 끌고 있는 콘플레이크의 배경에는 이처럼 독실한 제7일 안식교 신자였던 의사 존 켈로그의 금욕주의가 자리 잡고 있었던 것이다. 비록 그는 현실타협적인 동생 윌 켈로그를 상 대로 조리 특허권을 갖고 법정소송을 벌인 끝에 오랜 세월 형제간 의 반목과 불화를 거듭했지만, 91세로 세상을 뜰 때까지도 동생에 대한 미련을 버리지 못할 정도로 집념이 강한 사람이었다.

에스페란토의 창시자
자멘호프

루도비크 자멘호프(Ludwig Zamenhof, 1859~1917)는 폴란드의 유대 계 안과의사이자 국제공용어 에스페란토의 창시자다. 언어학자도 아니고 단지 안과의사로 활동하던 그가 느닷없이 자신의 전공과 는 거리가 먼 국제공용어를 만들기로 작심한 이유는 무엇일까? 그 런데 에스페란토 창시의 배경을 이해하기 위해서는 무엇보다 그가 처한 시대적 환경부터 알 필요가 있다.

자멘호프는 러시아 지배하에 있던 폴란드의 비알리스톡에서 독 일어 교사의 아들로 태어났는데, 그의 조부 역시 외국어를 가르치 는 교사였다. 그런데 그가 태어나고 자랐던 고향에는 폴란드인, 러 시아인, 독일인, 유대인 등이 뒤섞여 살고 있었기 때문에 제각기 다른 언어가 혼용되고 있어서 서로 다른 민족끼리 반목과 마찰이 끊이지 않았다.

게다가 러시아어를 주로 사용하던 집안에서도 언어적 혼란이 있었는데, 이디시어를 사용하는 어머니와 독일어에 능통했던 아버지 사이에도 의사소통에 어려움을 겪어야 했다. 유대교 신앙에 별다른 관심이 없었던 아버지는 이디시어에 능숙치 못했으며, 러시아 동화정책에 적극 동조하는 입장을 보이고 있었기 때문에 자멘호프는 어려서부터 이미 언어적으로나 신앙적으로나 매우 복잡한 환경에서 자라야 했다.

사춘기 시절에 바르샤바로 이주해 유대인 거주지에 살던 자멘호프는 그곳에서 학교를 다니면서 다시 폴란드어를 배워야 했는데, 그때부터 하나의 공용어가 있으면 서로 다투지 않고 화목하게 살 수 있겠다는 매우 소박한 생각을 갖게 되었다. 그렇게 해서 고등학교 시절에 이미 그는 자신이 만든 공용어 일부를 완성하고 동급생들에게 시험적으로 가르치기 시작했는데, 그 사실을 알게 된 아버지는 당국의 처벌을 두려워한 나머지 공용어 작업을 포기하겠다는 서약을 강요했을 뿐만 아니라 모스크바 의대로 유학을 보내 버린 후 그가 작성한 초안을 벽장 속에 깊이 감춰 버렸다.

그러나 타지생활이 힘겨웠던 자멘호프는 도중에 집으로 돌아와 바르샤바 대학교에 편입했으며, 의사 자격을 딴 후로는 안과 전문의로 개업해 환자를 진료하는 가운데 아버지 몰래 공용어 연구를 계속해 나갔다. 그 무렵 자멘호프는 부유한 유대인 사업가의 딸 클라라와 결혼해 3남매를 두었는데, 그중에서 막내딸 리디아는 나중에 성장해서 에스페란토 운동의 보급에 발 벗고 나서 아버지를 도왔으며, 세 남매 모두 나치 수용소에서 죽음을 맞이했다.

자멘호프는 마침내 1887년 에스페란토 박사라는 가명으로 국제공용어에 관한 저서를 출간했는데, 에스페란토는 희망을 뜻하는 말이었다. 그 후 1905년 세계 최초로 국제 에스페란토 대회가 열렸지만, 반유대주의 감정이 팽배했던 당시 사회 분위기에 민감했던 그는 자신이 벌인 평화운동의 취지가 오해될까 두려워한 나머지 공식적인 지도자 위치에 오르지는 않고 단지 뒤에서 지원만 하고 있었는데, 그런 사실마저 의혹을 받기도 했다.

편협한 민족주의를 거부했던 그는 시오니즘에 동조하지 않았을 뿐만 아니라 반유대적인 의도로 러시아에서 작성된 시온의정서 등에 대해서도 잘 알고 있었기 때문에 극도로 조심스러운 행보를 할 수밖에 없었을 것이다. 그는 1910년 노벨 평화상 후보에 올랐지만, 수상하지는 못했으며, 그가 세상을 떠난 후 국제연맹에서 에스페란토 사용을 검토했다가 프랑스 대표의 반대로 무산되기도 했다. 현재 에스페란토어를 구사할 수 있는 인구는 약 10만 명에서 2백만 명 정도로 추산되고 있을 뿐 정확한 숫자는 파악되지 못하고 있다.

아동교육의 어머니
몬테소리

페스탈로치와 프뢰벨이 교육의 아버지라면, 20세기에 활동한 이탈리아의 몬테소리는 교육의 어머니라 할 수 있다. 마리아 몬테소리(Maria Montessori, 1870~1952)는 이탈리아의 의사이자 아동교육가이며 독창적인 몬테소리 교육법을 개발해 아동교육에 일대 혁신을 불러일으킨 여성이다. 그녀가 창안한 몬테소리 교육법은 오늘날 전 세계로 보급되어 거의 모든 육아시설과 학교 등에서 그녀의 교육법에 따라 아동들을 가르치고 있다.

그녀는 지방 공무원의 딸로 태어나 로마 대학교에서 자연과학을 공부한 후 1893년 힘겹게 의대에 들어갔는데, 당시만 해도 여의사가 매우 드물었던 시절이라 그녀는 동료 남학생들과 교수들로부터 따돌림을 당해 고전을 면치 못했다. 심지어 해부학 실습시간에는 따로 혼자 떨어져 벌거벗은 시체를 마주하며 해부학 실습을 해야만 할 정도로 심한 차별을 겪었다.

의대를 졸업한 후 소아과를 전공하면서 여성의 권리와 정신장애아의 교육에 관심을 기울인 그녀는 1906년 정부로부터 위임받은 빈민가 출신의 어린 아동들에 대한 교육을 통해 그녀 자신만의 독자적인 교육법을 고안하게 되었다. 그것은 교사의 일방적인 지도와 가르침에 의한 것이 아니라 아동의 자발적인 표현과 활동을 도울 수 있는 환경을 제공하고 교사는 아동이 무엇을 원하는지 면밀히 관찰하고 개입이 필요한 경우에만 나서서 도움을 준다는 것이었다.

또한 그녀는 지능이 떨어지는 아동들도 적절한 감각자극을 제공할 수 있는 놀이도구를 이용할 경우 자발적인 흥미가 유발됨은 물론 학습능력도 개선된다는 점을 발견하고 그와 비슷한 방법을 정상적인 아동에게도 적용시키기 시작했다. 따라서 교실의 가구배치서부터 놀이도구의 선정, 동물과 식물 등을 포함한 자연과의 친화성 개발에 이르기까지 그녀의 교육법은 실로 다양하게 발전되어 나갔다.

그녀가 개발한 몬테소리 교육법은 곧 각국으로 퍼져 나갔는데, 그에 따라 그녀 또한 미국 및 인도 등지를 포함해 전 세계를 돌아다니며 아동교사들을 위한 교육으로 분주한 나날을 보내게 되었다. 비록 그녀는 미혼모로서 아들 마리오 몬테소리(1898~1982)의 양육을 남에게 맡겼지만, 그 아들은 나중에 장성해서 어머니의 연구작업을 돕기도 했다.

1920년대 한때 몬테소리는 정권을 장악한 무솔리니와 만나 전폭적인 정부지원을 약속받고 그를 몬테소리 학회의 명예회장에 앉히기도 했으며, 무솔리니가 국가적 사업의 일환으로 몬테소리 교사훈련 대학 등을 세우는 등 지원을 아끼지 않자 한껏 고무되기도 했으나 1930년대에 들어서면서부터는 이념적 차이로 사이가 벌어지기 시작했다.

물론 그 직접적인 계기는 그녀가 니스 학회에서 인류평화에 대한 강연을 한 것에서 비롯되었다고 볼 수 있는데, 그 이후로 그녀는 파시스트 정부로부터 감시 대상이 되었으며, 정부 지원도 끊기고 말았다. 결국 그녀는 1934년 아들과 함께 이탈리아를 떠나 종전이 이루어질 때까지 인도에 머물렀다가 네덜란드에서 82세를 일기로 세상을 떴다.

몬테소리는 생전에 여러 차례 노벨 평화상 후보에 올랐으나 끝내 수상하지는 못했다. 오히려 여성으로서 노벨 평화상 첫 수상의 영예는 미국의 사회운동가이자 사회사업가인 제인 애덤스(Jane Adams, 1860~1935)에게 돌아갔는데, 애덤스는 젊은 시절 필라델피아 여자의과대학에 진학했으나 선천성 척추기형으로 수술을 받는 바람에 건강이 여의치 않게 되자 의사가 되기를 포기하고 빈민구제 사업에 헌신하기로 마음을 바꾼 인물이었다.

고아들의 아버지
오긍선

　구한말의 의사, 사회사업가인 오긍선(鳴兢善, 1877~1963)은 조선인 최초의 피부과의사인 동시에 세브란스의전 학장을 지낸 인물이다. 그는 배재학당을 졸업한 개화파로 이상재, 서재필, 윤치호 등과 함께 독립협회, 만민공동회 등에 참여해 활동했으며, 1902년 미국 선교사의 주선으로 미국 유학을 떠나 1907년 루이빌 의대를 졸업한 후 장로교 선교사 자격으로 귀국해 처음에는 주로 호남지역에서 의료선교를 통한 사회사업에 종사했다.

　오긍선은 충남 공주 출생으로 명문 양반가의 아들로 태어났다. 어려서부터 한학을 배우고 상경해 관직에 올랐다가 개화사상에 눈을 떠 배재학당에 입학해서 신학문을 접했다. 미국에서 의사 자격을 따고 귀국한 후 순종 황제로부터 황실 전담의로 일할 것을 권유받았으나 사양하고 지방으로 내려가 근무했다. 그 후 1912년 세브란스의전 교수로 부임했으며, 1934년에는 학장으로 승진했다. 그는 30년 가까이 세브란스의전 교수로 지내면서 후진 양성에 전념해 조선 의학계의 대부로 불리기도 했다.

그는 미국에서 의사 자격을 딴 한국인으로 서재필과 박 에스더에 이어 세 번째 인물에 해당하는데, 서재필은 1893년에 컬럼비아 의대를 졸업했으며, 우리나라 최초의 여의사인 박 에스더는 1900년에 볼티모어 의대를 우등으로 졸업했다. 34세라는 젊은 나이로 요절한 박 에스더는 귀국 후 희생적인 농촌의료 활동으로 고종으로부터 훈장까지 받았으나 지병인 폐결핵을 이기지 못하고 남편의 뒤를 따라 세상을 떠나고 말았다.

그동안 세간에서는 흔히들 서재필 박사라는 호칭으로 불러 왔는데, 사실 그는 박사학위를 받은 적이 없다. 아마도 의사를 지칭하는 닥터와 의학박사를 혼동했기 때문에 그렇게 부른 것으로 보인다. 참고 삼아 말하자면, 한국인으로서 최초의 이학박사는 1931년에 일본 교토 대학교에서 박사학위를 받은 이태규 박사로 알려져 있지만, 실제로는 그보다 앞선 1926년에 미국 미시간 대에서 천문학으로 박사학위를 받은 초대 중앙관상대장 이원철(1896~1963) 박사가 최초였다. 그 후 1936년 일본에서 우장춘이 「종의 합성」이라는 논문으로 농학박사 학위를 받았다.

여담이긴 하나 이원철 박사는 필자의 숙부이기도 하다. 그는 오긍선이 세브란스의전 교수로 재직하고 있던 1919년에 연희전문을 졸업하고 모교에서 전임강사로 있다가 1922년 미국 유학길에 올라 천문학을 공부했으며, 귀국 후 연희전문 학감을 지내다가 일제의 강압으로 교직에서 쫓겨났다가 광복 후에는 초대 중앙관상대장을 지냈으나 이승만 정권 당시 사사오입 파동 때 협조하지 않았다는 이유로 자리에서 물러난 뒤 인하공대 초대 학장을 역임했다. 말년에는 연세대학교 재단 이사장직에 선출되었다. 슬하에 자녀가 없었던 그는 자신의 전 재산을 YMCA에 기부하고 죽었다.

어쨌든 한국인으로는 최초로 세브란스의전 교수가 된 오긍선은 교육과 진료에 전념하는 가운데서도 고아사업에도 힘을 기울여 1919년 경성보육원을 설립해 운영하는 한편, 장애아동과 소외계층에 대한 사회사업을 포함해 청소년의 음주와 흡연문제, 매춘업 폐지운동 등을 전개하며 조선총독부를 상대로 법안 제정을 요구하기도 했다. 1931년에는 경성양로원을 설립해 노인복지에도 힘을 쏟았다. 그가 설립한 보육원과 양로원 역시 한국 최초였다.

그러나 일제의 탄압이 심해지면서 창씨개명을 거부했던 그는 결국 신사참배 거부문제로 조선총독부의 압력에 굴복해 1942년 세브란스의전 학장직을 사임했으며, 광복 이후에는 미국 트루먼 대통령의 미군정 참여 권고와 이승만 대통령의 장관 제의 등도 모두 거절하고 오로지 고아들을 돌보는 일에만 몰두했다. 그는 86세로 세상을 뜰 때까지도 보육원을 직접 운영하고 있었는데, 그가 평생 길러 낸 고아들의 수는 무려 2,400명에 달한다. 그런 희생적인 봉사정신으로 오긍선은 1962년 소파상을 받기도 했다.

그는 생전에도 매일 조석으로 부모님께 문안인사를 올릴 정도로 효자였으며, 다섯 살 연상의 곰보 아내 밀양 박씨와도 백년해로한 자상한 남편이었지만, 자녀들에게만큼은 매우 엄격해서 무엇보다 청빈을 강조한 탓에 3대째 이어지는 의사 집안이면서도 그 후손들은 모두 개업하지 않았다.

그의 장남 오한영(1898~1952)은 세브란스의전 출신으로 세브란스 병원장을 거쳐 한국전쟁 당시에는 경찰병원장을 지냈으며 이승만 정부에서 보건사회부 장관 재직 중에 과로로 쓰러져 아버지보다 먼저 세상을 떴다. 오한영의 장남 오중근(1923~1987)은 마산결핵병원장을 지냈으며, 차남 오장근(1927~)은 철도병원장, 국립서울병원장을 지냈으나 두 사람 모두 공직에만 머물렀을 뿐 은퇴 후에도 개업하지 않았는데, 이는 다 의료가 축재의 수단이 되어서는 안 된다는 오긍선의 확고한 지침에 따른 결과였다.

AA를 창설한
닥터 밥

닥터 밥이라는 별명으로 알려진 로버트 스미스(Robert Smith, 1879~ 1950)는 빌 윌슨과 함께 AA를 창설하고 수백만의 알코올 중독자들의 재활을 위해 일생을 바친 대장 전문 외과의사다. 고질적인 알코올 중독에 빠졌던 두 사람은 자신들의 뼈아픈 체험을 바탕으로 알코올 중독자들을 위한 기독교 신앙에 기초한 영적 프로그램을 개발해 1935년 오하이오 주 애크론 시에서 익명의 알코올 중독자 모임, 즉 AA(Alcoholics Anonymous)를 결성해 전국적인 운동으로 확대시켜나갔다.

미국 버몬트 주 세인트 존스베리에서 태어난 로버트 스미스는 어려서부터 강요된 예배에 진저리를 친 나머지 성장해 가면서 종교와는 담을 쌓겠다고 다짐했으며, 의대생 시절부터 술독에 빠져 지냈다. 결국 술 때문에 러쉬 의대로 전학했지만, 술버릇은 여전해 항상 유급할 위기를 맞이하곤 했다. 우여곡절 끝에 가까스로 의대를 졸업한 그는 1915년에 앤 리플리와 결혼해 오하이오 주 애크론에 대장 전문의로 개업했으나 술을 끊지는 못했다.

금주를 위한 노력으로 여러 요양소를 찾기도 했으며, 당시 단행된 금주법에 기대를 걸어 보기도 했으나 의료용 알코올과 밀주로 인해 그런 다짐은 물거품이 되고 말았다. 가족 부양에 대한 책임감과 술에 대한 갈망 사이에서 벌어진 치열한 갈등상태는 그 후 17년이나 계속되며 그를 괴롭혔는데, 보다 못한 아내가 당시 명성이 자자했던 전도사 프랭크 부크먼의 강연을 듣고 부부가 함께 2년간 금주 모임에 참석하기도 했다. 부크먼은 도덕재무장(MRA)운동을 펼친 인물이기도 하다.

하지만 스미스가 완전히 금주에 성공한 것은 1935년 빌 윌슨을 만나고서부터였다. 실패한 사업가로 알코올 중독자였으나 금주에 성공한 빌 윌슨과 대화를 나눈 후 술을 끊게 된 스미스는 한 달 만에 다시 술을 입에 대기 시작했지만, 금단증상을 없애기 위해 윌슨이 제공한 맥주 한잔을 마시고 다시 기운을 차린 뒤부터 죽을 때까지 술을 입에 대지 않았다. 비록 스미스는 대장암으로 사망하긴 했지만 15년간 금주에 성공했다.

스미스의 금주를 돕고 그와 함께 AA를 창립한 빌 윌슨(Bill Wilson, 1895~1971)은 부모가 운영하던 여인숙에서 태어났다. 그의 조부 역시 알코올 중독자였으나 신앙의 힘으로 극복한 사람이다. 하지만 어려서 부모로부터 버림받은 그는 외할머니 밑에서 자랐는데, 사춘기 시절 그의 첫사랑이었던 소녀가 수술 합병증으로 죽게 되자 그때부터 이미 우울증을 앓기 시작했다.

비록 그는 노위치 대학교에 진학했지만 고질적인 우울증과 공황 증세로 학업을 진행하기 어렵게 되자 군대에 들어갔는데, 그때부터 알코올 중독에 빠지기 시작했다. 제1차 세계대전이 발발하기 직전 결혼한 그는 군에서 제대한 뒤 대학교에 복귀했으나 이미 알코올 중독에 빠진 그는 학업을 마칠 수 없었다. 그 후 주식중개인 노릇을 했으나 술 때문에 사업에도 실패를 거듭했으며, 수차례 병원에도 입원했지만 아무런 소용이 없었다.

그러던 중 1934년 오랜 술친구 한 사람이 신앙 모임을 통해 금주에 성공한 모습을 보고 다시 병원에 입원한 그는 그곳에서 영적인 체험을 통해 완전히 술을 끊게 되었다. 그 후 윌슨은 신앙 모임에 나가 다른 중독자들을 돕기 시작했는데, 그중 한 사람이 바로 로버트 스미스였다. 결국 두 사람은 의기투합해 영적 프로그램을 개발하고 AA의 기본 원칙과 12단계 지침을 마련해 공동체 의식을 높이는 데 주력했다.

로버트 스미스와 빌 윌슨이 주도한 AA의 특징은 철저한 규칙 준수와 신앙심, 그리고 회원들 간의 돈독한 협동심에 기반을 둔 것이라 할 수 있다. 교회의 신앙 간증과 유사한 자기고백은 회원들의 뜨거운 열기와 성원에 힘입어 고립감에서 탈피할 수 있는 기회를 제공하는 동시에 상당한 자부심마저 갖게 하는 이점이 있다. 그런 점에서 로버트 스미스와 빌 윌슨은 전면에 나서지 않고 단지 닥터 밥, 빌 W.라는 익명을 계속 유지했으며, AA가 지닌 자조집단으로서의 특성을 더욱 살려 나간 것이다.

카를 야스퍼스

카를 야스퍼스(Karl Jaspers, 1883~1969)는 하이데거와 함께 현대 독일을 대표하는 세계적인 실존철학자로 유명하지만 한때는 정신과 의사로도 활동하면서 정신의학계의 고전으로 간주되는 저서『일반정신병리학(General Psychopathology)』을 발표해 유럽 정신의학계에 지대한 영향을 준 인물이기도 하다.

북해 연안의 도시 올덴부르크에서 태어난 그는 어려서부터 매우 병약해서 기관지확장증과 심장병에 시달렸는데, 그 영향은 일생 동안 지속되었다. 처음에는 아버지의 영향으로 하이델베르크 대학교에서 법학을 공부하다가 적성에 맞지 않아 의학으로 전공을 바꿨다.

의대를 졸업한 후 정신과 수련을 받고 하이델베르크 대학병원에서 근무한 그는 막스 베버와의 교류를 통해 성격 유형의 분류에 대한 연구에 몰두하는 한편, 1913년에는 정신질환에 대한 새로운 접근을 시도한『일반정신병리학』을 출간해 학계의 주목을 끌었다. 이 책에서 그는 당시 명성을 날리던 프로이트의 정신분석을 과소평가하는 한편 오로지 현상학적 관점에서 정신세계에 접근할 필요성을 강조함으로써 일종의 불가지론적 입장을 보이기도 했다.

어쨌든 그 덕분에 하이델베르크 대학 심리학 교수가 되었으나 건강이 여의치 못했던 그는 다시 철학으로 전공을 바꿔 1921년 철학교수가 되면서 영구적으로 의학계를 떠나 오로지 강의와 저술에만 전념했다. 그의 저술활동은 전적으로 유대인 아내 게르트루드 마이어의 헌신적인 도움이 있었기에 가능했다.

실존주의 철학자로서 야스퍼스는 동료였던 하이데거와 어깨를 나란히 하는 사이였으나 당시 『존재와 시간』을 발표해 철학적 대가로 떠오른 하이데거의 그늘에 가려 별다른 빛을 보지는 못했다. 두 사람 모두 자신들의 철학을 실존주의 철학으로 지칭하는 것에 거부반응을 보였지만, 야스퍼스와 하이데거는 서로에 대해서도 비판적 입장을 보였다.

더욱이 나치가 집권하자 하이데거는 히틀러에 대한 충성을 맹세하며 대학총장으로 승승장구했던 반면에, 나치즘에 반대하는 입장에다가 유대인 부인까지 두었던 야스퍼스는 교수직에서 쫓겨나고 저술활동마저 금지당하는 수모를 당해야 했다. 고립무원의 상태에 놓인 야스퍼스는 부인과 함께 언제 나치 수용소로 끌려갈지 모르는 위기감 속에서 불안한 나날을 보내야 했는데, 연합군이 하이델베르크를 해방시킨 뒤에 가서야 비로소 안도의 한숨을 내쉴 수 있게 되었다.

독일의 패망으로 하이데거는 나치 동조자로 낙인찍혀 은둔생활로 접어들었지만, 대학에 다시 복귀한 야스퍼스는 고기가 물을 만난 듯 활발한 저술활동을 펼치기 시작했다. 비록 야스퍼스는 나치의 탄압을 받았지만, 그럼에도 불구하고 당시 탈나치 작업에 들어간 연합군 측이 하이데거의 행적에 대한 질문을 그에게 던졌을 때

명확한 답변을 주지 않았을 뿐만 아니라 대학에서 하이데거를 추방하지 말아 달라고 청원까지 했다.

하지만 정작 그 자신은 새로운 시대사조의 변화에 둔감해 이미 민주화된 서독 정부를 비판하는가 하면 독일의 통일문제에도 회의적인 태도를 보여 시대착오적인 인물로 간주되어 사람들의 관심에서 점차 멀어져 갔다. 결국 시대적 변화에 적응하지 못한 그는 1948년 독일을 떠나 스위스 바젤 대학교로 자리를 옮겨 그곳에서 활동하다가 생을 마감했다.

냉전시대 로비의 귀재
아먼드 해머

미국의 유대계 의사이자 기업가인 아먼드 해머(Armand Hammer, 1898~1990)는 국적이나 이념과 무관하게 전 세계를 상대로 다국적 사업을 벌인 재계의 실력자였다. 그는 냉전시대에도 미국과 소련을 자유롭게 오가며 무역을 거래한 유일한 인물이며, 미국에서는 공화당을 지지하고 소련의 레닌과도 친분관계를 유지한 것으로 알려졌다.

그는 러시아에서 이주해 뉴욕에 정착한 유대인 집안의 아들로 태어났다. 해머라는 성은 한때 공산주의자였던 아버지가 미국 사회주의 노동당의 상징인 망치에서 아이디어를 얻어 지은 것이다. 그의 아버지는 의사 출신으로 뉴욕에 여러 개의 약국을 운영하고 있었는데, 해머가 컬럼비아 의대에 진학할 무렵 아버지가 경찰에 구속되는 바람에 그 운영을 떠맡게 되었다.

의대생 신분으로 그때부터 이미 사업 수완을 보이기 시작한 그는 진저에일 사업으로 큰돈을 벌었으며, 의대를 졸업한 후에는 20대 초반의 나이로 소련을 방문해 레닌과 거래를 나눌 정도로 두둑한 배짱을 지니고 있었다. 당시 그는 레닌에게 의료지원과 더불어 남아도는 미국산 밀을 선적하는 대가로 값비싼 모피와 철갑상어 알을 맞교환하자는 제안을 하기도 했는데, 그 후에도 소련을 수시로 오가며 물자부족에 허덕이는 소련에 농산물과 문필구를 수출하며 엄청난 이득을 챙겼다.

해머의 이런 행적을 예의주시하고 있던 에드가 후버는 그의 소련 여행에 제동을 걸고자 했지만, 고위층과 친분관계를 맺고 있던 해머는 아무런 제약 없이 소련과의 접촉을 계속했다. 사실 초창기 소련은 기아와 전염병으로 극심한 어려움을 겪고 있었는데, 해머의 과감한 투자와 지원으로 상당한 도움을 받은 셈이다.

해머는 그 후에도 계속해서 다양한 로비 활동을 통해 미국과 공산권 국가 사이에서 중재자 역할을 맡았는데, 세계 최대의 암모니아 공장을 소련 정부와 합작으로 짓기도 하고, 체르노빌 원자력 발전소 사고가 벌어지자 곧바로 의료진과 장비를 지원하는 등 우호적인 관계를 계속 유지했다.

또한 해머는 공화당을 지지해서 닉슨 대통령의 선거유세를 뒤에서 적극 지원하기도 했는데, 그의 선거 자금 지원이 불법으로 간주되어 한때 기소되기도 했지만, 조지 부시 대통령에 의해 사면되었다. 하지만 해머는 부의 축적과 정계 로비뿐 아니라 자선사업에도 힘을 쏟아 교육계와 의료계, 미술계에 엄청난 기부와 지원을 아끼지 않았는데, 특히 인상파 화가들의 작품 수집에 열을 올려 뉴욕과 로스앤젤레스에 세운 그의 미술관에는 수많은 대가들의 명화들이 소장되어 있는 것으로 유명하다.

국제적으로 매우 발이 넓었던 해머는 소련, 프랑스, 이탈리아, 오스트리아, 스웨덴, 멕시코, 베네주엘라, 모로코, 파키스탄, 이스라엘 등 수많은 나라에서 상을 받았으며, 여러 차례 노벨 평화상 후보에도 올랐지만 결국 수상하지는 못했다. 말년에 골수암에 걸린 그는 92세를 일기로 로스앤젤레스에서 사망했다.

파시즘과 맞서 싸운
뮤리엘의 전쟁

미국 시카고 태생의 정신분석가이자 정신과의사인 뮤리엘 가디너(Muriel Gardiner, 1901~1985)의 본명은 뮤리엘 모리스이며, 부유한 재벌가의 딸로 태어나 아무런 어려움 없이 자랐으나 어려서부터 가난한 사람들의 고통스러운 처지에 마음 아파하면서 자신의 출신 배경에 대해 항상 떳떳치 못함을 느껴 성인이 되어서도 일생 동안 불행한 소외계층을 위해 사회개혁운동에 온 힘을 쏟은 여성이다.

정의감에 불타오른 그녀는 유럽 유학 중에도 비인도적인 나치즘에 대항하여 '메리'라는 암호명으로 지하운동을 벌였으며, 수많은 반체제인사들을 해외로 도피시키는 위험한 임무를 비밀리에 수행하기도 했다. 그녀의 활동은 프레드 진네만 감독의 영화 〈줄리아〉를 통해 잘 알려져 있다. 사람들은 그것을 '뮤리엘의 전쟁'이라고도 부른다.

웰즐리 대학을 마친 후 유럽으로 유학을 떠난 그녀는 처음에 영국의 옥스퍼드 대학교에서 공부했지만 귀족적인 분위기에 극심한 환멸만을 느꼈을 뿐이었다. 당시 그녀는 교제하던 해럴드 에이브럼슨의 권유에 따라 빈으로 가서 프로이트에게 정신분석을 받고자 했으나 이미 노쇠한 프로이트는 그녀의 제안을 정중히 거절했으며, 그 대신에 프로이트의 제자였던 루스 맥 브런즈윅에게 분석을 받았다.

빈 의대에 진학한 그녀는 음악가 줄리안 가디너와 결혼해 딸 코니를 낳았지만 그들의 결혼은 얼마 가지 않아 파경을 맞이하고 말았다. 그 무렵 의대생 신분으로 사회주의자가 되어 반파시스트 지하운동에 적극 가담한 그녀는 해외로 도피하려는 유대인과 사회주의자들에게 자신의 아파트를 은신처로 제공하고, 가짜 여권과 돈을 마련해 국외로 은밀히 도피시키는 임무를 수행하고 있었는데, 당시 그녀와 재혼했던 오스트리아의 급진적 사회주의자 요셉 부팅거 역시 그런 도망자 가운데 한 사람이었다. 하지만 나치 독일이 오스트리아를 합병하자 그녀는 남편과 딸 코니를 데리고 파리를 거쳐 미국으로 귀환해야만 했다.

빈 의대를 졸업하고 미국에 돌아온 후에도 그녀는 뉴욕에 도착한 망명자들과 난민들을 돕는 데 앞장섰다. 런던으로 망명한 프로이트가 세상을 떠난 후에도 빈에 남아 있던 그의 환자 세르게이 판케예프를 계속 돌봤는데, 그는 늑대인간이라는 별명으로 잘 알려진 환자였다. 그 후 그녀는 프로이트와 늑대인간에 관한 저서를 출간하기도 했다.

미국에서 정신분석 수련을 마친 그녀는 1955년에 공식적으로 교육분석가 자격을 획득한 후 아동과 청소년을 돌보는 교사, 사회사업가, 의사들을 상대로 한 교육에 힘썼으며, 자신의 재력을 활용해 정신분석학회에 아낌없는 지원을 하였다. 특히 그녀는 프로이트의 딸 안나 프로이트와 매우 긴밀한 관계를 유지했다.

말년에 암에 걸린 그녀는 프린스턴에서 84세를 일기로 파란 많은 생을 마감했다. 그녀는 죽기 직전에 출간한 자서전 『암호명 메리』를 통해 릴리안 헬만의 희곡과 이를 원작으로 하여 만들어진 영화 〈줄리아〉가 자신의 이야기를 허락도 받지 않고 도용한 것이라고 폭로해 숱한 논란을 불러일으키기도 했다. 물론 릴리안 헬만 자신은 뮤리엘 가디너를 만난 적도 없고 알지도 못하는 여성이라고 주장했지만, 대중들은 그 말을 믿지 않았다.

시카고의 명문 재벌가의 딸로 태어나 막대한 유산을 물려받은 뮤리엘 가디너는 일생 동안 죄책감을 지니고 살며 고통받는 빈민과 망명자들을 위해 자신의 재산을 아낌없이 헌납했으며, 사회정의를 위해서는 목숨을 건 투쟁도 마다하지 않았던 보기 드문 여성이었다.

죽음의 수용소를 다녀온

빅터 프랑클

오스트리아의 정신과의사 빅터 프랑클(Viktor Frankl, 1905~1997)은 나치에 의해 아우슈비츠 수용소에 끌려갔다가 극적으로 살아남은 홀로코스트 희생자다. 빈의 유대인 가정에서 태어난 그는 고교 시절부터 이미 심리학에 많은 관심을 기울여 빈 의대를 졸업한 후에도 정신과를 지망해 특히 우울증과 자살문제 해결에 몰두한 결과, 프로이트의 정신분석과는 별개의 실존분석을 창시하고 그 분야의 세계적인 권위자가 되었다.

프랑클은 의대생 시절부터 전국 고교생을 위한 사회민주 청년운동을 이끌며 회장 역할을 맡았으며, 고교생을 대상으로 무료상담도 시행할 정도로 적극적인 사회참여 활동을 전개했다. 그의 눈부신 활약으로 1931년 한 해에 빈의 학생 가운데 단 한 명의 자살자도 나오지 않게 되자 그 소문을 들은 빌헬름 라이히가 젊은 학도 프랑클을 베를린에 초청하기까지 했다.

빈의 스타인호프 정신병원에서 정신과 수련 기간 중에 프랑클은 무려 3만 명 이상에 달하는 자살충동에 시달리는 여성들을 치료해 이미 자살전문가로 명성이 자자했는데, 그 후 신경정신과의사로 자신의 독자적인 의원을 개업했으나 1938년 나치 독일이 오스트리아를 합병하면서 유대인이 아리안족을 치료할 수 없다는 방침에 따라 병원 문을 닫을 수밖에 없었다.

어쩔 수 없이 종합병원에서 신경과의사로 일하게 된 그는 자신의 의학적 소견을 통해 나치의 안락사 프로그램에 따라 희생될 처지에 놓인 수많은 환자들의 목숨을 구해 주기도 했는데, 그 무렵 프랑클은 틸리 그로서와 결혼까지 했으나 이듬해 그의 부모 형제, 아내와 함께 테레지엔슈타트의 게토로 강제 후송되고 말았다.

게토에서 일반의로 환자들을 치료하는 가운데 프랑클은 수용자들을 상대로 어떻게 하면 절망하지 않고 끝까지 희망을 유지할 것인가에 대한 공개강연을 계속해 나가면서 자살 방지를 위한 감시체제를 조직하기도 했다. 그러나 그의 아버지는 결국 그곳에서 숨을 거두고 말았다. 그럼에도 불구하고 프랑클은 좌절하지 않고 인간으로서의 존엄성을 잃지 않으면서 끝까지 살아남기 위해 최선을 다하겠다고 다짐했다.

그는 하루에 한 컵씩 배급되는 물도 반만 마시고 나머지 절반은 세수와 면도하는 데 사용했는데, 아무리 가축우리처럼 지저분한 막사에 지내는 한이 있더라도 품위를 지키기 위해서는 깨진 유리조각으로 얼굴을 베여 가면서까지 면도만큼은 거르지 않았다. 그 덕분에 항상 건강하고 깨끗해 보였던 그는 죽음의 가스실 행을 면하고 끝까지 살아남을 수 있었다.

1944년 말 그는 마침내 아우슈비츠 수용소로 이송되어 강제노동에 동원되었으며, 나중에는 튀르크하임 수용소에서 환자들을 돌보다가 1945년 봄, 미군에 의해 구조되었지만, 그의 아내 틸리는 베르겐-벨젠 수용소에서 죽었으며, 어머니는 아우슈비츠의 가스실에서 희생되었다. 그의 형제들 가운데 유일한 생존자는 일찌감치 오스트리아를 탈출해 호주로 이주했던 누이동생 스텔라뿐이었다.

나치 수용소에서 부모형제와 아내 등 모든 가족을 잃고 홀로 살아남은 프랑클은 그 어떤 절망적인 상황 속에서도 살아남기 위해서는 삶에 대한 의미와 목적을 간직하는 일이 무엇보다 소중함을 절감하고 실존분석에 입각한 의미치료를 창안해 환자들을 치료하기 시작했다. 그는 1947년에 가톨릭 신자인 엘레오노레 슈빈트와 재혼했지만, 이들 부부는 서로 다른 종교임에도 불구하고 상대를 존중해서 유대교당과 성당을 모두 함께 다녔다.

한글 타자기를 발명한 안과의사
공병우

한글 타자기를 발명한 안과의사 공병우(公丙禹, 1907~1995)는 한글의 실용화뿐만 아니라 한글 기계화 운동에 일생을 바친 특이한 경력의 소유자다. 구한말 평안북도 벽동군에서 태어난 그는 일제 강점기에 평양의학강습소를 졸업하고 1926년에 조선 의사 검정시험에 합격한 후 일본으로 건너가 1936년 나고야 제국대학 대학원에서 의학박사 학위를 받았다.

그 후 귀국해서 1938년 한국 최초로 서울에 안과 전문의원인 공안과를 개업했는데, 일제 말기에는 창씨개명 강요에 반발해 그 날짜로 자신은 죽은 것이나 다름없다고 선언하기도 했다. 광복이 이루어진 후 그는 자신의 사재를 털어 한글 타자기 개발에 주력함으로써 마침내 1949년 우리나라 최초로 실용적인 기계식 한글 타자기를 만들어 보급하기 시작했다.

그는 공병우 타자기 외에도 1958년 한국 최초로 콘택트렌즈를 도입했으며, 1968년에는 한영 겸용 타자기를 발명했을 뿐만 아니라 1971년에는 한글 점자 타자기를 개발해 이 분야에서만큼은 타의 추종을 불허하는 업적을 쌓았다. 한글학회 이사를 역임한 그는 1988년 한글문화원을 개설해 한글 실용화에 크게 공헌했다.

당시 비원 앞에 있던 공안과 건물 5층 일부를 한글문화원 사무실로 이용한 공병우는 80대 고령에도 불구하고 일주일의 절반은 병원 침대에서 자면서 연구에 몰두할 정도로 강한 집념을 보였는데, 화장실에서 볼일을 보는 순간에도 오로지 연구에만 몰두했다고 전해진다.

공병우는 그때 이미 매킨토시 컴퓨터를 사용하며 한글의 글자꼴 개발에 전념하고 있었으며, 박흥호와 함께 공동으로 컴퓨터 사용에 적합한 한글 자판 배열을 완성시키고 세벌식 입력기 소프트웨어를 만들기도 했는데, 당시 젊은 실력파 프로그래머였던 강태진, 이찬진 등을 발굴해 적극 지원함으로써 훗날 국산 워드프로세서인 아래아한글 개발에 밑거름이 되기도 했다.

당시 국어교사직을 그만두고 한글문화원 연구원으로 활동하던 박흥호는 1990년 문화원 건물 한구석에 사무실 한 칸을 빌려 한글과컴퓨터 회사를 설립했는데, 그해 아래아한글 1.5판을 시판해 일대 센세이션을 불러일으켰다. 그러나 그 이전에 이미 문화원 건물 5층에는 한글 워드프로세서를 개발한 강태진이 들어와 연구소를 차리고 있었다.

이처럼 한글의 기계화 및 과학화에 대한 열정을 불태운 공병우는 그 후에도 재야에 묻혀 있던 프로그래머 정내권을 스카우트해 공동연구를 계속하는 가운데 한국 최초로 한글 맞춤법 검사기를 개발해서 1990년 한글날 전시회에 출품하기도 했는데, 그것을 보고 당시 정부 지원금으로 연구하고 있던 대학교수들이 놀라움을 금치 못했다고 한다.

공병우는 한글문화 발전에 대한 공로로 대통령 표창 및 외솔문화상, 서재필상, 국민훈장 석류장을 받았으며, 그가 작고했을 때는 금관문화훈장이 수여됐다. 독실한 기독교 신자였던 그는 슬하에 9남매를 두었는데, 그의 자서전 제목 『나는 내 식대로 살아왔다』에서 보듯이 타협을 모르는 불같은 성격과 옹고집 하나만으로 자신의 뜻을 이룩한 입지전적 인물이다. 그는 아래아한글 3.0이 출시됐을 무렵 88세를 일기로 서울에서 세상을 떴다.

공포영화의 귀재
김기영 감독

한국 영화사에서 공포영화 분야의 독보적인 존재로 군림했던 김기영(金綺泳, 1919~1998) 감독은 심리스릴러의 대가다. 그는 일제강점기 3·1 만세운동이 일어난 1919년 서울에서 소학교 교사의 아들로 태어나 평양에서 어린 시절을 보냈다. 평양고보 시절 음악과 미술, 문예 등에 뛰어난 재능을 보인 그는 성적도 우수해서 의사가 될 뜻을 품고 1940년 의대에 지원했으나 시험에서 낙방한 후 일본으로 건너가 요리사로 일하며 돈을 벌었다.

도쿄에서 연극과 영화에 관심을 기울인 그는 당시 유명했던 조셉 폰 스턴버그의 영화 〈모로코〉와 프리츠 랑 감독의 〈M〉을 보고 깊은 인상을 받았으며, 그들에게서 큰 영향을 받았다. 영화뿐 아니라 연극에도 재미를 붙인 그는 특히 입센과 유진 오닐의 희곡에 관심을 기울였다.

광복 후 귀국한 그는 서울대 치의학과에 입학해 학업을 계속하면서 연극 활동에도 몰두해 서구 작가들의 작품들을 무대 위에 올려 공연했다. 당시 그와 함께 작업했던 김유봉은 그 후 그의 부인이 되어 치과의사로 일하면서 그의 영화 제작에 아낌없는 지원을 제공했으며, 1998년 화재로 부부가 함께 자택에서 세상을 뜰 때까지 평생 반려자로 그를 내조했다.

1950년 대학을 졸업하고 치과의사가 되었으나 곧바로 한국전쟁이 터지는 바람에 부산으로 피난을 떠난 그는 다행히 그곳에서 평양고보 선배이자 극작가인 오영진을 만나 그의 소개로 미 공보원 영화제작소에 일자리를 얻어 생계를 유지하는 한편 그 장비를 이용해 자신만의 독특한 영화를 만들기 시작했다.

김기영 감독의 작품으로는 우리나라 공포영화의 고전으로 꼽히는 〈하녀〉〈화녀〉〈충녀〉뿐 아니라 〈현해탄은 알고 있다〉〈고려장〉〈병사는 죽어서 말한다〉〈렌의 애가〉〈파계〉〈흙〉 등의 멜로드라마도 있다. 특히 1960년에 제작한 〈하녀〉는 여주인공의 이상심리를 극적으로 표현해 관객들에게 강한 인상을 심어 주었다.

그러나 1980년대에 들어서면서 그의 영화는 점차 사람들의 기억에서 사라지기 시작했으며, 1997년 부산국제영화제에서 그의 회

고전이 열림으로써 그의 영화에 대한 국제적인 관심이 점차 늘기 시작하고 2008년 프랑스에서 김기영 영화 특별 회고전이 열려 그의 이름이 해외에 알려지게 되는 계기가 되기도 했다.

치과의사 출신의 영화인으로는 김기영 감독 외에도 영화 〈자유부인〉 〈충녀〉 〈남과 북〉 〈현해탄은 알고 있다〉 〈흙〉 〈무정〉 〈성난 코스모스〉 〈잉여인간〉 〈순교자〉 〈미워도 다시 한 번〉 〈빨간 마후라〉 〈종점〉 등에 출연한 배우 박암(朴暗, 1924~1989)이 있다. 그는 서울대 치대를 졸업하고 조교생활을 하다가 영화계로 진출했으며, 김기영 감독의 영화에 단골 배우로 출연했다. 그는 영화 〈춘몽〉에서 치과의사 역을 맡기도 했다.

신영균(申榮均, 1928~)은 서울대 치대를 졸업한 후 〈연산군〉 〈마부〉 〈저 하늘에도 슬픔이〉 〈기러기 아빠〉 〈빨간 마후라〉 〈노란 샤쓰 입은 사나이〉 〈미워도 다시 한 번〉 〈갯마을〉 등에 출연해 1960~1970년대에 인기 가도를 달렸던 배우로 명보극장을 운영하며 한국배우협회 회장과 영화인협회 이사장을 역임했으며, 나중에는 정계에도 진출해 활동했다. 영화인은 아니지만 가수 패티 김과 결혼했던 작곡가 길옥윤(吉屋潤, 1927~1995)도 서울대 치대 출신 연예인이다. 그는 마셜 제도의 국가를 작곡하기도 했다.

가이아의 복수를 예고한

제임스 러브록

가이아 이론의 창시자 제임스 러브록(James Lovelock, 1919~)은 영국이 낳은 세계적인 과학자요, 환경운동가이며, 미래학자, 의사이자 발명가다. 그는 인류가 맞이한 기후 위기에 대해 경고하고 대기업의 환경파괴와 정치가들의 무지를 계속 질책하며 인류의 미래에 가장 비관적인 전망을 내리는 과학자 가운데 한 사람이다. 그는 심지어 21세기 안에 수십억의 인명이 희생될 것을 예고해 세상을 놀라게 만들기도 했다.

스스로 행성 의사라 자칭한 그는 화학, 생물학, 의학, 대기과학, 천문학 등을 두루 섭렵한 과학자로서 전 인류를 향해 가이아의 복수가 이미 시작되었다는 불길한 소식을 계속 전하는 가운데 지구 파멸의 순간이 바로 코앞에 다가왔으며, 이제는 더 이상 피할 시간조차 없음을 설파하기도 했다.

이처럼 불길한 예고를 줄기차게 외쳐 온 러브록은 영국 하트포드셔에서 가난한 노동자계급 가정에서 태어났다. 그의 아버지는 청소년기까지 문맹이었던 하층민 출신이며, 어머니는 어린 소녀 시절부터 피클공장에서 일한 노동자 출신이었다. 그래서인지 부모는 교육을 중시해서 아들 교육에는 매우 적극적이었다.

하지만 권위주의적인 학교생활에 반발한 그는 매우 힘겨운 학창시절을 보내야 했는데, 낮에는 공부하고 밤에는 사진회사에 다니며 돈을 벌어야 했다. 맨체스터 대학교에서 화학을 공부한 그는 이어서 런던에서 의학박사 학위를 마쳤으며, 다시 생물물리학 전공으로 학위를 받았다. 그 후 미국의 하버드 의대와 예일 대학교 등에서 연구활동을 했으며, 휴스턴 대학교 화학교수로 재직했다.

그는 호흡기 질환의 전파경로 및 그 예방법에 대해 연구하면서 세포의 기능뿐 아니라 지구 환경에도 관심을 기울이기 시작해 생물학, 의학, 지구과학 등 분야에서 총 200편 이상의 논문을 발표했으며, 화학적 분석에 관련된 성분 탐지기를 발명해 50개 이상에 달하는 특허를 지니기도 했다. 그중에서도 특히 전자포획검출기는 지구 환경상태 측정에 매우 중요한 도구로 그의 가이아 이론을 뒷받침할 수 있는 연구작업에 필수적인 장치가 되었다.

러브록이 발명한 측정기에 관심을 보인 미 항공우주국(NASA)의 초빙을 받아 1961년 미국으로 건너간 그는 달착륙선 개발에 전념하던 제트 추진 연구소에 근무하면서 달 표면의 토양 성분을 분석할 수 있는 방법의 개발과 더불어 화성 생명체 탐사 방법까지 연구하게 되었는데, 이때부터 그의 독특한 가이아 이론이 형성되기 시작했다.

가이아 이론은 지구 환경 자체가 지니고 있는 자가 조절 능력을 강조한 것으로 그는 여러 생명체와 마찬가지로 지구 자체도 하나의 독립된 유기체로서 기능한다는 주장을 펼친 것이다. 하지만 가이아 이론은 다윈의 진화론과 마찬가지로 기독교의 신학적 입장과 대립되는 것으로 종교적 반발을 불러일으키기도 했다.

더욱이 지구와 인류의 미래에 대한 그의 매우 비관적인 전망은 다른 여러 학자들의 반론에 부딪치기도 했지만, 그가 개발한 대기

오염 측정 방식은 환경보존을 위해 없어서는 안 될 필수적인 장치로 자리 잡은 지 오래되었으며, 대기뿐만 아니라 해양오염 측정에도 활용되기에 이르렀다. 어쨌든 그의 이론은 무책임한 환경정책에 대한 경종을 울렸다는 점만으로도 엄청난 공헌을 남겼다고 볼 수 있다.

한국의 쉰들러로 불리는

현봉학

현봉학(玄鳳學, 1922~2007)은 함경북도 성진에서 목사의 아들로 태어나 세브란스의전을 졸업한 임상병리학자다. 그는 광복 후 월남해 잠시 서울 적십자병원에 근무하다가 미국으로 유학을 떠나 임상병리학을 공부했다. 한국전쟁 발발 직전 귀국해 세브란스 병원에서 근무하던 중 전쟁이 터지자 대구로 피난해 해병대 문관이 되었으며, 미군 사령관 아몬드 소장의 민간고문으로도 활동했다.

중공군의 개입으로 전세가 악화되면서 흥남철수작전이 이루어지자 아몬드 소장 등 미군 측을 설득해 10만 명에 이르는 피난민을 승선시켜 안전하게 거제도로 옮김으로써 한국판 쉰들러로 불리게 되었다. 당시 마지막으로 흥남 부두를 떠난 상선 메러디스 빅토리호에는 피난민 1만 4천 명이 승선했는데, 이는 한 배에 가장 많은 인원을 태우고 항해한 기록으로 남아 있다. 철수 도중에 배 안에서 5명의 아기가 태어나기도 했다.

당시 선장 레너드 라루는 부두에 몰려든 피난민을 승선시키기 위해 배에 선적한 모든 무기를 버리도록 지시하는 결단을 내리기도 했다. 피난민들 역시 모든 짐을 버리고 빈손으로 승선했는데, 피난민의 승선을 호위하던 일부 미군들이 후방을 방어하다 전사하기도 했다. 원래 메러디스 빅토리호의 정원은 60명으로 몰려든 수만 명의 피난민까지 태울 입장이 아니었으나 현봉학의 간곡한 청으로 선장은 어려운 용단을 내린 것이다.

당시 흥남 부두는 중공군의 개입으로 후퇴명령을 받은 미군과 국군 병사 10만 명, 그리고 몰려든 피난민 10만 명으로 일대 혼잡을 이루고 있었다. 철수작전에 동원된 200여 척의 군함과 상선들이 대기 중이었지만, 그 대상은 군인들이었고 피난민에 대한 철수계획은 처음부터 아예 없던 상태였기 때문에 현봉학의 설득이 없었다면 엄청난 참극이 빚어졌을 것이다.

그 후 라루 선장은 한국 정부로부터 을지무공훈장까지 받았으나 정작 본인 자신은 전쟁이 끝난 직후 성 바오로 수도원에 들어가 마리너스 수사가 되었으며, 2001년 87세로 눈을 감을 때까지 50년 가까운 세월을 오로지 신에 대한 봉사로 여생을 바쳤다. 끔찍스러운 전쟁의 참상을 직접 목격한 일이 그를 성직의 길로 인도했던 것으로 보인다. 당시 일등항해사였던 로버트 러니는 제대 후 코넬 대학교에서 법학을 공부하고 변호사가 되었으며, 2008년 이명박 대통령 취임식에 초청받아 참석하기도 했다. 현재 거제도 포로수용소 유적공원에는 그들이 탔던 빅토리호의 모형이 세워져 있다.

전쟁이 끝난 후 미국으로 돌아간 현봉학은 펜실베이니아 대학교에서 박사학위를 마치고 25년간 밀렌버그 메디칼센터 연구소장을 맡아 임상병리학자로 활동하면서 여러 의과대학에서 학생들을 가르치기도 했다. 말년에 이르러 서재필 의학상을 받은 그는 의학자로서 활동했을 뿐만 아니라 안중근, 안창호, 장기려 등을 위한 기념사업을 추진하는 한편, 시인 윤동주의 묘를 찾아내고 윤동주 문학상을 제정하기도 했다. 현봉학은 85세를 일기로 뮐렌버그 병원에서 생을 마쳤다. 그의 형 현영학 교수는 이화여대 문리 대학장을 지낸 신학대 교수였으며, 동생 현시학 해군소장은 주 멕시코 대사를 역임했다. 동생 현웅은 재미 문필가로 뉴욕에서 활동하고 있으며 피터 현으로 알려져 있다.

대학을 설립한
대한민국 의사들

우리나라에 사립대학을 설립한 인물들 가운데는 의사들이 유독 많다. 한림대, 인제대, 순천향대, 을지대, 가천대, 포천중문대, 건양대 등이 모두 의사들이 세운 대학이다. 이 대학의 창립자들은 뛰어난 병원 경영으로 소위 의사재벌이 되었으나 인재 양성에 뜻을 두고 자신들의 개인적 성공을 사회에 환원한다는 취지에서 서로 앞다퉈 대학을 설립한 것이다.

물론 그 효시는 서석조(徐錫助, 1921~1999)로, 서울 순천향병원을 모태로 하여 1978년 충남 아산에 순천향의대를 설립했는데, 그 뒤를 이어 백낙환(白樂晥, 1926~)이 서울 백병원 설립자인 백인제 선생의 유지를 받들어 그 아들 백낙조와 함께 1979년 부산에 인제의대를 설립했다. 그 후 윤덕선(尹德善, 1921~1996)은 성심병원을 모체로 하여 1982년 춘천의 성심여대 부지를 인수하고 한림대를 설립해 눈부신 발전을 이루었다.

이들의 성공에 고무된 의사들이 그 후 계속해서 의대를 설립했는데, 서울 영등포에서 김안과병원을 운영하던 김희수(1928~)는 1990년 충남 대전에 건양대학을 설립했으며, 1996년에는 을지병원 이사장 박영하(1927~2013)가 역시 충남 대전에 을지의과대학을 설립했다. 차병원을 세운 산부인과의사 차경섭(1919~)은 1997년 포천중문의대를 설립했는데, 현재는 차의과대학으로 개명했다. 이길여(1932~)는 인천 길병원을 모체로 1998년 가천의대를 설립했다가 그 후 경원대와 합쳐 가천대학교를 세웠다.

물론 우리나라 최초의 순수 민족 자본으로 설립된 의대는 현고려대학교 의과대학의 전신인 경성여의전으로 일제강점기인 1938년 호남 재벌이었던 김종익에 의해 설립되었으나 경영부실과 여러 우여곡절 끝에 1971년 고려대학교로 병합되어 오늘에 이르고 있다.

순천향대학을 설립한 서석조는 일본에서 의대를 졸업한 후 미국 코넬 대학교에서 내과수련을 마쳤으며, 귀국한 뒤에는 1974년에 서울 한남동에 순천향병원을 세워 의료선진화에 앞장섰다. 그 후 불과 4년 만에 순천향의대를 설립해 의사로서는 우리나라 최초로 대학을 세운 선구자가 되었다. 순천향의대는 1991년에 종합대학으로 승격되었다.

한림대 설립자 윤덕선은 평안남도 용강 출신으로 1942년 경성의전을 졸업하고 백인제 선생 밑에서 외과수련을 받았다. 한국전쟁 중에는 미군 야전병원에 근무하면서 혈액은행 창설을 주도했으며, 미국 유학을 다녀온 후 가톨릭의대 교수 및 초대 의무원장을 역임하다가 1971년 한강성심병원을 개원해 독자적인 전문 의료경영인의 길을 걷기 시작했다. 그 후 탁월한 경영솜씨로 강남성심병원, 춘천성심병원, 강동성심병원 등을 개원해 성심의료재단의 경영 폭을 확대시켰으며, 1981년에는 학교법인 일송학원을 설립하고 이사장에 취임하면서 한림대학을 설립했다. 이사장직에서 물러난 후에는 한림과학원을 세워 기초 학문 육성에 주력하다가 85세를 일기로 세상을 떠났다.

인제대를 설립한 백낙환은 서울백병원 설립자 백인제의 조카로 평북 정주 출신이다. 법관의 아들로 태어난 그는 출생 직후 어머니를 잃었으며, 백부인 백인제의 권유로 경성제대에서 의학을 공부했다. 한국전쟁 당시 원장인 백인제와 부친인 백붕제가 납북되자 백병원 운영을 인수받아 그 재건에 힘을 쏟은 결과, 부산백병원과 서울상계백병원, 일산백병원, 해운대백병원 등을 개원했으며, 1979년에는 인제의대를 설립하고 종합대학으로 승격한 후에는 12년간 대학총장직을 역임했다. 백낙청 교수는 그의 동생이기도 하다. 백인제의 제자였던 장기려는 부산 백병원 명예원장을 지냈으며, 이태석 신부는 인제의대 출신이다.

가천대를 설립한 이길여는 전북 옥구 출생으로 서울의대를 졸업하고 도미해 전공의 수련을 마친 뒤 귀국해 인천에 산부인과의원을 개원했다. 개업이 크게 성공하자 1978년 여성으로서는 처음으로 인천길병원을 세우고 병원사업을 더욱 확장해 전국에 자병원을 지었다. 1998년에는 가천의대를 설립했으며, 그 후 경영난에 빠진 경원대학을 인수해 가천대학교로 통합하고 총장에 취임했다. 그녀는 가천문화재단을 설립하는 한편, 경인일보도 인수해 회장직을 맡고 있다.

포천중문의대를 설립한 차경섭은 평북 용천 출생으로 세브란스의전을 졸업하고 1960년 차산부인과의원을 개원해 크게 성공했으며, 1984년 차병원과 여성의학연구소를 세워 시험관아기 출산 및 불임치료를 포함해 생명과학 분야의 줄기세포 연구 등에서 선도적인 역할을 담당했다. 그는 차의과대학을 설립했을 뿐만 아니라 사랑의 메신저 운동을 벌여 조선족 아동들을 상대로 무료 심장병 치료를 계속하고 있는 중이다.

을지대를 설립한 박영하는 평양에서 고등학교를 마치고 서울의대를 졸업했으며, 한국전쟁 시에는 군의관으로 복무하면서 평양탈환작전에도 참여했다. 군에서 제대한 후 1956년 서울 을지로에 산부인과를 개원했는데, 이는 곧 을지병원의 모체가 되었다. 1983년 을지학원을 설립해 서울보건대를 인수하고 1996년에는 대전에 을지대학을 설립해 오늘에 이르고 있다. 그는 일본에서 외로운 투병 생활을 보내던 프로레슬러 김일 선수를 병원으로 모셔와 임종 때까지 돌보기도 했다.

이처럼 대학을 설립한 의사들 대부분은 외과 및 산부인과를 전공해 성공한 의사들임을 알 수 있지만, 오늘날 의료현실은 외과, 산부인과 지망생이 급격히 감소할 정도로 기피 대상이 되고 있다는 점에서 심각한 위기를 맞이하고 있는 상태라 할 수 있는데, 그야말로 적절한 의료정책의 확립이 시급한 실정이 아닐 수 없다.

일본 만화의 대부
데즈카 오사무

일본의 만화가 데즈카 오사무(手塚 治, 1928~1989)는 오사카 의대를 졸업했지만 의사로 활동한 적은 없다. 그가 제작한 만화 시리즈 〈우주소년 아톰〉 〈밀림의 왕자 레오〉 〈불새〉 등은 일본뿐 아니라 우리나라에서도 선풍적인 인기를 끌었던 작품들이다.

오사카의 도요나카 태생인 그는 막부 시대의 실력자 도쿠가와 이에야스의 충신으로 유명한 닌자 출신의 사무라이 하토리 한조의 후손으로 어려서부터 만화를 몹시 즐겼으며, 특히 파브르 곤충기에 흠뻑 빠져 곤충을 좋아했다. 나중에 자신의 필명에 곤충 虫자를 붙여 '手塚 治虫'라고 한 것도 그런 이유에서다. 그가 세운 독립 프로덕션 회사 이름도 무시(虫) 프로덕션이었다.

어릴 때 효고 현 다카라즈카 시로 이사해 그곳에서 자란 그는 어머니 손에 이끌려 여성전용 극장에 자주 가곤 했는데, 그때 받은 인상이 그 후 그의 작품에도 많은 영향을 끼쳤다. 그는 소학교 시절부터 이미 코믹 만화를 그리기 시작했는데, 태평양전쟁에서 일본이 패망했을 무렵 당시 17세에 불과했던 그는 〈마짱의 일기〉와 〈신보물섬〉 등의 만화로 일본 만화의 황금시대를 열었다.

하지만 소년 시절부터 건강이 여의치 않아 팔이 붓는 증세가 심해지자 그를 치료해 준 의사는 만화보다는 차라리 의대 진학을 권유했으며, 한창 민감한 사춘기 시절에 전쟁의 참극을 겪었던 그는 이래저래 의사가 되기로 결심하고 오사카 의대에 진학했지만, 만화창작에 대한 유혹을 물리치기는 쉬운 일이 아니었다. 그의 출세작 〈우주소년 아톰〉이 무쇠팔을 지니게 된 것은 어쩌면 그를 한동안 괴롭혔던 증세 때문이었을지도 모른다. 비록 그는 의사 자격을 얻고도 일생 동안 환자진료를 해 본 적이 없지만, 그 영향은 SF 만화 〈블랙 잭〉을 통해서도 확인할 수 있다.

당시만 해도 만화가는 생업에 몹시 어려움을 겪던 시절이라 의업이냐 아니면 만화냐 하는 진로 선택의 문제로 한동안 고심하던 그는 "네가 가장 하고 싶은 일을 하라"는 어머니의 충고대로 만화에만 전념하기로 작심한 결과, 1963년 일본 최초로 방영된 TV 만화 시리즈 〈우주소년 아톰〉으로 큰 인기를 끌면서 일본을 대표하는 만화계의 대부로 떠올랐다.

그 후 데즈카의 만화영화를 본 미국의 스탠리 큐브릭 감독이 자신의 신작 영화 〈2001 스페이스 오딧세이〉의 미술감독직을 제의해 왔지만, 한시도 자신의 스튜디오를 떠날 수 없었던 그는 그 제안을 정중히 거절하고 창작에만 몰두했다. 데즈카의 만화는 전후 일본 세대의 청소년들에게 엄청난 영향을 미친 것으로 알려지고 있으며, 젊은이들의 의식 변화에도 크게 기여한 것으로 평가된다.

데즈카는 일생 동안 곤충 채집을 즐겼으며, 월트 디즈니 만화와 슈퍼맨의 열렬한 팬이었는데, 한때는 그를 기용하려던 디즈니와 직접 만나기도 했으나 성사되지는 못했다. 데즈카는 히로히토 천황이 사망한 지 한 달 뒤에 위암으로 도쿄 자택에서 세상을 떴다. 말년에 그는 자신의 아파트에 제자들과 숙식을 함께 하며 만화제작에 힘을 기울이면서 많은 후계자들을 키워 냈다. 그의 아들 데즈카 마코토 역시 아버지의 뒤를 이어 만화영화 감독이 되었다.

인간 한계에 도전한
의사들

의사로서 인간 한계에 도전한 인물 가운데 가장 큰 센세이션을 일으킨 장본인은 소련의 의사 레오니드 로고조프(Leonid Rogozov, 1934~2000)라 할 수 있다. 그는 1961년 20대 중반의 젊은 나이로 북극 탐험대의 일원으로 참가했다가 외부와 고립된 상태에서 급성 맹장염과 복막염에 걸려 생명에 위협을 느끼게 되자 운전기사와 기상학자의 도움을 받아 자신의 배를 스스로 절개하고 맹장을 제거하는 수술을 단행한 인물이다.

일주일 만에 실밥까지 스스로 제거한 뒤 완쾌된 그는 남은 일정을 마치고 무사귀환함으로써 소련 전국에서 화제의 인물로 떠올랐으며, 정부 당국으로부터 훈장까지 받는 영예를 안았다. 자신의 몸을 대상으로 스스로 개복수술한 예는 전무후무한 일일뿐더러 그가 보여 준 남다른 용기와 배짱은 매우 드문 경우에 속한다고 할 수 있겠다. 레닌그라드로 무사 귀환한 로고조프는 그 후 세인트 페테르스부르크 연구소에 외과 과장으로 오랜 기간 재직하다가 2000년 폐암으로 세상을 떠났다.

로고조프 외에도 죽음의 문턱까지 가는 극한 상황에서 초인적인 힘을 발휘해 극적으로 살아 돌아온 의사로는 우루과이의 로베르토 카네사(Roberto Canessa, 1953~)를 빠트릴 수 없겠다. 그는 의대생 시절 우루과이 럭비팀의 항공기 추락사고 생존자로 명성을 얻었는데, 그 구조과정은 프랭크 마샬 감독의 1993년도 영화〈얼라이브〉에 상세히 묘사되어 있다.

영화에서는 배우 조쉬 해밀턴이 카네사 역을 맡아 연기했는데, 살아남기 위해 죽은 동료들의 인육을 먹어 가면서까지 추위와 굶주림을 견디며 구조를 기다리는 극한상황이 처절한 느낌마저 준다. 그러나 극적으로 구조된 이후에도 생존자들은 법적인 문제로 한동안 시달려야만 했다. 그 후 카네사는 심장 전문의가 되었지만, 자신의 유명세만 믿고 1994년 우루과이 대통령 후보에 나섰다가 대중의 지지를 얻는 데 실패해 0.08%의 득표에 머무른 채 낙선의 고배를 들고 말았다.

한계에 도전한 또 다른 인물들로는 전인미답의 우주여행에 도전한 의사들을 꼽을 수 있다. 의사로서 최초의 우주인이 된 인물로 1964년 우주를 비행하는 데 성공함으로써 소련에서 영웅 칭호를 받은 보리스 예고로프(Boris Yegorov, 1937~1994)가 있으며, 보리스 모루코프(Boris Morukov, 1950~)도 의사 출신의 소련 우주인이다. 미국인 의사들도 우주비행에 가담했는데, 노먼 타가드(Norman Thagard, 1943~), 메이 제미슨(Mae Jemison, 1956~) 등이 그 주인공들이다.

그중에서 가장 가슴 아픈 경우는 미 해군 군의관이었던 로렐 클라크(Laurel Clark, 1961~2003)로, 그녀는 컬럼비아 우주왕복선에 승선해 16일간의 탐사임무를 완수하고 귀환하던 중 텍사스 주 상공에서 공중분해되는 폭발사고로 다른 6명의 동료 승무원들과 함께 참극을 당하고 말았다.

로렐 클라크는 위스콘신 대학교에서 의학수업을 마치고 소아과를 전공하다가 미 해군에 입대해 특수 잠수훈련을 마치고 잠수함 부대 군의관으로 복무했으며, 그 후 항공의학 수련을 받고 NASA에 특채되어 우주왕복선에 승선한 것인데 불의의 사고를 당하고 말았다. 그녀의 남편 조나단 클라크 역시 NASA 소속의 동료 의사였다.

킬링필드와
행 응고르

캄보디아 난민 출신의 할리우드 배우 행 솜낭 응고르(Haing S. Ngor, 1940~1996)는 배우 경력이 전혀 없는 인물이었다. 그의 첫 데뷔작인 롤랑 조폐 감독의 1984년도 영화 〈킬링필드〉에서 캄보디아 망명자 딧 프란 역을 맡아 호연을 펼친 결과 영화에 데뷔하자마자 아카데미 남우조연상과 골든글로브상을 거머쥠으로써 세상을 놀라게 했다.

중국계 아버지와 크메르인 어머니 사이에서 태어난 그는 크메르의 수도 프놈펜에서 산부인과의사로 근무하고 있었는데, 1975년 폴 포트의 크메르 루즈가 도시를 점령하자 모든 지식인에 적대적이었던 공산주의자들을 피해 신분을 감추고 지내야 했다.

사상개조의 일환으로 프놈펜의 200만 전 시민들에 대해 도시 소개령이 내려지면서 집단수용소에 갇힌 응고르는 그곳에서 임신 중인 아내를 잃었는데, 그 자신이 산부인과의사이면서도 신분이 탄로 날까 두려워 감히 제왕절개를 할 수가 없었다. 결국 그는 부인과 아기의 죽음을 속수무책으로 지켜보기만 하며 엄청난 죄책감에 사로잡혀야 했다. 그 후로 그는 죽을 때까지 두 번 다시 결혼하지 않았다.

당시 폴 포트의 크메르 루즈는 정권을 장악하자마자 극단적인 공산화 정책을 추진해 화폐제도를 전면 폐지하고 도시주민들을 농촌으로 강제 이주시켜 사상개조 학습을 진행하면서 모든 산업시설을 파괴했을 뿐만 아니라 부유층과 정치인, 지식인, 학생들을 상대로 끔찍스러운 학살을 벌였는데, 그 희생자는 질병으로 인한 사망자와 굶어죽은 사람들을 모두 합해 200만 명 이상이 될 것으로 추산된다. 이 숫자는 전 국민의 1/4에 해당하는 것으로 나치 독일에 의해 자행된 유대인 학살 이후 가장 큰 참극으로 손꼽힌다.

자신의 신분을 철저히 감추고 살아남은 응고르는 1979년 크메르 루즈가 몰락한 후 태국 난민촌에서 환자들을 돌보다가 1980년 미국으로 이주했는데, 미국에서는 크메르의 의사 자격을 인정하지 않았기 때문에 진료행위를 할 수 없었다. 하지만 때마침 영화 〈킬링필드〉에 캐스팅되는 행운으로 일약 유명인사로 떠오른 그는 그 후에도 올리버 스톤 감독의 〈하늘과 땅〉, 에릭 웨스턴 감독의 월남전 영화 〈트라이앵글〉 등에 기용되어 할리우드 영화계에서 자신의 기반을 착실히 다져 나갔다.

그는 〈트라이앵글〉에서 함께 공연했던 배우 잭 홍과 함께 행노르 응고르 재단을 설립해 캄보디아 재건을 돕는 한편 전쟁고아들을 위한 사업도 동시에 전개했다. 그러나 이처럼 인도주의 사업에 몰두하던 응고르는 1996년 2월 로스앤젤레스 차이나타운에 있는 자택 근처에서 강도들의 습격을 받고 피살되는 불운을 겪고 말았다.

예기치 못한 그의 사망 소식은 할리우드 영화계를 큰 충격에 빠트렸는데, 그를 살해한 3명의 범인들은 '오리엔탈 레이지 보이즈'라는 이름을 지닌 뒷골목 갱단의 일원으로 그들은 공교롭게도 폴 포트가 사망한 날 미 법정에서 유죄선고를 받았다. 범인들 중 탁순 탄은 56년 형, 인드라 림은 26년 형, 그리고 제이슨 찬에게는 종신형이 선고되었지만, 그 살해동기에 대해서는 논란이 많았다.

살해 당시 그들은 응고르의 금시계를 탈취하고 목에 건 목걸이도 함께 빼앗으려 했으나 죽은 아내의 사진이 담긴 목걸이를 그가 필사적으로 안 내놓으려 하자 살해하고 도주한 것이었다. 살해범 측 변호인은 크메르 루즈에 동조하는 입장에서 저지른 정치적 동기에 의한 범행이었음을 강변했지만 명확한 증거를 대지는 못했다.

살해범들에 대한 법정 공방이 전개되면서 폴 포트의 지시에 따른 살인극이었다는 설이 나돌기도 했는데, 그들이 응고르가 지닌 현찰에는 손도 대지 않았다는 사실이 그런 심증을 뒷받침하기도 했다. 하지만 크메르 루즈가 관여했다는 증거 역시 나오지 않았다.

다만 응고르는 〈킬링필드〉가 개봉된 후 한 신문기자와의 인터뷰에서 "나는 지금 당장 죽어도 여한이 없다. 이 영화는 수백 년을 두고 길이 남을 테니까."라는 말을 남겼는데, 실제로 그는 56세라는 한창나이로 비명에 가고 말았으니 실로 안타깝기 그지없다. 그가 죽은 후 하잉 응고르 재단은 그와 함께 캄보디아를 탈출했던 조카 소피아 응고르가 회장을 맡아 그가 남긴 유지를 이어 가고 있다.

스포츠계의 스타가 된
의사들

자크 로게(Jacques Rogge, 1942~)는 벨기에 정형외과의사이며 요트 선수 출신으로 현 IOC 위원장이다. 나치 점령하에 있던 벨기에 겐트에서 출생한 그는 겐트 대학교에서 의학을 공부하고 정형외과의사가 되었으나 스포츠에도 열을 올려 벨기에 럭비 국가대표팀 선수로 활약했으며, 특히 요트에 뛰어난 기량을 보여 세계선수권대회에서 한 차례 우승하고 1960~1970년대에는 세 차례 하계 올림픽대회에 요트 선수로 출전했다.

그는 벨기에 올림픽 위원장과 유럽 올림픽 위원장직을 거쳐 1990년대에 들어서는 IOC 위원으로 활동하기 시작해서 2001년 모스크바 총회에서 사마란치 위원장 후임으로 IOC 위원장에 선출되어 지금까지 그 자리를 유지하고 있다. 2011년에는 남아공 더반에서 개최된 총회에서 한국의 평창을 동계 올림픽대회 개최지로 선정했다. 그는 벨기에 국왕 알베르 2세로부터 백작 작위를 받기도 했다.

펠레, 리벨리노와 함께 브라질 축구의 최전성기를 구가했던 전설적인 공격수 토스타오(Tostao, 1947~)는 불과 여섯 살 어린 나이에 유년축구시합에서 한 게임에 47골을 넣는 기록을 남긴 축구 신동이었다. 그는 불과 15세의 나이로 프로축구 무대에 데뷔했으며, 1970년 멕시코 월드컵에서 눈부신 활약을 보여 브라질을 우승으로 이끈 주역이 되었다. 그러나 경기 도중 눈에 입은 부상으로 시력이 약화되어 은퇴했으며, 그 후 의사가 되었지만 결국에는 다시 축구계로 복귀해 축구해설가로 활동했다.

고대 그리스의 철학자와 이름이 같은 소크라테스(Socrates, 1954~2011)는 브라질 축구선수로 스페인 월드컵과 멕시코 월드컵대회에서 공격형 미드필더로 맹활약을 보인 국가대표 출신이다. 그의 본명은 '소크라테스 브라질레이로 상파오 데 소자 비에이라 데 올리베이라'라는 매우 긴 이름으로 그냥 줄여서 간단히 소크라테스로 불린다. 그는 브라질의 리벨리노의 뒤를 잇는 최고의 미드필더로 선수활동을 하는 도중에 의사 자격을 딴 매우 드문 사례를 남겼다. 선수생활을 은퇴한 후 의업을 계속하다가 식중독에 의한 패혈증으로 급사했다.

은반 위의 검은 요정으로 세상을 놀라게 했던 데비 토마스(Debi Thomas, 1967~)는 미국의 피겨스케이트 선수였으며, 흑인으로서는 매우 이례적으로 1988년 캘거리 동계 올림픽에서 동메달을 획득한 여성이다. 그녀는 1986년 세계 피겨스케이트 대회 챔피언이었으며, 2회 미국 챔피언이기도 했다. 당시만 해도 백인들의 독무대였던 스케이트 분야에서 흑인 선수의 활약은 세상의 이목을 집중시키기에 족했다. 그녀는 동계 올림픽 사상 최초의 흑인 메달리스트가 되었는데, 당시 캘거리 대회에서 은메달을 획득한 캐나다의 브라이언 오서는 그 후 김연아 선수의 코치를 맡아 세계적인 선수로 키우기도 했다.

어려서부터 피겨스케이팅을 시작한 데비 토마스는 스탠포드 대학교 재학 시절에 이미 국제대회에서 챔피언 자리에 올랐지만, 캘거리 동계 올림픽에서는 발목 부상으로 동독의 카타리나 비트에게 아깝게 분패해 동메달에 그치고 말았다. 당시 두 선수가 금메달을 놓고 벌인 흑백 대결은 세인들의 관심을 집중시키기에 충분했는데, 똑같은 비제의 카르멘 곡에 맞춰 연기함으로써 '카르멘의 전쟁'으로 불리기도 했다. 그 후 선수생활을 은퇴하고 대학교에 복귀해 학위를 마친 그녀는 다시 노스웨스턴 대학교에서 의학을 공부한 뒤 정형외과 전문의 자격을 획득해 현재는 개업의로 활동 중이다.

미국의 전설적인 미식 축구선수 브래드베리 로빈슨(Bradbury Robinson, 1884~1949) 역시 의사 출신이다. 그는 세인트루이스 의대 재학 시절부터 미식 축구선수로 명성을 날렸는데, 대학을 졸업한 후에는 제1차 세계대전에 참전했으며, 오랜 기간 군의관으로 유럽에 머물다가 귀국해 세인트루이스에서 개업의로 활동하는 가운데 정계에도 발을 들여 두 차례나 시장을 역임하기도 했다. 그는 DDT의 해독성을 경고한 최초의 인물로도 알려져 있다.

할리우드에 진출한

의사들

조지 밀러(George Miller, 1945~)는 영화 〈매드 맥스〉 시리즈로 유명한 호주 출신 미국의 영화감독이다. 그는 그리스에서 호주로 이주한 그리스계 이민 가정에서 쌍둥이로 태어났다. 퀸즐랜드 브리즈베인에서 출생한 그는 쌍둥이 형제 존과 함께 뉴사우스 웨일스 대학교에서 의학을 공부하고 시드니의 세인트 빈센트 병원에서 전공의 수련을 마쳤는데, 이들 형제는 의대생 시절부터 줄곧 실험적인 단편영화를 만들었다.

의사 출신으로서 그는 〈매드 맥스〉 시리즈의 주인공 맥스의 캐릭터 설정에 의학적 지식을 활용했으며, 〈로렌조 오일〉에서도 불치병과의 투쟁과정을 감동적으로 다루기도 했다. 그는 〈해피 피트〉로 아카데미 최우수 애니메이션상을 수상했으며, 그 외에도 〈로렌조 오일〉과 〈꼬마 돼지 베이브 2〉 등으로 세 차례 오스카상 후보에 올랐다. 〈이스트윅의 악녀들〉은 기괴한 이상심리의 남녀들을 등장시킨 코믹 판타지 공포물이다.

현대 독일 영화를 대표하는 빔 벤더스(Wim Wenders, 1945~) 감독은 프라이부르크 대학 등에서 한때 의학을 공부했으나 도중하차하고 영화감독으로 진로를 바꿨다. 〈베를린 천사의 시〉로 칸 영화제 감독상을 받고 세계적인 명감독의 위치에 올랐으며 할리우드에도 진출해 현대인의 소외를 다룬 문제작 〈파리, 텍사스〉를 만들기도 했다.

할리우드 배우는 아니지만 뮤지컬 영화 〈올리버〉에서 주인공 역을 맡아 많은 관객들의 사랑을 받은 영국의 아역 배우 마크 레스터(Mark Lester, 1958~)는 그 후에도 〈작은 사랑의 멜로디〉에 출연해 각광을 받았지만, 19세 때 영화 〈왕자와 거지〉가 흥행에 참패하자 영화계를 완전히 떠난 후 영국 접골학교를 졸업하고 챌튼햄에 침술을 전문으로 하는 칼튼 클리닉을 개업했다.

아시아계로 할리우드에 진출해 성공한 인물로는 캄보디아 출신의 행 응고르 말고도 한국계 켄 정(Ken Jeong, 1969~)이 있다. 미국의 한국인 2세인 그는 닥터 켄으로 알려진 코미디언 배우로 미시간 주 디트로이트 태생이다. 그의 아버지는 노스캐롤라이나 대학교 교수를 지낸 엘리트였으며, 어려서부터 학구적인 분위기에서 자란 켄 정은 고교 시절에도 우등생으로 이름을 날리며 학생회 간부로 활동하기도 했다.

노스캐롤라이나 의대를 졸업한 후 내과를 전공한 그는 이미 그 때부터 코미디언으로 활동하기 시작했으며, 로스앤젤레스로 이주한 후에도 내과의사로 근무하는 가운데 텔레비전 방송에 출연하며 코미디언으로 활동했다. 인기가 오르면서 영화에도 출연한 그는 주드 애퍼토우 감독의 〈사고친 후에〉로 데뷔한 후 〈파인애플 익스프레스〉 〈행오버〉 〈올 어바웃 스티브〉 〈트랜스포머 3〉 〈페인 앤 게인〉 등에 출연해 인기를 모았다. 그의 부인 트란 호는 베트남 출신의 의사로 쌍둥이 딸을 낳아 키우고 있다.

오연상의 증언

한국의 내과의사 오연상(鳴演相, 1957~)은 서슬이 시퍼렇던 5공화
국 시절 서울대생 박종철 군 고문치사 사건의 진상을 폭로하는 용
기를 발휘함으로써 군사독재정권의 말로를 재촉하는 계기를 마련
한 장본인이다. 그는 박종철 사망사건이 벌어지던 1987년 당시 중
앙대 용산병원 내과에 근무하던 의사였다.

그해 1월 대공분실 소속 수사관들의 다급한 요청으로 간호사와
함께 남영동 5층 조사실에 들어선 오연상은 팬티 바람으로 침대에
누워 있는 박종철을 발견하고 곧바로 심폐소생술을 시행하고 강심
제 주사를 놓았으나 소생하지 못하자 30분 뒤 현장에서 사망선고
를 내렸다.

당황한 대공분실에서는 박종철의 시신을 담요로 싸서 들것에 신
고 곧바로 용산병원으로 옮기려 했지만, 오연상은 그들의 사고은
폐 의도를 간파하고 병원에 신속하게 연락을 취해 시신의 병원 진
입을 막도록 조치했다. 왜냐하면 일단 병원으로 후송이 이루어지
게 될 경우 응급실에 들어오기 직전까지 숨이 붙어 있었다고 우길
가능성이 있었기 때문이다.

그 이튿날 오연상은 경찰의 감시를 피해 병원 화장실에서 만
난 기자에게 고문치사 가능성을 알렸으며, 그 내용이 신문에 보도
되면서 사태는 봇물 터지듯 걷잡을 수 없는 방향으로 전개되기 시
작했다. 그 후 오연상은 몰려든 기자들에게 당시 자신이 목격한

509호 조사실 현장이 온통 물바다였으며, 이미 숨진 박종철 군의 폐와 배가 모두 물로 가득 찬 상태였던 것으로 보아 물고문이 있었음에 틀림없다고 증언했다.

그날 이후 오연상은 즉각 호텔로 끌려가 24시간 동안 검찰 조사를 받았으며, 다음날 다시 신길동 대공분실에 불려 가 조사를 받았다. 경찰의 회유와 협박, 비난에 시달린 그는 한동안 몸을 피해 잠적하기도 했으나 그 후에도 계속해서 경찰의 감시를 받아야 했다.

당시 '책상을 탁 치니 억하고 죽더라'는 치안본부장의 발표는 세상의 조롱거리가 되었으며, '사람이 사람을 어떻게 때릴 수가 있느냐'라며 고문 사실을 극구 부인한 정호용 내무장관의 말 역시 장안의 화젯거리가 되었다. 광주학살의 책임자 가운데 한 사람의 입에서 나온 말이었기 때문에 더욱 그랬다. 어쨌든 고문치사 사건을 은폐하고 조작하려 했던 정부 당국의 처사에 반발한 천주교 정의구현사제단의 김승훈 신부가 추도 미사 중에 그 진상을 폭로함으로써 6월 항쟁의 직접적인 도화선이 되었다.

더욱이 시위 도중에 사망한 연대생 이한열 군의 장례식을 계기로 군사정권의 비열함과 부도덕성에 분노한 민중들의 대대적인 시위가 전국적으로 확산되자 전두환 대통령의 후계자로 지명된 노태우 후보는 결국 6·29 선언을 통해 민주적 절차에 따른 대통령 선거 직선제를 수용함으로써 가까스로 폭풍 정국을 가라앉힐 수 있었다.

박종철 군의 사망 현장을 최초로 목격한 오연상뿐 아니라 당시 한양대 병원에서 부검을 실시한 국립과학수사연구소의 황적준 박사 역시 경찰의 회유와 협박에도 불구하고 자기 소신대로 보고서를 작성함으로써 남다른 용기를 보여 주었는데, 그 후 그런 사실을 언론에 공개함으로써 강민찬 치안본부장이 구속되는 사태를 야기하기도 했다.

오연상은 1987년 한국기독교교회협의회가 수여하는 제1회 KNCC 인권상을 받았으며, 수상식장에서 박종철 군 부모에게 아들을 살리지 못해 죄송하다는 말을 전하기도 했다. 한때 그는 정치권에서 정계입문의 권유도 받았으나 그런 유혹을 뿌리치고 중앙대병원에서 계속 교수로 재직하며 당뇨병 연구에 전념하다가 그 후 사표를 내고 개업해 오늘에 이르고 있다.

컴퓨터 바이러스 백신을 개발한
안철수

부산 출생인 안철수(安哲秀, 1962~)는 서울의대를 졸업하고 컴퓨터 바이러스 백신을 개발해 명성을 날렸다. 1980년대 초 의대생 시절에 처음 컴퓨터를 접하면서 흥미를 갖게 된 그는 1986년 의대를 졸업한 후 모교 생리학 교실에서 기초의학을 전공하며 박사과정을 밟고 있을 때 처음으로 컴퓨터 바이러스를 발견하고 그것이 파키스탄에서 들어온 것임을 알게 되었다. 후배의 요청으로 바이러스 치료에 흥미를 갖게 된 그는 마침내 1988년 6월 컴퓨터 바이러스를 퇴치하는 백신 V1 개발에 성공했는데, 이는 세계 최초로 이루어진 쾌거였다. 당시 그는 자신이 개발한 백신을 무료로 배포하기도 했는데, 처음부터 돈벌이를 염두에 두고 시작한 일이 아니었기 때문이다.

낮에는 의사로 밤에는 백신 개발 연구에 몰두하는 그의 이중생활은 그 후 단국대 의대 재직 시절에도 계속되었는데, 두 가지 상이한 업무를 수행하는 일이 학생들에 대한 도리가 아니라고 생각한 그는 교수직을 그만두고 군대에 입대하게 되었다. 당시 백신 개발에 몰두한 나머지 군입대 전날에도 밤을 새워 작업하다 훈련소에 입소한 후에야 부모님께 작별인사조차 제대로 못 드린 사실을 알게 되었다는 유명한 일화도 있다. 군에서 제대한 직후 한동안 비영리 법인을 만들어 백신을 무료로 배포한다는 생각으로 정부 부처와 삼성 등 대기업을 상대로 지원을 부탁했으나 모두 거절당하기도 했다.

마침내 1995년 안철수 연구소를 설립해 본격적인 백신 개발에 나서기 시작했지만 기업 경영에 서툴렀던 안철수는 백신을 개인에게는 무료로 보급하고 기업에게만 사용료를 받는다는 방침을 고수함으로써 처음부터 적자운영에 허덕여야 했다. 그러다가 실리콘밸리를 방문한 그에게 한국 진출을 노리는 미국과 일본 기업이 회사 인수를 제안하기도 했는데, 안철수는 단호하게 그 제안을 거절하고 귀국했다. 때마침 1999년 체르노빌 바이러스 침투로 모든 기업과 공공기관의 업무가 마비상태에 빠지는 혼란을 맞이하게 되면서 안철수 연구소는 비로소 흑자로 돌아서는 계기를 맞이했다.

2005년 대표이사직을 그만두고 미국유학길에 오른 그는 경영학 석사과정을 공부했으며, 그의 부인 역시 의사를 그만두고 법학을 공부하고 미국 변호사 시험에 합격했다. 유학생활을 마치고 2008년 귀국한 그는 KAIST 석좌교수로 기업 경영을 강의하다가 2011년 서울대 융합과학기술대학원 원장을 맡아 일하면서 의사 박경철과 함께 전국 대학을 누비며 '청춘 콘서트'를 개최하며 젊은 이들에게 큰 인기를 끌었다.

2011년 말 서울시장 출마 의사를 보였다가 박원순 후보에게 극적인 양보를 선언함으로써 대선 출마설에 휘말리기 시작했으며, 그후 여론조사에서 차기 대선 후보 대상자로 높은 지지율을 계속 보여 '안철수 신드롬'이라는 신조어를 낳기도 했다. 결국 2012년 9월 오랜 침묵을 깨고 힘겹게 대선 출마 선언을 했지만, 다시 후보직을 사퇴하고 문재인 민주당 후보 지지를 선언해 선거 유세를 도왔다. 그러나 문재인 후보가 새누리당 박근혜 후보에게 대선에서 패배하자 곧바로 미국으로 건너가 휴식에 들어간 그는 2013년 4월 정계 복귀를 선언하고 노원구 국회의원 보궐선거에서 승리함으로써 공식적인 정치 활동에 들어섰다.

이처럼 의사, 백신 개발자, 기업경영인, 대학교수를 거쳐 정계에까지 입문한 안철수는 그야말로 끝없는 도전으로 일관한 이 시대의 풍운아라 할 수 있다. 모범적인 사생활로 유명한 그는 누구에게나 존칭을 사용하는 것으로도 유명한데, 심지어는 해군 군의관 시절에도 사병들에게 반말을 하지 못해 애를 먹기도 했으며, 부부싸움조차도 존댓말로 한다고 고백할 정도로 그는 어려서부터 존댓말 사용에 익숙한 상태였는데, 그것은 어머니의 영향 때문이라고 한다. 그런 성격 때문에 그는 부하직원들에게 단 한 번도 화를 내거나

욕을 해 본 적이 없다고 하니 요즘처럼 서로 못 잡아먹어 안달인 살벌한 시대에 참으로 보기 드문 무골 호인임에 틀림없다.

하지만 때 묻지 않은 그의 순수한 심성이 얼마나 지속될지는 앞으로 두고 볼 일이다. 오히려 그에 대한 지나친 기대로 인해 그리고 온갖 권모술수가 판을 치는 우리나라 정치풍토에서 상처나 받지 않았으면 좋겠다. 차라리 존경받는 교수로 남아 영원한 국민적 멘터 역할에 만족하는 게 더 낫지 않을까 하는 소극적 견해가 일부에서 제기되기도 하는데, 이런 우려 또한 그를 아끼는 사람들의 목소리일 것이다.

| 저자 소개 |

이 책의 저자 이병욱은 서울 태생으로 고려대학교 의과대학을 졸업하고 동 대학교 대학원에서 박사학위를 받았으며, 정신과 전문의로 활동하면서 정신치료와 정신분석에 주된 관심을 기울여 왔다. 한국정신분석학회 간행위원장 및 회장을 역임했으며, 1985년부터 현재까지 한림대학교 정신건강의학과 교수로 재직하면서 116편의 논문을 발표했다. 저서로는 『프로이트, 인생에 답하다』『마음의 상처, 영화로 힐링하기』『정신분석을 통해 본 욕망과 환상의 세계』『정신분석으로 본 한국인과 한국문화』등이 있다.

세상을 놀라게 한 의사들의 발자취

히포크라테스에서 안철수까지,
영욕으로 가득 찬 메디컬 스토리

2014년 1월 10일 1판 1쇄 인쇄
2014년 1월 17일 1판 1쇄 발행

지은이 • 이병욱
펴낸이 • 김진환
펴낸곳 • (주) **학지사**
　　　　　121-837 서울시 마포구 서교동 352-29 마인드월드빌딩 5층
대표전화 • 02)330-5114　　　팩스 • 02)324-2345
등록번호 • 제313-2006-000265호

홈페이지 • http://www.hakjisa.co.kr
커뮤니티 • http://cafe.naver.com/hakjisa

ISBN 978-89-997-0254-9 03300

정가 14,000원

인터넷 학술논문 원문 서비스 **뉴논문** www.newnonmun.com

이 도서의 국립중앙도서관 출판시도서목록(CIP)은 서지정보유통지
원시스템 홈페이지(http://seoji.nl.go.kr)와 국가자료공동목록시스템
(http://www.nl.go.kr/kolisnet)에서 이용하실 수 있습니다.
(CIP제어번호: CIP2013025005)